未来エコ
実践テクノロジー

一般財団法人　エネルギー総合工学研究所　編著

脱炭素

を実現するクリーンエネルギーシステム

図解でわかる
カーボンニュートラル

技術評論社

はじめに

　近年、世界中で地球温暖化の問題がますます強く意識されてきており、2015年に採択されたパリ協定を受けて、世界の主要国で、2050年CO_2などの温室効果ガス排出量実質ゼロ（ネットゼロ）が目標として示されています。わが国でも、2020年10月に菅首相がカーボンニュートラル宣言を行い、2050年におけるネットゼロを目指すことになりました。また、その目標を達成するマイルストーンとして、2030年度の温室効果ガス排出量を2013年度比で46％削減するということが新たな中間目標となりました。

　現行の第5次エネルギー基本計画では、2030年度における温室効果ガス排出量の削減目標は2013年度比で26％削減でしたので、省エネルギー、石炭火力発電の高効率化、再生可能エネルギーの積極的な導入、原子力発電の再度の主力電源化などでの実現が検討されてきましたが、46％削減ということになりますと、もうそういった方法のみでは不可能で、CO_2を大量に排出しているエネルギーシステムの抜本的な再構築が必須になります。さらに、ゼロエミッションということになりますと、新たに白紙に絵を描くほどの覚悟がいるものと思われます。

　特に、発電以外の各分野でのCO_2排出、例えば、運輸、産業などの分野においては、現在、燃料や製品原料として大量に化石資源を活用しており、そのさまざまなプロセスにおいてCO_2が発生しています。そのような観点から、CO_2排出量の大規模な削減を行うためにはプロセスの電化を進め、しかもその電力はCO_2を放出しない方法でつくる（いわゆるゼロエミッション電源を活用する）ことが必要になります。もちろん、電力の輸送や貯蔵も大きな課題です。結局、一次エネルギーとしては非化石資源しか使用できず、もし、現在の火力発電のようにCO_2の発生が避けられないのであれば、適切な方法で発生したCO_2を回収あるいは貯蔵することが必要になります。あるいは、非化石由来のエネルギーを使って、回収したCO_2を新たな炭素源として使用し、循環システムの中で活用してゆくことになります。

　現在の二次エネルギー媒体には、化石資源由来のものと電気エネルギーがありますが、このうち前者は、プロセス中においてCO_2を発生してしまいますし、後者は貯蔵が難しいエネルギー媒体ですので、二次エネルギーシステム全域において電化を進めるとともに、エネルギーの輸送・貯蔵技術の高度化や水素（や水素含有物質）の併用が必要になると思われます。また、ネガティブエミッション技術として、バイオエネルギーからのCO_2回収や、さらには空気中からのCO_2回収技術なども必要になるかもし

れません。いずれにせよ、新しい技術を開発してゆくことの必要性は言うまでもありません。

　すでに述べたカーボンニュートラルを2050年に実現しようとすれば、現在のエネルギーシステムをどのような戦略でどのようなタイムスパンで変えてゆくのかが問われなければなりません。エネルギーシステムは社会経済システムと強くリンクしていますので、総合的に定量的な議論を行ってロードマップを描くことが必要ですが、これは容易なことではありません。このことは極めて重要ですが、さらには、政策主導の下で、各分野のいろいろな立場の方々がカーボンニュートラルという同じ目標に向かって努力することが強く求められると思います。

当研究所では、昨年9月に「図解でわかるカーボンリサイクル」を技術評論社から出版させていただき、幸いにも好評をもって世の中に受け入れていただきました。本書は、前書のスコープを拡大し、様々な分野におけるカーボンニュートラルを実現するために重要となるであろう技術の現状と将来展望およびその背景について、幅広い読者を対象としてたくさんの図表を用いて解説したもので、当研究所の研究員の力を結集して執筆したものです。

　内容といたしましては、まず、世界や主要国のカーボンニュートラル目標を概説し、次に、エネルギー供給として再生可能エネルギー、原子力、炭素資源利用について述べています。エネルギーキャリアやシステムの視点からは、電力システム、水素、エネルギー貯蔵、ネガティブエミッション、また、需要側の視点から、エネルギー需要（運輸・民生・産業）について解説しました。さらに、カーボンニュートラル取り組み事例、ファイナンスにも触れています。是非、多くの方々にご一読いただき、カーボンニュートラルを考える上でのご参考にしていただければ幸いです。

　なお、本書を執筆するにあたり、各専門分野からの情報や知恵を反映するとともに、経済産業省、国立研究開発法人新エネルギー・産業技術総合開発機構をはじめ、多くの機関からの貴重な情報を活用させていただきました。本書を上梓するにあたり深甚なる謝意を表します。

　最後になりましたが、当所研究員の皆さんには、専門分野から適切なアドバイスをいただき、また、技術評論社の最上谷栄美子氏には、本書の出版に際して大変お世話になりました。ここに、深く感謝いたします。

2021年8月

一般財団法人　エネルギー総合工学研究所

理事長　寺井　隆幸

CONTENTS

［カーボンニュートラルを理解するための基本用語］

用語	説明
CCUS	Carbon dioxide Capture, Utilization and Storage の略。産業等から排出されるCO_2を回収し、固定化あるいは有効利用する技術。CO_2回収・貯留（CCS）だけでなく、水素との反応で合成ガスやメタン、メタノールの製造や藻類培養、炭素材料製造、コンクリートの硬化など、燃料、化学品、材料など有価物の製造に使われる。
E-Fuels	再生可能エネルギーから発電した電力によって製造されるカーボンニュートラルな気体や液体燃料で、Electrofuel とも呼ばれる。メタン、ブタン、ブタノール、バイオディーゼル、水素などが挙げられる。CO_2回収が困難な輸送部門で、CO_2排出量削減のために、ガソリン、ディーゼル、船舶用燃料、航空燃料代替の燃料に使われる。
ESG投資	投資するために企業の価値や選別基準を図る材料として、非財務情報である、環境（Environment）、社会（Social）および企業統治（Governance）の頭文字をとったESG要因を重要視した投資方法。「E」は気候変動対策・水資源・生物多様性、「S」は多様性・サプライチェーン・女性の活躍、「G」は取締役の構成などの要素がある。ESG要因が長期的な投資のリスクとリターンに影響すると考え、投資利益を毀損しない範囲で投資の負の外部性を削減し、環境と社会の持続可能性を守ることが合理的と判断されている。
エネルギーキャリア	エネルギーの輸送や貯蔵に適した化学物質を指す。一般に、気体のままでは輸送や貯蔵が困難であるもの、例えば水素を有機ハイドライドやアンモニア、メタノールに変換し、液体もしくは液化し易くしたものを指す。再生可能エネルギーを利用する上で、電気や水素を大量に製造した場合に、輸送・貯蔵コストだけではなく、安全性、輸送距離、利用システムなどを考慮して、将来のサプライチェーンが決められる。
エネルギー基本計画	エネルギー基本計画は、エネルギー政策の基本的な方向性を示すために、エネルギーを巡る国内外の情勢変化を踏まえ、エネルギー政策基本法に基づき政府が策定する計画。2021年に、第6次エネルギー基本計画が策定された。安全性、安定供給、経済効率性、環境への適合を図るS＋3Eの視点のもと、2050年のカーボンニュートラルの実現に向けたエネルギー政策の道筋を示している。
カーボンプライシング	炭素に価格付けをして、CO_2削減を促進する経済的手法の総称。燃料や電気の利用に付随する排出量に比例した課税である「炭素税」。企業間で排出量を売買する「排出量取引」が代表的なもの。再エネ、原子力といった非化石エネルギーがもつ価値を売買する「非化石価値取引」、途上国と協力して排出削減量を二国間で分け合う「二国間クレジット（JCM）」は、まとめて「クレジット取引」と呼ばれる。さらに、CO_2価格が低い国で作られた製品輸入時に、CO_2価格差分の経済負担を求める「国境調整措置」も提案されている。
グリーン成長戦略	2020年10月に菅総理が「2050年までにカーボンニュートラル実現」を宣言し、それに基づき、経済産業省が関係省庁と連携して「2050年カーボンニュートラルに伴うグリーン成長戦略」を同年12月に策定した。従来の発想を転換し、積極的に対策を講じることで、産業構造や社会経済の変革をもたらし、大きな成長につながることを意図した「経済と環境の好循環」を作っていく産業政策。
国連気候変動枠組条約	1992年に採択され、地球温暖化対策に世界全体で取り組み、大気中の温室効果ガスの濃度を安定化させることを究極の目標とする条約。同条約に基づき、1995年から毎年、気候変動枠組条約締約国会議（COP）が開催されている。1997年に京都で開催された第3回締約国会議（COP3）では、先進国の削減を明確に規定した「京都議定書」に合意し、温室効果ガス排出削減の一歩を踏み出した。
国境炭素税	気候変動対策をとる国が、同対策の不十分な国からの輸入品に対し、水際で炭素課金を行うこと。さらに、自国からの輸出に対して水際で炭素コスト分の還付を行う場合もある。国際競争上の悪影響緩和と、国内製品が減少して海外製品が増える結果として以前よりCO_2排出が増えてしまう（炭素リーケージ）の防止が目的である。
電力システム改革	2011年の東日本大震災を契機として、大規模集中電源の停止に伴う供給力不足や、計画停電等の画一的な需要抑制といった、電力システムの課題が顕在化した。そこで政府は、安定供給の確保、電気料金の最大限の抑制、需要家や事業者の事業機会の拡大を目的として、①広域系統運用の拡大、②小売および発電の全面自由化、③法的分離の方式による送配電部門の中立性の一層の確保、という3本柱からなる電力システム改革を、2020年4月までに3段階で進めた。取引市場の制度設計、電力ネットワークの次世代化など、広義の電力システム改革は継続して進められている。
パリ協定	2015年にフランス・パリで開催された気候変動枠組条約第21回締約国会議（COP21）において採択された、気候変動に関する2020年以降の新たな国際枠組。世界共通の長期目標としての2℃目標、すべての国の削減目標の5年ごとの提出・更新、適応計画プロセスと行動の実施、先進国の資金提供と途上国の自主的資金提供、共通かつ柔軟な方法での各国の実施状況の報告・レビュー、市場メカニズムの活用等が位置づけられている。
発送電分離	電力自由化を進める上で、全ての事業者にとって公平かつ透明性のある競争環境が欠かせず、その鍵となるのが送配電系統である。2015年6月、電力システム改革の第3弾として電気事業法が改正され、2020年4月より送配電部門の中立性を一層確保する観点から、法的分離による発送電分離が行われて送配電部門が別会社となった。これにより、一般送配電事業者が小売事業や発電事業を行うことが禁止された。

［英単語略語表］

略称	正称	和訳
A-USC	Advanced Ultra Super Critical	先進超々臨界圧発電
ACC	Anthropogenic Carbon Cycle	人為的炭素循環
AI	Artificial Intelligence	人工知能
ASN	Nuclear Safety Authority	原子力安全機関
ATJ	Alcohol to Jet	アルコールからのジェット燃料合成
BAT	Best Available Technology	利用可能な最新鋭の方法
BAU	Business as Usual	特段の対策のない自然体ケース
BECCS	Bioenergy with Carbon Capture and Storage	バイオマスCO_2回収・貯留
BFG	Blast Furnace Gas	高炉ガス
BEV	Battery Electric Vehicle	(二次電池式) 電気自動車
BWR	Boiling Water Reactor	沸騰水型原子炉
CAES	Compressed Air Energy Storage	圧縮空気エネルギー貯蔵
CASE	Connected, Autonomous, Shared, Electric	コネクテッド、自動運転、シェアリング、電動化
CCS	Carbon dioxide Capture and Storage	CO_2回収・貯留
CCU	Carbon dioxide Capture and Utilization	CO_2回収・利用
CCUS	Carbon dioxide Capture, Utilization and Storage	CO_2回収・利用・貯留
CEMS	Community Energy Management System	地域全体のエネルギーマネージメントシステム
CFRP	Carbon Fiber Reinforced Plastics	炭素繊維強化プラスチック
CHP	Combined Heat and Power	熱電併給システム
COG	Coke Oven Gas	コークス炉ガス
COP	Conference of Parties to the United Nations Framework Convention on Climate Change	国連気候変動枠組条約締約国会議
CPV	Concentrator Photovoltaics	集光型太陽電池、集光型太陽光発電
CSP	Concentrating Solar Power	集光型太陽熱発電
DAC	Direct Air Capture	CO_2直接空気回収
DACS	Direct Air Capture with Carbon Storage	CO_2直接空気回収・貯留
DEA	Diethanolamine	ジエタノールアミン
DME	Dimethyl Ether	ジメチルエーテル
DOE	US Department of Energy	アメリカ合衆国エネルギー省
DPC	Diphenyl Carbonate	ジフェニルカーボネート
DR	Demand Response	デマンドレスポンス
DRI	Direct Reduced Iron	直接還元製鉄
EC	Electric Commerce	電子商取引
EGS	Enhanced Geothermal System	地熱増産システム
EMS	Energy Management System	エネルギーマネージメントシステム
EOR	Enhanced Oil Recovery	石油増進回収

略称	正称	和訳
ESG	Environment, Social, Governance	環境、社会、ガバナンス（企業統治）
ETC	Electronic Toll Collection System	電子料金収受システム
ETS	Emission Trading Scheme	温室効果ガス排出量取引制度
FCV	Fuel Cell Vehicle	燃料電池自動車
FinTech	Finance and Technology	ファイナンステクノロジー
FIT	Feed-in Tariff	固定価格買取制度
FSB	Financial Stability Board	金融安定理事会
FT	Fischer-Tropsch process	フィッシャー・トロプシュ合成
GHG	Greenhouse Gas	温室効果ガス
GPIF	Government Pension Investment Fund	年金積立金管理運用独立行政法人
GSIA	Global Sustainable Investment Alliance	世界持続可能投資連合
GTCC	Gas Turbine Combined Cycle	ガスタービン・コンバインドサイクル発電、ガスタービン複合発電
GTL	Gas to Liquids	ガスから液体燃料製造
GWEC	Global Wind Energy Council	世界風力エネルギー協会
HEV	Hybrid Electric Vehicle	ハイブリッド自動車
HHV	High Heating Value	高位発熱量
HBI	Hot Briquetted Iron	高温ブリケット化鉄
IATA	International Air Transport Association	国際航空運送協会
ICAO	International Civil Aviation Organization	国際民間航空機関
ICEF	Innovation for Cool Earth Forum	世界エネルギー・環境イノベーションフォーラム
ICT	Information and Communication Technology	情報通信技術
ICV	Internal Combustion Vehicle	内燃機関自動車
IEA	International Energy Agency	国際エネルギー機関
IGCC	Integrated Gasification Combined Cycle	石炭ガス化複合発電
IGFC	Integrated Gasification & Fuel Cell Combined Cycle	石炭ガス化燃料電池複合発電
IIASA	International Institute for Applied Systems Analysis	国際応用システム分析研究所
IMO	International Maritime Organization	国際海事機関
INDC	Intended Nationally Determined Contribution	温室効果ガス削減・抑制目標（約束草案）
INL	Idaho National Laboratory	アイダホ国立研究所
IoT	Internet of Things	モノのインターネット
IPCC	Intergovernmental Panel on Climate Change	気候変動に関する政府間パネル
IPP	Independent Power Producer	独立系発電事業者
IRENA	International Renewable Energy Agency	国際再生可能エネルギー機関
IS	Iodine-Sulfur	ヨウ素－硫黄水素製造法
IT	Information Technology	情報技術
ITER	International Thermonuclear Experimental Reactor	国際熱核融合実験炉（イーター）
ITS	Intelligent Transport Systems	高度道路交通システム
JAEA	Japan Atomic Energy Agency	日本原子力研究開発機構

略称	正称	和訳
JOGMEC	Japan Oil, Gas and Metals National Corporation	独立行政法人　石油天然ガス・金属鉱物資源機構
JPEC	Japan Petroleum Energy Center	一般財団法人　石油エネルギー技術センター
JST	Japan Science and Technology Agency	国立研究開発法人 科学技術振興機構
LCOE	Levelized Cost Of Electricity	均等化発電コスト
LDG	Linz-Donawitz converter Gas	転炉ガス
LHV	Low Heating Value	低位発熱量
LNG	Liquefied Natural Gas	液化天然ガス
MaaS	Mobility as a Service	モビリティー・アズ・ア・サービス
MCH	Methylcyclohexane	メチルシクロヘキサン
MEA	Monoethanolamine	モノエタノールアミン
MOF	Metal-Organic Framework	金属有機構造体
MOU	Memorandum of Understanding	了解覚書
MTO	Methanol to Olefins	メタノールからオレフィン製造
Mtoe	million tons of oil equivalent	百万石油換算トン
NASA	National Aeronautics and Space Administration	アメリカ航空宇宙局
NASEM	National Academies of Science, Engineering, and Medicine	全米アカデミーズ
NAZCA	Non-state Actor Zone for Climate Action	気候変動非国家主体プラットフォーム
NDC	Nationally Determined Contribution	温室効果ガス削減・抑制目標（国が決定する貢献）
NEDO	New Energy and Industrial Technology Development Orgaization	国立研究開発法人　新エネルギー・産業技術総合開発機構
NETL	National Energy Technology Laboratory	米国エネルギー技術研究所
NPP	Net Primary Production	純一次生産量
NRC	U.S. Nuclear Regulatory Commission	アメリカ合衆国原子力規制委員会
NREL	The National Renewable Energy Laboratory	米国国立再生可能エネルギー研究所
NZEB	Nearly Zero Energy Buildings	ほぼエネルギー消費ゼロのビル
OECD	Organisation for Economic Co-operation and Development	経済協力開発機構
OECD/NEA	OECD Nuclear Energy Agency	経済協力開発機構／原子力機関
OME	Polyoxymethylene Dimethyl Ether	ポリオキシメチレンジメチルエーテル
Oxy-Fuel	Oxy-Fuel Combustion	酸素燃焼法
P2G	Power to Gas	電力からガスへの変換
PAFC	Phosphoric Acid Fuel Cell	リン酸形燃料電池
PAN	Polyacrylonitrile	ポリアクリロニトリル
PEFC	Polymer Electrolyte Fuel Cell	固体高分子形燃料電池
PEM	Polymer Electrolyte Membrane	固体高分子膜
PHEV	Plug-in Hybrid Electric Vehicle	プラグインハイブリッド自動車
PPE	Programmation Pluriannuelle de l'Energie	エネルギー多年度計画
PRB	Principles for Responsible Banking	責任銀行原則
PRI	Principles for Responsible Investment	責任投資原則

略称	正称	和訳
PSA	Pressure Swing Adsorption	圧力変動吸着法
PSI	Principles for Sustainable Insurance	持続可能な保険原則
PtG	Power to Gas	電力からガスへの変換
PtL	Power to Liquid	電力から液体燃料への変換
PtX	Power to X	電力から燃料などへの変換
PTSA	Pressure and Temperature Swing Adsorption	圧力・温度変動吸着法
PV	Photovoltaics	太陽電池、太陽光発電
PWR	Pressurized Water Reactor	加圧水型軽水炉
REN21	Renewable Energy Policy Network for the 21st Century	再生可能エネルギーを推進する国際ネットワーク
RITE	Research Institute of InnovativeTechnologyfor the Earth	公益財団法人　地球環境産業技術研究機構
SDA	Standard Design Approval	標準設計承認
SDGs	Sustainable Development Goals	持続可能な開発目標
SIP	Cross-ministerial Strategic Innovation Promotion Program	戦略的イノベーション創造プログラム
SMR	Small Modular Reactor	小型モジュール炉
SMR	Steam Methane Reforming	水蒸気メタン改質
SOFC	Solid Oxide Fuel Cell	固体酸化物型燃料電池
SSP	Shared Socioeconomic Pathways	共有社会経済経路
Syngas	Synthesis Gas	合成ガス
TCFD	Task Force on Climate-related Financial Disclosures	気候関連財務情報開示タスクフォース
TEG	Technical Expert Group	技術専門家グループ
TRL	Technology Readiness Level	技術成熟度
TSA	Thermal Swing Adsorption	温度変動吸着法
UAE	United Arab Emirates	アラブ首長国連邦
UAMPS	Utah Associated Municipal Power Systems	ユタ州公営共同電力事業体
UNEP	United Nations Environment Programme	国連環境計画
UNEP FI	United Nations Environment Programme Finance Initiative	国連環境計画・金融イニシアティブ
UNFCCC	United Nations Framework Convention on Climate Change	国連気候変動枠組条約
USC	Ultra Super Critical	超々臨界圧発電
VICS	Vehicle Information and Communication System	道路交通情報通信システム
VPP	Virtual Power Plant	バーチャルパワープラント
VRE	Variable Renewable Energy	変動性再生可能エネルギー
WE-NET	World Energy Network	水素利用国際クリーンエネルギーネットワークシステム
WEO	IEA World Energy Outlook	IEA（国際エネルギー機関）世界エネルギー見通し

注：地名、商品名、会社名、人名は除く。

［単位換算表］

	SI単位	工学単位	British単位	慣用単位等
長さ	1m	1m	39.37インチ	—
	25.40mm	25.40mm	1インチ	—
面積	10,000m^2	—	—	1ha
質量	1kg	1kg	2.205ポンド(lb)	—
	1,000kg	1t	2,205ポンド(lb)	—
	0.4536kg	0.4536kg	1ポンド(lb)	—
圧力	1kPa	0.01020kg/cm^2	0.1450psi	0.009869atm
	1MPa	10.20kg/cm^2	145.0psi	9.869atm
エネルギー・熱量	1J	0.0002389kcal	0.0009488Btu	0.0002778Wh
	1kJ	0.2389kcal	0.9488Btu	0.2778Wh
	1MJ	238.9kcal	948.8Btu	0.2778kWh
	1GJ	2.389×10^5kcal	0.9488MMBtu	277.8kWh
	1PJ	2.389×10^{11}kcal	9.488×10^5MMBtu	2.778×10^8kWh
	1.054kJ	0.252kcal	1Btu	0.2928Wh
	1.054GJ	2.520×10^5kcal	1MMBtu	292.8kWh
熱流	—	860kcal/h	—	1kW
	—	8.60×10^5kcal/h	—	1MW
	—	8.60×10^8kcal/h	—	1GW
温度	273.15K	0℃	—	—

［単位系接頭辞］

10^n	接頭辞	記号	漢数字表記
10^{18}	エクサ(exa)	E	百京
10^{15}	ペタ(peta)	P	千兆
10^{12}	テラ(tera)	T	一兆
10^9	ギガ(giga)	G	十億
10^6	メガ(mega)	M	百万
10^3	キロ(kilo)	k	千
10^2	ヘクト(hecto)	h	百
10^1	デカ(deca)	da	十
10^0	なし	なし	一
10^{-1}	デシ(deci)	d	一分
10^{-2}	センチ(centi)	c	一厘
10^{-3}	ミリ(milli)	m	一毛
10^{-6}	マイクロ(micro)	μ	一微
10^{-9}	ナノ(nano)	n	一塵

ご注意：必ずお読みください

●本書記載の内容は、2021年8月15日現在の情報です。そのため、ご購入時には変更されている場合もあります。また、本書は著者が独自に調査した結果を出版したものです。

●本書の内容について万全を期して作成いたしましたが、万一、ご不明な点や誤り、記載漏れなど、お気づきの点がありましたら、奥付に記載の小社連絡先にてご連絡をお願いします。

●本書に記載された内容は、情報の提供のみを目的としています。本書の運用については、必ずお客様自身の責任と判断によって行ってください。これらの情報の運用の結果について、技術評論社および著者はいかなる責任も負いかねます。

●本書の全部または一部について、小社の許諾を得ずに複製することを禁止しております。

以上の注意事項をご承諾いただいた上で、本書をご利用願います。これらの注意事項をお読みいただかずに、お問い合わせいただいても、技術評論社および著者は対処しかねます。あらかじめ、ご承知おきください。

本文中に記載されている会社名、製品の名称は、一般にすべて関係各社の商標または登録商標です。

＊本文中に記載されている[1]は参考文献番号、¹は同ページ下部の脚注番号です。

第 1 章

カーボンニュートラル とは

第 1 章　概要

「カーボンニュートラル」という言葉をよく見かけるようになり、時代は、低炭素から脱炭素のフェーズに入ったといえる。

世界を見ると、120を超える国・地域がカーボンニュートラルにコミットし、関連施策展開も進んでいる。

日本においても、エネルギーの供給・転換・需要のすべての側面における脱炭素化は、破壊的変革をともなうエネルギーシステムへの移行を意味し、ライフスタイルや産業活動全般に対する社会制度を含めた総合対策が必要である。

1.1 〉カーボンニュートラルとは何か

1 カーボンニュートラル宣言の意味

2020年10月の国会における菅義偉内閣総理大臣所信表明演説中で、「我が国は、2050年までに、温室効果ガスの排出を全体としてゼロにする、すなわち2050年カーボンニュートラル、脱炭素社会の実現を目指すことを、ここに宣言いたします」との発言があった。

それ以来、「カーボンニュートラル」という言葉をよく耳にするようになった。さらに、それを世界レベルで達成するという動きを受け、国・地域に加えて、自治体、製造業やサービス業、金融業なども含め、カーボンニュートラルという目標を世界全体が共有しはじめた。長期トレンドとしての平均的な気候変動にともない、極端気象事象の頻度が増加しているという報告もあり、それらの影響を低減するためにも、温室効果ガス排出を将来に向けて削減していくという社会的ニーズは、ますます増えている。時代は、低炭素から脱炭素のフェーズに入ったともいえる。

2 日本政府の意味するカーボンニュートラル

しかし、「カーボンニュートラル」自体の明確な説明がないまま、言葉自体が一人歩きしている感もある。2020年10月の所信表明演説は、温室効果ガス（GHG：Greenhouse Gas）を全体としてゼロにするという趣旨なので、日本政府が目指す「カーボンニュートラル」は、CO_2だけに限らず、メタン（CH_4）、一酸化二窒素（N_2O）、フッ化ガスを含むGHG全体を対象とすることを指す。CO_2以外のGHGは、100年温暖化ポテンシャル係数で重み付けしてCO_2等価換算される。

また、「排出を全体としてゼロにする」とは、「排出量から吸収量と除去量を差し引いた合計をゼロにする」ことを意味する。つまり、排出を完全にゼロに抑えることは現実的に難しいため、排出せざるを得なかった分については同じ量を「吸収」または「除去」することで、正味ゼロ（ネットゼロ）を目指し、「ニュートラル（中立）」を実現するというのが主旨である[1]。そのためには、CO_2を排出しな

いエネルギーの利用、具体的には、電気や水素などを、CO_2が排出されない製造方法で供給しなければいけない。

　世界的に見た場合は、CO_2の温室効果ガス中に占める排出比率は、2019年時点で65%であるが(土地利用含む)[2]、日本の場合は、**図1.1**に示すように、エネルギー起源および産業プロセスなどの非エネルギー起源排出の合計で、2018年時点の排出比率は約9割に達している(森林吸収分を除く)[3]。そのため、日本の場合は、相対的にみて、諸外国よりもエネルギーや産業プロセス起源のCO_2対策が重要になってくる。

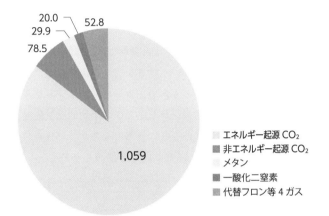

注：単位百万トン、CO_2以外の温室効果ガスはCO_2等価換算、森林吸収などを除く(2018年)

図1.1　日本の温室効果ガス排出

出典：環境省「2018年度(平成30年度)の温室効果ガス排出量(確報値)について」(2020)[3]をもとに作成

3　カーボンニュートラルを達成する長期戦略

　一般財団法人エネルギー総合工学研究所(IAE：The Institute of Applied Energy)は、2019年1月に「IAE中長期ビジョン ～2050年に向けたエネルギー展望～」を公開し、2050年にエネルギー起源CO_2を80%減とする共通条件のもとで、再生可能エネルギー、原子力、CO_2分離回収・貯留(CCS)に関する複数の想定を組み合わせたケーススタディを行い、公開した[4]。

　さらに、2050年以降を見据えた超長期エネルギーシステムのトランジションの可能性として、電化・エネルギー貯蔵、水素活用、炭素循環に関するメガトレンドを提示した。

　カーボンニュートラルの達成には、これらのメガトレンドを前倒しで達成することが求められている。

1.2 〉パリ協定とカーボンニュートラル

1 パリ協定でのカーボンニュートラルの意味

　国連気候変動枠組条約(UNFCCC：United Nations Framework Convention on Climate Change)は、1994年に発効した条約であり、その目的は気候システムに対して危険な人為的影響をおよぼさないレベルでのGHG濃度の安定化にある。条約締約国には、GHGの排出・吸収状況の報告や、地球温暖化対策のための国家計画策定と実施などを義務付けている。

　年1回のペースで締約国会議(COP：Conference of the Parties)が開催され、国際交渉を行ってきた。2015年にパリで開催されたCOP21では、世界全体としてのGHG削減枠組であるパリ協定が合意された。

　パリ協定は、長期的にみた場合の世界全体での平均気温上昇を2℃以下に抑制することを目標にしており、可能であれば2℃よりさらに低いレベルに抑制すべきとしている。そのため、今世紀後半には人為起源のGHGの正味排出量をゼロにすることを記載している。

　協定には、その他にも、5年ごとに国別目標(NDC：Nationally Determined Contribution)と呼ばれる国別の中期GHG排出目標提出、グローバル・ストックテイクと呼ばれる国別のGHG削減(緩和策)、気候変動影響への対応(適応策)、およびファイナンスの集約作業による長期目標と世界全体進捗の整合性確認、損失と損害、資金、技術開発・移転、国連ベースや自主的協力などを含む市場メカニズムなどの条文が含まれている。

　さらに、協定には、今世紀中葉を想定した各国の長期戦略提出が盛り込まれている。各国の長期戦略にGHGニュートラルが明記されていれば、国際的にカーボンニュートラルを宣言したことになる。

2 IPCC1.5℃特別報告書に示される目標

❶1.5℃温暖化の影響

　UNFCCCは、パリ協定の合意を反映し、気候変動に関する政府間パネル(IPCC：Intergovernmental Panel on Climate Change)に対して、産業革命前の水準

から1.5℃の地球温暖化による影響、および関連する世界GHG排出経路に関する特別報告書(Global Warming of 1.5℃)を準備するように要請した。2018年に公開された報告書[5]は、気候変動そのものについて、産業革命前からすでに世界平均表面温度は0.87℃上昇した可能性が非常に高く、人為起源の地球温暖化は10年で約0.2℃のペースで進行し、地球温暖化には地域差があり、気候・気象の極端現象の強度・頻度が変化していることを示した。

気候変動の影響についてはリスク水準が上昇している懸念材料があるが、そのリスクは将来の緩和・適応によって低減される可能性があることなどに言及した。また、社会経済への影響については、1.5℃温暖化であっても健康・食料・水・安全保障・経済成長などの要因についてのリスクがあり、それらの影響を低減する方策である適応策が存在し、適応策の程度は1.5℃のほうが2℃のそれよりも軽減されることを指摘した。

❷CO₂の早期削減が重要

加えて、1.5℃の地球温暖化に整合する排出経路については、**図1.2**に示すように、2050年頃にCO_2排出量がほぼゼロに達するまで削減し、CO_2以外の温室効果などの温暖化影響排出についても大幅削減する必要があることを示した。**図1.2**を見ると、早期に削減を行えば、その後の削減は少なくて済むが、削減が遅れる場合、今世紀後半で大規模な負の排出(ネガティブエミッション)が必要となっているのが特徴的である。

さらに、大規模なシステムの移行(トランジション)は、エネルギー分野で必要になるのに加え、産業、都市・インフラ、土地利用での移行も重要となること、すべての1.5℃経路で、大気から間接・直接にCO_2を回収するネガティブエミッション技術が利用されることを述べている。

その他にも、気候変動と持続可能な開発目標(SDGs：Sustainable Development Goals)の密接な関連、イノベーション強化、行動変容や政策の社会受容、国以外の利害関係者(非国家主体、地方自治体、地域コミュニティ、民間部門、金融システムなど)の能力強化によるトランジション支援、国際協力などの重要性に言及している。

■化石燃料・産業プロセス　農業・森林・土地利用　■バイオエネルギー CCS　—黒の実線は正味の CO₂排出量

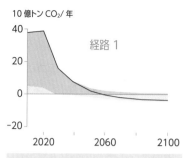

10 億トン CO₂/ 年

経路 1

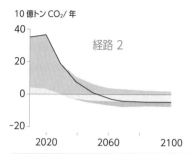

10 億トン CO₂/ 年

経路 2

社会・事業・技術のイノベーションが、特に南半球において生活水準の向上をともないながら、2050 年までにエネルギー需要の削減をもたらすシナリオ

エネルギーシステムの規模を縮小することでエネルギー供給の急激な低炭素化が実現できる

CO₂除去の選択肢として植林のみが考慮され、CCS は利用されない

エネルギー原単位・人間開発・経済格差の収斂・国際協力などで持続可能性に広く注目するシナリオ

持続可能かつ健康的な消費パターン・低炭素技術イノベーション・バイオエネルギーCCS に対する社会受容性がよく管理された土地システムへの移行を含む

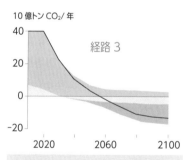

10 億トン CO₂/ 年

経路 3

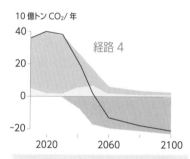

10 億トン CO₂/ 年

経路 4

社会的発展・技術開発が過去の延長線上にある中庸のシナリオ

排出削減はおもにエネルギーおよび製品の生産方法を変更することで達成され、需要削減によって実現される度合いは相対的に低い

資源・エネルギー集約型のシナリオ

経済成長およびグローバル化が、運輸用燃料および畜産物の高需要を含む温室効果ガス集約型の生活様式を広範囲に広める

排出削減はおもに技術的な手段によって実現され、バイオエネルギー CCS の導入によるCO₂除去の強力な利用を進める

図1.2　IPCC1.5℃特別報告書における4種類のCO₂排出経路
出典：気候変動に関する政府間パネル(IPCC)「Global Warming of 1.5℃」(2018)[5]をもとに作成

1
・
2

——

パリ協定とカーボンニュートラル

3 排出ギャップと削減チャレンジ

　それでは、パリ協定が掲げる温度目標は、現実的に見て達成可能なのだろうか。環境分野における国連の主要機関である国連環境計画(UNEP：United Nations Environment Programme)が毎年発行しているギャップ・レポートでは、各国が提出している2030年頃のNDC積み上げを延長したGHG排出量トレンドは、温度目標を達成する場合の経路と、大きなギャップがあることを強調している。2℃や1.5℃目標の達成には、まず早期に世界全体のGHG排出量をピークとし、その後に減少傾向に向かわせるために、GHG削減策の上乗せを求めている。

　2020年版レポート[2]に示された**図1.3**をみると、2℃目標の場合の2030年GHG排出はCO_2以外のGHGを含めたCO_2等価換算で41Gt-CO_2e(中央値)、1.5℃目標の場合のそれは25Gt-CO_2e(同)であり、いずれも幅を持って示されている。NDCには、追加的条件を含まないものと、主に途上国が、その実施にあたり、資金・技術・能力形成などの支援を前提とした条件つきのもの2種類がある。2種類のNDCを勘案した2030年時点における世界排出量のギャップは、2℃目標(66%確率で達成)の場合、条件なしNDCで15Gt-CO_2e、条件付きNDCで12Gt-CO_2e(条件付き)、1.5℃目標(条件付き)の場合では、条件なしNDCで32Gt-CO_2e、条件付きNDCで29Gt-CO_2eとなることを示している。

　現状のCO_2等価GHG排出量が50Gt-CO_2eを超えることや、2050年までに必要なGHG排出経路をみると、ギャップ解消に向けた削減努力を、相当期間継続しなければいけないことを示唆しており、技術的、社会的にみた場合に、かなり難易度の高い道が待っていることを意識しなければいけない。

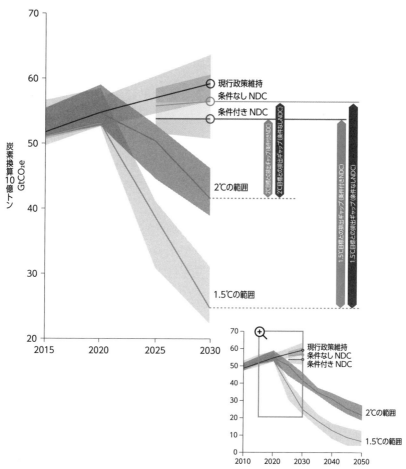

図1.3 2030年までの国別排出目標積み上げと、2℃または1.5℃温度目標達成のために必要な
2050年までのGHG排出経路

出典：国連環境計画(UNEP)「Emission Gap Report 2020」(2020) [2] をもとに作成

1.3 〉 世界各国のゼロエミッション目標と制度

1 世界全体の動向

❶エネルギー起源のCO₂排出の国別内訳

国際エネルギー機関 (IEA：International Energy Agency) によれば、2018年時点での世界全体の化石燃料燃焼からのCO_2排出量は**図1.4**に示すように、年間32.8Gtである[6]。

上位は中国、アメリカ、EUと続き、この3国で過半を占める。日本は3%である。カーボンニュートラルの実現には、世界全体で削減に取り組む必要があるが、上位の大排出国・地域が鍵を握っていることがわかる。

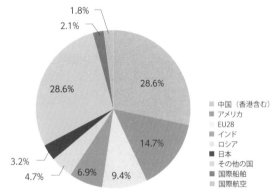

図1.4 世界の化石燃料燃焼からのCO_2排出(2018年)
出典：国際エネルギー機関 (IEA)「CO_2 Emissions from Fuel Combustion 2020」(2020) [6]をもとに作成

❷各国の長期目標へのコミット

UNFCCCに対して、今世紀半ばまでの長期目標を提出している国は、2021年3月10日現在で28か国および1地域である[7]。しかし、そのすべてがカーボンニュートラルに言及しているわけではない。日本はすでにカーボンニュートラルを宣言したが、正式な長期目標として文書を提出しておらず、80%減相当の長期目標としてUNFCCCのウェブサイトに掲載されている。

同様に、国連に提出した気候変動長期目標には含まれないが、国内の法整備、政治的宣言など、今世紀中葉のカーボンニュートラルに実質的に関与すると言及

した国・地域も多数ある。

そのような取り組みを含めると、**図1.5**に示すように、世界ではこれまでに150を超える国・地域がカーボンニュートラルにコミットしている[8]。

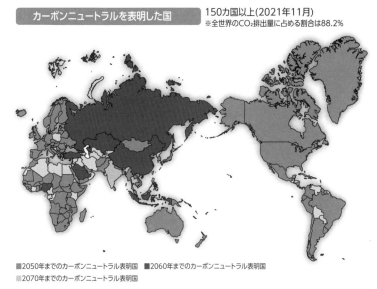

図1.5 カーボンニュートラルにコミットした国々
出典：経済産業省　「カーボンニュートラル実現に向けた国際戦略」(2022) [9] をもとに作成

2 日本の動向

❶日本のエネルギーの現状

2018年時点での日本のエネルギーフローを**図1.6**に示す。左側が一次エネルギー供給であり、化石燃料（石炭、石油、天然ガス）の比率が高く、原子力、水力などに加え、廃棄物からのエネルギー、太陽エネルギーおよび風力エネルギーは図中の新エネなどに含まれている。供給されたエネルギーは、発電や石油精製などの転換を経て、電力、石油製品やガスとなり、産業、業務、家庭、運輸などの最終エネルギー需要に供される。転換や配送などから、損失となるエネルギーも一定割合で存在することにも注意したい。

一次エネルギー供給における化石燃料比率が高い現状で、エネルギーの供給や転換に加えて、素材産業・長距離貨物運輸・業務および家庭の既存建築物からのCO_2排出削減が難しいとされるエネルギー需要の両者で、カーボンニュートラルに向かうことは、まったく新しいエネルギーシステムへの破壊的変革をともな

う移行を意味し、ライフスタイルや産業活動全般に対する社会的制度を含めた総合的対策が必要である。

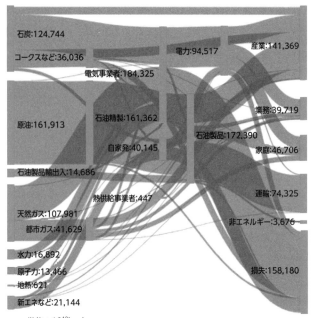

単位：10¹⁰kcal
注：イメージを示すもの。端数調整や詳細省略などのため、数字を調整している場合がある

図1.6　2018年における日本のエネルギーフロー
出典：日本エネルギー経済研究所編「EDMCエネルギー・経済統計要覧」(2020) [10]をもとに作成

❷日本でのカーボンニュートラルへの取り組み

　前述のように、日本では、2050年カーボンニュートラルという全体目標は決まったが、エネルギー需給システムの具体的な構成については、2030年のGHG排出量を、2013年比で46%削減する方針が国際的に宣言された。それにあわせてエネルギー需給見通しの素案が示された。なお、2050年のエネルギー需給構成の具体的な姿は提示されていない。しかし、政策の方向性としては、2020年12月には、「2050年カーボンニュートラル」への挑戦を、「経済と環境の好循環」につなげるための産業政策である「2050年カーボンニュートラルに伴うグリーン成長戦略」において、分野横断的な政策ツールとしての予算(グリーンイノベーション

基金)、税制(カーボンプライシング[1]を含む)、金融、規制改革・標準化、および国際連携が示され、重要分野における実行計画が2050年までの工程表とともに示された[11]。

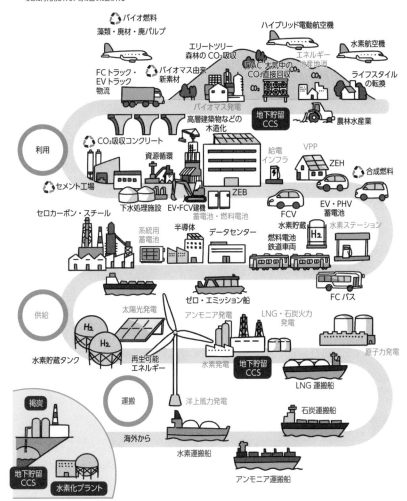

図1.7 カーボンニュートラルに伴うグリーン成長戦略における重要分野の位置づけ
出典:経済産業省「カーボンニュートラルの広がり」(2020)[12]をもとに作成

---

1 **カーボンプライシング** 炭素に価格付けをして、CO_2削減を促進する経済的手法の総称。「炭素税」、「排出量取引」をはじめとして、広義では、非化石エネルギー価値を売買する「非化石価値取引」や海外排出削減量を二国間で分け合う「二国間クレジット(JCM)」、国際競争力低下や全体CO_2増加を防止するための「国境調整措置」も含まれる。企業内での独自価格である「インターナル・カーボンプライシング」を採用している企業もある。

なお、重要分野は、**図1.7**に示したように、洋上風力・太陽光・地熱、水素・燃料アンモニア、次世代熱エネルギー、原子力、自動車・蓄電池、半導体・情報通信、船舶、物流・人流・土木インフラ、食品・農林水産、航空機、カーボンリサイクル・マテリアル、住宅・建築物・次世代電力マネジメント、資源循環、およびライフスタイルの14分野である。

また、カーボンニュートラル宣言に引き続く検討のとりまとめを踏まえ、地球温暖化対策の推進に関する法律(通称温対法)の改正案が、2021年5月に国会で可決成立した。

改正案では、パリ協定に定める目標を踏まえ、「2050年までの脱炭素社会の実現」「環境・経済・社会の統合的向上」「国民をはじめとした関係者の密接な連携」などを、地球温暖化対策を推進する上での基本理念として規定するほか、「地域の再エネを活用した脱炭素化を促進する事業を推進するための計画・認定制度の創設」「脱炭素経営の促進に向けた企業の排出量情報のデジタル化・オープンデータ化の推進」などが新たに含まれている。

また、2021年に公開された、第6次エネルギー基本計画では、2050年カーボンニュートラルを目指すための中間目標として、2030年度の温室効果ガス46%削減目標とともに、エネルギー政策の方向性が提示された。具体的には、世界的な脱炭素に向けた動きの中で、国際的なルール形成を主導することや、これまで培ってきた脱炭素技術、新たな脱炭素に資するイノベーションにより国際的な競争力を高めることに加え、日本のエネルギー需給構造が抱える課題の克服のため、安全性の確保を大前提に、気候変動対策を進める中でも、安定供給の確保やエネルギーコストの低減(S+3E)に向けた取り組みを進めることが言及されている。なお、2030年度におけるエネルギー需給の見通しも示されている。

3 EUの動向

2018年に、欧州委員会は、2050年までに気候中立(GHGの正味排出量ゼロ)を実現するための戦略的長期ビジョン「すべての人のためのクリーンな地球」を発表し、戦略分野として、

①エネルギー効率
②再生可能エネルギー
③モビリティ
④循環型経済
⑤インフラと相互接続性
⑥バイオエコノミーと自然の炭素吸収源
⑦CO₂回収貯留

の7つを挙げた。

　その中で、電化、水素、電力から燃料などを生産する Power to X(PtX、P2X)、効率改善、循環経済の5オプションを採用したGHGを80%減、5オプションを費用効率的に組み合わせたシナリオ(COMBO：コンビネーションシナリオ)による90%減、さらに1.5℃目標と整合的なゼロエミッションを実現するためにCOMBOシナリオにCO₂除去技術を組み合わせた1.5技術シナリオ、COMBOシナリオに行動変容を組み込んだ1.5ライフシナリオを提示した。これらシナリオごとのGHG排出量を**図1.8**に示す[13]。なお、シナリオはEU全体しての将来像を示唆したものであり、石炭や原子力への依存度が高い国があるなど、国別のエネルギー事情には大きな違いがあることには注意したい。

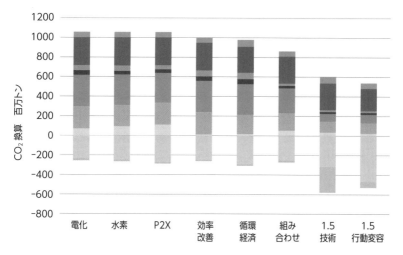

図1.8　2050年時点でのGHG排出バランス
出典：European Commission「IN-DEPTH ANALYSIS IN SUPPORT OF THE COMMISSION COMMUNICATION COM」(2018)[13]をもとに作成

その後、2019年12月には、新しいイニシアチブである欧州グリーンニューディールを発表し、2050年までに気候中立(Climate Neutrality)を達成し、気候法(Climate Law)を提案(その後欧州議会で承認)、2030年削減目標の引き上げ(1990年比で最低50%、その後55%に引き上げ)、全経済活動に対するカーボンプライシング、特定セクターの輸入財に対する国境税調整などの方針を打ち出した[14]。

ニューディールには、以下の項目が含まれた。

1	適応戦略	8	地域環境(大気、水、土壌)
2	エネルギー供給脱炭素化	9	公的投資の気候変動対策への振り向け
3	産業の気候中立と循環経済	10	ジャスト・トランジション対策(脱炭素化によって影響を受けるセクターへの補償などの対策)
4	建築物省エネ		
5	運輸対策	11	税制グリーン化
6	食料チェーン	12	新技術やイノベーションの強化
7	生態系と生物多様性	13	EUの国際的リーダーとしての活動強化

最近では、新型コロナウィルス感染症からの復興計画と関連して、さらに関連予算を上積みしているほか、2020年7月にはEU水素戦略を追加発表するなどの動きもみられる。

4　アメリカの動向

2019年11月にパリ協定からの脱退を正式に通告するなど、トランプ前政権は、気候変動政策には後ろ向きの態度をとってきた。しかし、バイデン新大統領は、就任直後の2021年1月に、パリ協定への再加入に関する書類に署名している。気候変動やエネルギー政策に対して、2050年までにはネットゼロエミッションを連邦レベルで達成する方針を打ち出し、カーボンニュートラルへの動きを加速することを明示した。たとえば、再エネ、原子力、水力、CO_2回収・貯留・利用(CCUS)を動員し、2035年までに電力をカーボンフリー化するなどの方針は注目に値する。

5　中国の動向

2020年9月の国連総会で、習近平国家主席が、2060年までのカーボンニュートラル、NDCの引き上げ、CO_2排出量の2030年以前ピークアウトを表明した。その内容の詳細は、原稿執筆時点では公式には明らかになっていない。

第 2 章

再生可能エネルギーは
これだけ使える

　2050年カーボンニュートラルの実現に向けて、エネルギーとして利用するときにCO_2を排出しない再生可能エネルギー(以降、再エネ)の導入が世界中で進められている。本章はこれら再エネの特徴、賦存量やコストの動向について解説し、さまざまな導入事例を紹介する。

　エネルギー密度が低い再エネを大量に導入するためには広大な土地が必要になり、土地の開拓による生態系への影響なども考えると、日本へ導入できる量には限界がある。再エネは電力システム、蓄エネルギーシステムと組み合わせてうまく導入・利用する分野横断的な取り組みが必要であり、水素、バイオマス、バイオ燃料などのエネルギー輸送媒体による海外からの輸入も合わせることも必要と考えられる。

2.1 > 再生可能エネルギーの種類と特徴

1 再生可能エネルギーとは

❶再生可能エネルギーの定義

　一般的に再生可能エネルギー(再エネ)とは、利用する以上の速度で自然界からエネルギーが補充される資源のことを指す。日本では、平成21年(2009年)8月施行の「エネルギー供給事業者による非化石エネルギー源の利用および化石エネルギー原料の有効な利用の促進に関する法律施行令」において、太陽光、風力、水力、地熱、太陽熱、大気中の熱その他の自然界に存在する熱、バイオマス(動植物に由来する有機物)の7種類が挙げられている。

　これら再エネは、利用するときにCO_2を排出せず[1]、国内で得ることができるため、エネルギー安全保障にも寄与できる国産エネルギー源として注目されている。また、日本が目指すカーボンニュートラルを実現するためにはCO_2を中心とした温室効果ガス(GHG)の排出を全体としてゼロにすることが必要であり、再エネの導入は欠かせない取り組みである。

❷エネルギー供給構造の変遷

　<u>図2.1</u>に示すエネルギー供給構造の変化のように、18世紀半ばから19世紀にかけて起こった産業革命では蒸気機関の開発による動力源の刷新が行われ、これまでの家内制手工業から工場制手工業を経て工場制機械工業へと産業が変革していった。産業革命の大きな特徴は、地上資源から地下資源への代替にあり、エネルギー密度が高い化石燃料の利用と工業の機械化によって社会の基本的な生産基盤が農業社会から工業社会へと大きく転換した点にある。

1　**再エネのCO_2排出**　利用時には排出しないが、太陽光や風力発電などの設備製造、導入、撤去時などにはCO_2を排出する。また、バイオマスの場合は原料の育成、伐採、収穫、運搬時などにCO_2を排出する。

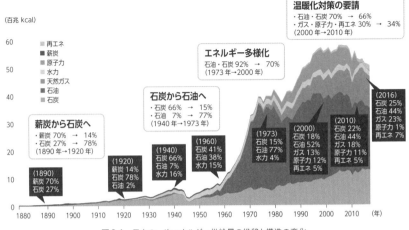

（百兆 kcal）

温暖化対策の要請
・石油・石炭 70% → 66%
・ガス・原子力・再エネ 30% → 34%
（2000 年→2010 年）

エネルギー多様化
石油・石炭 92% → 70%
（1973 年→2000 年）

（2016）
石炭 25%
石油 44%
ガス 23%
原子力 1%
再エネ 7%

石炭から石油へ
・石炭 66% → 15%
・石油 7% → 77%
（1940 年→1973 年）

（2010）
石炭 22%
石油 44%
ガス 18%
原子力 11%
再エネ 5%

（2000）
石炭 18%
石油 52%
ガス 13%
原子力 12%
再エネ 5%

（1973）
石炭 15%
石油 77%
水力 4%

薪炭から石炭へ
・薪炭 70% → 14%
・石炭 27% → 78%
（1890 年→1920 年）

（1960）
石炭 41%
石油 38%
水力 15%

（1940）
石炭 66%
石油 7%
水力 16%

（1920）
薪炭 14%
石炭 78%
石油 2%

（1890）
薪炭 70%
石炭 27%

■ 再エネ
■ 薪炭
■ 原子力
■ 水力
■ 天然ガス
■ 石油
■ 石炭

図2.1 日本の一次エネルギー供給量の推移と構造の変化
出典：経済産業省「エネルギー白書」[1][2]をもとに作成

2　太陽光エネルギー

❶太陽光の利用と普及

　太陽光エネルギーは、地球上でもっとも豊かなエネルギー資源であり、地球の表面上に普遍的に存在する。太陽光として太陽から放出された光は、地球軌道付近（大気圏外）で約 1.37kW／m² のエネルギーを持つ。**図2.2** に示すように、この太陽光エネルギーは、地球の大気中を進むにつれて、大気中のエーロゾル、水蒸気、オゾン (O_3)、CO_2 などの分子の反射、散乱、吸収のために減衰する。その結果、直接的および間接的に地球の表面に到達するエネルギー量は太陽光の入射角に依存するが、中緯度地域の夏の晴天時では約 1.0kW／m² となる。

　このように、単位面積当たりに照射される太陽光エネルギー、すなわち太陽光のエネルギー密度は火力や原子力と比べて低い[3]ものの、地球全体に降り注ぐエネルギー量は膨大であり、人間活動によって消費されるエネルギー量（世界の一次エネルギー[2] 消費量 500EJ[3]／年）の千倍〜数千倍に達する[4][5]。

2　**一次エネルギー**　自然界に存在する形のエネルギー源。石油・石炭・天然ガスなどの化石燃料、原子力の燃料であるウラン、再生可能エネルギーなど、直接得られるエネルギーのことをいう。
3　**EJ**　10の18乗ジュールのこと。1EJは 2.78×10¹¹kWh に相当する。

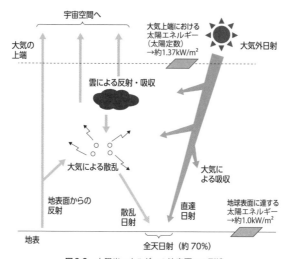

図2.2 太陽光エネルギーの地表面への到達
出典：資源エネルギー庁「あったかエコ太陽熱」参考資料(2021)[6]をもとに作成

　これら太陽光エネルギーを熱や電気といった二次エネルギー[4]に変換することによって私たちの生活や産業などで利用することができる。

　太陽熱利用では、屋根の上に置いた太陽熱温水器を用いた給湯利用が広く普及している。また、太陽を追尾したり、集光可能なコレクタを用いてエネルギー密度を高めることにより、高温の熱を作り出し、産業用の熱利用に供する方法や、その熱を使って発電する集光型太陽熱発電(CSP：Concentrating Solar Power)がアメリカやヨーロッパで実施されている(**図2.3**参照)。

4　**二次エネルギー**　電気・ガソリン・都市ガスなど、一次エネルギーを変換や加工して得られるエネルギーのこと。

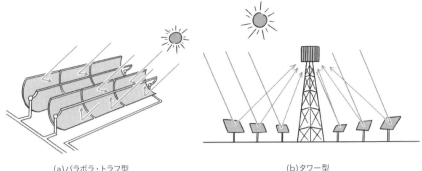

(a)パラボラ・トラフ型　　　　　　　　　　　(b)タワー型

(c)パラボラ・ディッシュ型

図2.3　集光型太陽熱発電(CSP)の形式
国立研究開発法人新エネルギー・産業技術総合開発機構（NEDO）
平成30年度成果報告書「石炭資源利活用に関する要素研究調査」[7]をもとに作成

❷太陽光発電の技術開発

　太陽電池によって太陽からの光エネルギーを直接、電気に変換する太陽光発電
は、再エネの中で、広く普及している技術である。

　太陽光発電の基本的なシステムは、太陽電池モジュール、接続箱・集電盤、パ
ワーコンディショナなどで構成される。

　太陽光発電技術のコアとなる太陽電池では、光起電力効果を利用し、光エネル
ギーを電気に変換している。太陽電池の最小単位のものを太陽電池セルといい、
複数の太陽電池セルを所定の出力が得られるように電気的に接続したものが太陽
電池モジュールと呼ばれる。

　現在もっとも多く使われている太陽電池[5]は、シリコン系太陽電池であり、こ

5　**太陽電池の種類**　シリコン系の他に化合物系、III-V族系、有機系がある。詳細は巻末の参考文献[8]を参照。

の太陽電池では、**図2.4**に示すように電気的な性質の異なる2種類（p型[6]、n型[7]）の半導体を重ね合わせた構造となっている。太陽電池表面に太陽光が当たると、プラスとマイナスを持った粒子（正孔と電子）が発生し、マイナスの電気はn型半導体のほうへ、プラスの電気はp型半導体のほうへ移動する。このため、表面と裏面につけた電極に電球やモータのような負荷をつなぐと電流が流れ出す。

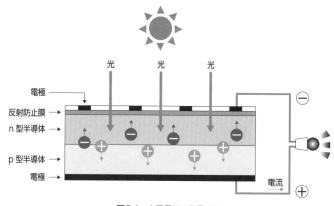

図2.4 太陽電池の発電原理
出典：太陽光発電のススメ「太陽光発電の仕組み」[9]をもとに作成

シリコン系太陽電池は製造方法によって「単結晶」、「多結晶」、および「薄膜」の3タイプがあり、太陽電池モジュールの変換効率[8]はそれぞれ、20％程度、15％程度、および10％程度となっている。シリコン系太陽電池セルの変換効率は理論上29％が限界といわれている。

降り注ぐエネルギー密度が低い上に、変換効率が低いということは同じ出力を得るために必要な面積が多くなることを意味する。そのため、さまざまな材料を組み合わせたり、新規材料を利用することによって太陽電池のエネルギー変換効率を向上させる技術開発が行われている[8]。また、建築物の屋根のみならず壁面などに設置したり、自動車などの移動体へ導入するための軽量化・薄膜化や発電コストを安価にするための太陽電池の低コスト化についても技術開発が行われている。

---

6 **p型** シリコン系のp型半導体は高純度のシリコンからなる半導体に、不純物としてホウ素などを加えることにより、電子が不足した状態を作り出したもの。

7 **n型** シリコン系のn型半導体は高純度のシリコンからなる半導体に、不純物としてリンなどを加えることにより、電子が余った状態を作り出したもの。

8 **太陽電池モジュールの変換効率** 太陽電池に入力された太陽光エネルギーの内、変換されて電気エネルギーとして出力される割合。

❸次世代太陽電池：ペロブスカイト太陽電池

次世代の太陽電池としては「ペロブスカイト太陽電池」が注目されている。これはペロブスカイトと呼ばれる結晶構造の材料を用いた新しいタイプの太陽電池である。ペロブスカイト太陽電池はシリコン系太陽電池にも匹敵する高い変換効率を達成しており、ペロブスカイト膜が塗布技術で容易に作製できるため、既存の太陽電池よりも低価格になることが期待されている。さらに、フレキシブルで軽量な太陽電池が実現でき、シリコン系太陽電池では設置できなかった耐荷重性の低い建築物や、建築物の壁面など、多様な設置形態が可能となる。

国立研究開発法人新エネルギー・産業技術総合開発機構(NEDO)「高性能・高信頼性太陽光発電の発電コスト低減技術開発」事業ではペロブスカイト太陽電池について新コンセプトの製造装置、信頼性確保技術、発電原理の検証と信頼性の高い性能評価技術の確立、さらなる性能向上を目指す新構造、新材料の研究開発が進められている[10]。

❹変動する太陽光エネルギー

太陽光エネルギーを私たちの生活や産業などで利用する上で重要な1つの特徴もしくは課題に、自然変動性がある。地表面に到達する太陽光エネルギーの量は天候、季節、および昼夜の時間帯によって変動するため、得られる熱や電気の二次エネルギー量もそれらに依存して変動してしまう。

図2.5に示すように、日射量は自然条件によって変動するが、私たちがエネルギーを利用する量は日中の経済活動や夜間の照明や暖房需要によって変化する。したがって、エネルギーの供給と需要の時間や空間にずれが生じるため、気象予

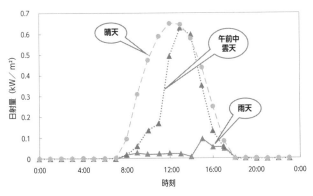

図2.5 天候による1時間当たり日射量(kW/m²)の推移

測や需給調整技術に加えて蓄エネルギーやエネルギーの輸送が必要になる。

3 風力エネルギー

❶風力エネルギーの利用の形式

　風力エネルギーとは、空気が対流することにより生じる風が持つ運動エネルギーのことで、人類は数千年前から風力エネルギーを運輸エネルギーとして帆船などに利用してきたほか、最近まで風車などにより揚水や製粉のための動力としても利用していた。10世紀頃に建造された最古の製粉用風車はイラン北東部のナシュティーファーン村に存在している[11]。

　商業規模での発電のための風力エネルギー利用、すなわち風力発電は、1970年代に可能になった。風力発電は、風力エネルギーを回転エネルギーに変え、その回転を発電機に伝えることによって電気エネルギーに変換するシステムである。風車の得ることができるエネルギーは風を受ける面積に比例(風車直径の2乗に比例)し、風速の3乗に比例して増大する。したがって、できるだけ多くの発電量を得るためには、風の強い場所に大きな風車を設置することが必要となる。

　<u>図2.6</u> に示すように、風力タービンの形式は、回転軸の方向によって水平軸と垂直軸に大きく分けられる。水平軸風車には構造が比較的簡単であり、効率が高く、大型化が容易であるといった特徴があり、中型・大型風車ではこの方式の導入が進んでいる。

　垂直軸風車は、回転軸が風向きに対して垂直であり、風向きに対する依存性がないことが特徴である。また、発電機などの重量物を地上付近に設置できることや、ブレードの製造がプロペラ式と比較して容易であるなどの利点がある。一方、自己起動が困難である他、回転数制御が難しいこと、水平軸風車と比較して効率が劣るために装置が大型化する傾向があること、などの欠点がある。

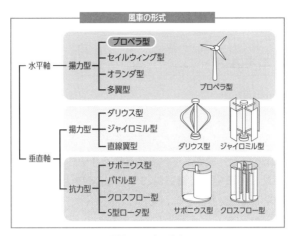

図2.6 風車の形式
国立研究開発法人新エネルギー・産業技術総合開発機構(NEDO)「再生可能エネルギー技術白書第2版」(2014)[12]
をもとに作成

❷大型化が進む風力発電

　風が持つ運動エネルギーをできるだけ多く受け入れるために、風力タービンの大型化が進められている。2018年時点で導入されている陸上風力タービンの平均規模としては、ロータ直径(RD：Rotor Diameter)が約110m、発電容量が2.6MW、洋上風力タービンの平均規模はRDが148m、発電容量が5.5MWとなっている。**図2.7**に示すように風力タービンの将来のスケールアップとしては、2025年までに13-15MWの設備[13]が見込まれ、さらに、2030年までには、15-20MWの設備が実装されることが見込まれている[14]。

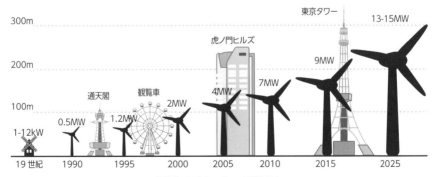

図2.7 風力タービンの大型化傾向
出典：Broomberg New Energy Finance [13] IRENA (2019) [14]をもとに作成

現在、世界でもっとも大きい洋上風力タービンは、GE Renewable Energy社の Haliade-Xで発電容量は12もしくは13MW、RDが220mにもなる[15]。

❸風況が重要

　風の強い場所に大きな風車を設置することが必要な風力発電では、風速や風向の変わり方、最大瞬間風速といった要素によって、風力発電機の設備利用率が大きく変わるため、風況が良い場所を選定することが重要である。一般に地表付近の風速は、地表面の摩擦の影響で上空に比べて弱いため、**図2.8**に示すように、同じ場所でも高い位置に風車を設置することが求められる。

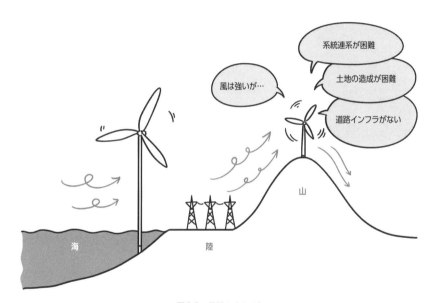

図2.8　風況のイメージ

　環境省は日本国内の陸上および洋上における風況を調査したマップを公表している[16]。当該マップでは陸上において風況が良い地点も多数見られるが、比較的大規模の風力発電所が立地している箇所はそう多くは無い。風況が良いエリアであっても、土地利用規制、景観など地域環境への影響や送電線などのインフラといった条件をクリアする必要があるため、風力発電の導入は容易ではないことが伺える。

　近年では風況が良い陸上へのウィンドファーム(Windfarm：集合型風力発電所)の導入が進み、適地が減少していることや、陸上と比較して洋上の風況が安定し、

設備利用率も高いことから、洋上風力発電システムが注目されており、欧州を中心に大規模な洋上ウィンドファームの導入がはじまっている。

　設備利用率は風況が良い地域で向上するものの、風速は一定ではなく常に変動するため、風力発電も太陽光発電と同様に、発電出力の自然変動性が課題である。風力発電の導入促進および主力電源化のためには気象予測や需給調整技術に加えて蓄エネルギーやエネルギーの輸送が必要になる。

4　水力エネルギー

　水は地球上を絶えず循環している。太陽光エネルギーを主要なエネルギー源として、海、湖や池などの水が蒸発し、水蒸気が雲や霧を形成して雨となって地表に降り注ぐ。

　水力発電はこうした水の循環による水の落差(位置エネルギー)や流れ(運動エネルギー)を利用して発電する技術であり、世界でもっとも成熟した再エネ技術である。

　図2.9のように、水力発電は大きく分けると河川や農業用水路などに発電用水車を設置する流れ込み式や、ダムに貯めた水を放流することで発電する貯水池式、調整池式、揚水式がある。ダムを利用する調整池式、貯水池式、揚水式は、発電量の増減の調節が短時間にできるため、電力の需要状況に合わせて稼働させることができる。また、揚水発電所は、発電のために使う水を汲み上げる(揚水する)ため、電気を水の位置エネルギーに変換して貯える「蓄電池」のような役割を担うことができる特徴がある。

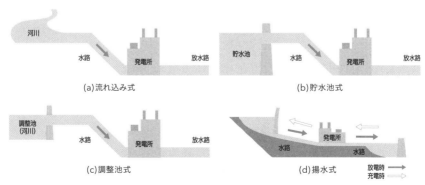

図2.9　水力発電の基本原理
出典：東京電力リニューアブルパワー「発電方法の種類」[17]をもとに作成

古くから日本のエネルギー供給源として重要な役割を果たしてきた大規模な水力発電に対し、近年では2012年7月からはじまっている「再生可能エネルギーの固定価格買取制度」(FIT制度[9])によって、30,000kW未満の中小水力発電が注目されている。中小水力発電にはさまざまな規模があり、河川の流水を利用する以外にも、農業用水や上下水道を利用する場合もある。開発済みの大規模水力発電に比べて、開発できる地点が多く残されており、導入普及が期待されている。

5　バイオマスエネルギー

❶バイオマスとは

　バイオマスは生物資源を表す概念で、一般的には「再生可能な、生物由来の有機性資源で化石資源を除いたもの」のことを指す。バイオマスの種類としては農作物、林業生産物、水性植物、作物残さ、動物の排泄物、都市ごみなどの廃棄物といったものがある。

　バイオマスは利用時に燃焼工程などでCO_2を排出するが、バイオマスが有する炭素は元々植物が成長の過程において光合成により大気中のCO_2を吸収して体内に固定したものであるため、大気中のCO_2を増加させない資源であると考えられる。しかしながら、バイオマスが植物として成長する量を上回るような利用を行うと、大気中のCO_2が増加する点や、バイオマスの収集(収穫)や運搬によってCO_2を排出する点には留意する必要がある。

　前述の通り1800年代後半まで薪炭材などのバイオマスは人類の活動において重要なエネルギー源であったが、化石燃料の普及と同時に衰退していった。しかし、多くの開発途上国では、バイオマスが依然として主要なエネルギー供給源であり、国のエネルギー供給に70%以上寄与しているところもある。

9　**FIT制度**　再生可能エネルギーで発電した電気を、電力会社が一定価格で一定期間買い取ることを国が約束する制度。

図2.10 バイオマス資源のエネルギー利用の流れ
国立研究開発法人新エネルギー・産業技術総合開発機構（NEDO）
「再生可能エネルギー技術白書第2版」(2014) [18] をもとに作成

❷ バイオマスエネルギーの特徴

　これまでに、太陽光エネルギーから熱や電気、風力や水力エネルギーからは電気が得られることを解説してきた。バイオマスは有機性資源であることから固体、気体および液体燃料を作り出すことによって、熱や電気以外に、輸送用燃料も製造できる特徴がある。この特徴によってバイオマスは既存の化石燃料を用いたシステムへ導入でき、石炭火力発電へのバイオマス固体燃料の混焼やバイオマス液体燃料のガソリンや軽油との混合利用、さらに、バイオマス気体燃料の天然ガス導管への導入などが実施されている。

　さらに、太陽光発電や風力発電とは異なり、バイオマス発電は原料投入量を制御することによって、一定の出力を維持することや場合によっては出力を調整することも可能である。

　一方、太陽光、風力、水力が自然に降り注ぐ、もしくは流れるエネルギーを利用することに対し、バイオマスエネルギーは利用するために、原料であるバイオマスの収集（収穫）および運搬が必要になる。たとえば林業生産物を利用するには、山林で樹木を伐採し、得られる丸太を利用する地点まで運搬しなければならない。都市ごみについても同様にゴミ収集車が収集し、清掃工場まで運搬している。したがって、収集や運搬にかかるエネルギーやコストを少なくすることによっ

て、効率の低下を抑えたり、経済性を向上させるような検討も必要になってくる。

❸バイオジェット燃料

　バイオマス利用の特徴的な事例として、バイオジェット燃料を紹介する。現在、航空分野においては低炭素化のために、航空機の軽量化や航空交通システムの高度化が実施されているが、ジェット機の運航によって発生するCO_2を削減するためにはジェット燃料を代替するバイオジェット燃料が注目されている。

　2021年2月4日には日本航空が、日本初の国産バイオジェット燃料を搭載した商用フライトを実施した。バイオジェット燃料は全国から集まった衣料品の綿を原料として、Green Earth Institute株式会社、日本環境設計株式会社、公益財団法人地球環境産業技術研究機構など複数の国内企業の協力によって製造された[19]。

6　地熱エネルギー

❶地熱発電の仕組み

　地熱エネルギーはこれまでに述べてきた太陽からの放射エネルギーに頼らない、地球から自然発生する熱エネルギーである。エネルギーの発生要因にはウラン、トリウム、カリウムの放射性同位体[10]の崩壊によるものの他、地球が誕生したとき蓄積されたエネルギーなどがあると考えられており、莫大な量の熱エネルギーが地球のコア、マントルおよび地殻に蓄積されている。大陸地殻の底部における温度は200〜1,000℃であり、地球の中心部の温度は3,500〜5,500℃ともいわれている[20]。

　一方、火山の近辺では、火山の下にマグマが存在するため、特に高温な地熱地帯が発達している。地熱貯留層と呼ばれる領域では地下水がマグマによって加熱され、高温・高圧の水が大量に溜まっている。

　地熱発電では、**図2.11**に示すように、地熱貯留層に坑井と呼ばれる井戸(生産井)を掘り、地熱流体を取り出し、気水分離器で蒸気と熱水に分離する。蒸気はタービンを回して発電し、熱水は還元井を通して再び地中深くに戻される。

10　**放射性同位体**　ある元素が持つ同位体のうち、原子核が不安定であるために、原子核が崩壊して何らかの放射線を放出する同位体のこと。

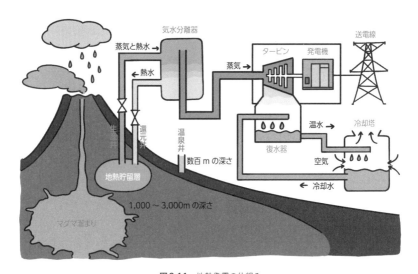

図2.11 地熱発電の仕組み
出典：独立行政法人 石油天然ガス・金属鉱物資源機構(JOGMEC)「地熱発電のしくみ」[21]をもとに作成

　日本は火山帯に位置するため、地熱利用は戦後早くから注目されてきた。実用の地熱発電所としては、1966年10月に営業運転をはじめた岩手県八幡平市の松川地熱発電所を最初として、現在では東北や九州を中心に展開している。

　地熱発電は、天候・昼夜を問わずに安定した発電が可能なことから有望なエネルギー利用技術であるといえるが、地熱地帯の多くが国定公園、国立公園内に位置するため、発電所の建設に規制があったこと、周辺の温泉地から、温泉の枯渇、湯量の低下、温泉の温度低下、景観を損なうといった懸念による反発が多いことから導入が進んでいなかった。

❷地熱発電の導入促進と技術開発

　これに対し、2011年以降、再エネ開発の一環として、地熱発電の新規開発に向けた規制緩和に関心が持たれるようになった。環境省は2015年10月に「国立・国定公園内における地熱発電の取り扱いについて」の改正を行うなど、規制緩和が進められている。

　地熱エネルギー利用に関する技術適用範囲は近年まで地熱貯留層からの水や水蒸気のみであると考えられてきた。この考え方は、100℃付近の低温熱源を用いるバイナリー発電のような技術開発によって大きく変わった。

　また、高温であるものの水分に乏しく、十分な熱水・蒸気が得られないような高温岩体に対し、人工的に岩盤に割れ目を作って水を注入することによって高温

蒸気を取り出して発電する高温岩体発電についても開発プロジェクトが実施されており、日本においても次世代の地熱発電に向けた技術開発と称して、資源エネルギー庁の「地熱・地中熱等導入拡大技術開発事業」や国立研究開発法人新エネルギー・産業技術総合開発機構(NEDO)が2021年度から「地熱発電導入拡大研究開発」事業を進めている。

7 　その他：地中熱・海洋エネルギー

これまで述べてきたおもに政令で定められている再エネ以外にも、今後、利活用が期待されている再エネがあるので、紹介する。

❶地中熱エネルギーの利用

地中熱エネルギーは浅い地盤中に存在する低温の熱エネルギーである。大気の温度に対して、地中の温度は地下10〜15mの深さになると、年間を通して一定になるため、夏場は外気温度よりも地中温度が低く、冬場は外気温度よりも地中温度が高いことから、この温度差を利用して効率的な冷暖房などを行うといったエネルギー利活用技術の導入が進められている。**図2.12**に示すように、地中熱ヒートポンプシステムと呼ばれる。

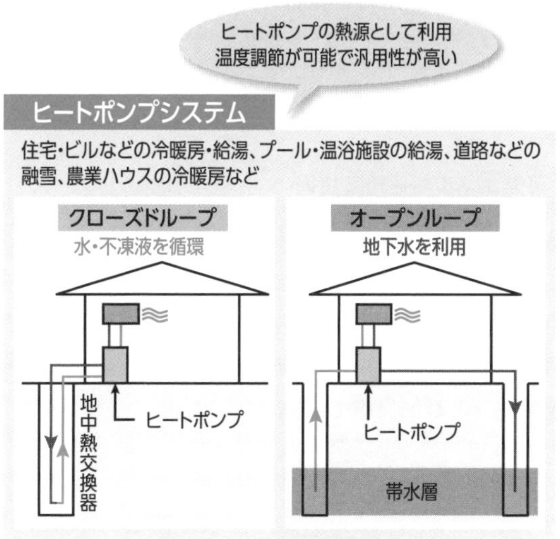

図2.12　地中熱ヒートポンプシステム
出典：地中熱利用促進協会「地中熱利用形態」[22]をもとに作成

❷ 海洋エネルギーの発電技術

　四方を海に囲まれた日本は、海洋のエネルギーのポテンシャルが豊富な国である。前述の洋上風力発電以外にも、波力、海流、潮流などから得られるエネルギーを利用した海洋エネルギー発電の開発が進められている。

　波力発電システムはおもに振動水柱型、可動物体型、越波型の3種類に区分される。また設置形式の観点から、装置を海面または海中に浮遊させる浮体式と、沖合または沿岸に固定設置する固定式に分けられる。

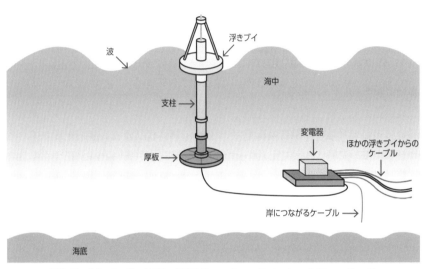

図2.13　波力エネルギー変換器の概略図(Ocean Power Technology社 "Power Buoy")
出典：Omar Farrok et al.,「Electrical Power Generation from the Oceanic Wave for Sustainable Advancement in Renewable Energy Technologies」(2020)[23]をもとに作成

❸ その他の再生可能エネルギー発電技術

　ほかにも、月と太陽の引力で生じる周期的な変動である「潮汐」によって起こる潮流エネルギーを用いた潮流発電、潮の干満差の位置エネルギーを使った潮汐力発電、太陽熱と偏西風などの風によって生じる海流のエネルギーを利用した発電や表層の温かい海水(表層水)と深海の冷たい海水(深層水)との温度差を利用した海洋温度差発電などが開発中である。

2.2 再生可能エネルギーのポテンシャル

1 賦存量とポテンシャル

❶再生可能エネルギーが持つポテンシャルとは

　前節では地球に降り注ぐ膨大な太陽光エネルギーや、地球の中心に存在する莫大な熱エネルギーを利用した再エネの種類と特徴について述べた。実際にはこれら地球上に存在する膨大な再エネの量(賦存量[11])がすべて利用できるわけではなく、発電設備の設置条件やエネルギー効率、利用先までのインフラ条件、および経済成立性などを加味した、ポテンシャルを考える必要がある。

　再エネは豊富にあるので、将来エネルギーからのCO_2排出量をゼロにすることは可能であるという楽観論と、再エネの内、使える量は少ないので、多くは期待できないという悲観論のギャップは、おもにこの賦存量とポテンシャルの認識や前提条件のずれによるものが大きいと思われる。

　図2.14に示したように、賦存量の内数としてのポテンシャルを考えるにあたり、理論的、地理的、技術的、経済的、市場といったいくつかの条件が存在する。

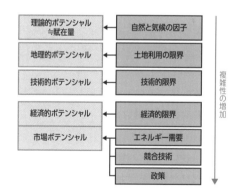

図2.14　賦存量からポテンシャルを考えるときの限界について
出典：Ecofys B.V.「Global potential of renewable energy sources:
A Literature assessment Background Report」(2008)[24]をもとに作成

11　**賦存量**　石油や天然ガスやバイオマスなどといった資源について、潜在的ではあるが、理論上存在していると算定される量。

❷太陽光エネルギーのポテンシャル

太陽光エネルギーを利用した太陽光発電を例に各ポテンシャルについて見ると、理論的ポテンシャルは自然と気候の因子のみを含んだもっとも大きな量で、太陽光が地球に年間降り注ぐエネルギー量を当てはめることができ、賦存量とも呼ぶことができる。地理的ポテンシャルは土地利用の限界を当てはめることになる。太陽光の場合、海洋面積や農地・林地面積を除くなど太陽光発電設備を設置可能な面積を考慮することになる。

技術的ポテンシャルは技術的限界を当てはめることによって、得られるエネルギーを考慮する。太陽光発電の設備を導入した場合、太陽光エネルギーを100%電気に変えることはできないため、発電効率を乗じたものが技術的ポテンシャルに相当する。また、エネルギー転換技術が実用化していないものは地理的ポテンシャルが十分量存在しても、技術的ポテンシャルはゼロと算定される。

経済的ポテンシャルはコスト限界を当てはめる。例えば日本における太陽光発電は固定価格買取制度(FIT制度)という政策によって売電価格が高価に設定されているため、発電コストが他の電源より高価であっても経済的ポテンシャルにカウントされる。

❸賦存量をもとにして導入ポテンシャルを導き出す

最後に、市場ポテンシャルはエネルギー需要、競合技術、政策などを加味して計算されるポテンシャルである。

ここで述べたように、理論的ポテンシャル以外の条件は技術の発展や政策動向によって変化することがわかる。したがって、再エネのポテンシャルを議論するときには、どの条件を考慮しているのかを踏まえる必要がある。

日本では、再エネの「賦存量」、「導入ポテンシャル」および「導入可能量」が図2.15に示すように定義づけられている。

以降本書では世界と日本において、再エネがどの程度存在するのかを賦存量(＝理論的ポテンシャル)を用いて説明し、それらの内、技術的にどの程度使うことができると期待されるのかを導入ポテンシャル(＝技術的ポテンシャル)を用いて説明する。導入可能量については政策依存性や地域依存性が大きく、世界と日本で比較する意味もないため、本書では扱わない。

なお、太陽光発電や風力発電の場合、出力に自然変動性があり、エネルギーの供給と需要に時間的なずれが生じるが、本項ではエネルギーの総量で比較・説明する。エネルギー需給の調整に関しては後述の5章「電力システム」、6章「水

素エネルギー」、7章「蓄エネルギー」を参照されたい。

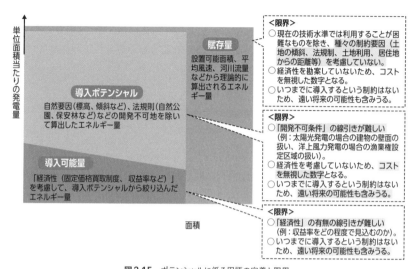

図2.15 ポテンシャルに係る用語の定義と限界
出典：コスト等検証委員会「各省のポテンシャル調査の相違点の電源別整理」(2011) [25] をもとに作成

2 世界の再生可能エネルギー賦存量

　まず、再エネの世界全体における賦存量や導入ポテンシャルについて説明する。

❶太陽光エネルギーの賦存量

　前述の通り、地球の表面に到達する太陽光エネルギーの量は膨大である。モニーク・フーグウィーク(Monique Hoogwijk)氏は、過去30年間の太陽光照射データを記録している気候研究ユニット(CRU：Climate Research Unit)の平均データを用いたボトムアップ手法を用いて、賦存量を約630,000EJ／年と推定した [26]。これは世界の一次エネルギー消費量500EJ／年の1,000倍以上に相当する。

　次に太陽光発電の導入ポテンシャルについて解説する。国際応用システム分析研究所(IIASA：International Institute for Applied Systems Analysis)が2012年に報告したGlobal Energy Assessment(GEA) [27] では再エネのみならず、各種エネルギーのポテンシャル評価結果を提供しており、その前提条件としての賦存量や導入ポテンシャルを解説している。

太陽光発電システムの導入ポテンシャルをグローバルに評価している研究は数多くある[26][28][29]が、いずれの研究においてもGISデータを用い、土地利用区分として、自然保護地域、農地、森林、山岳地域、および雪や氷で覆われている地域を除いた面積について検討したり、将来の発電効率を想定して評価している。

❷風力エネルギーの賦存量

風力エネルギーの賦存量は地球における莫大な空気の総運動エネルギーから求めることができる。マリオン・キング・ハバート (Marion King Hubbert) 氏[30]は、風力エネルギーの賦存量を大気に到達する太陽光エネルギーの2%に相当する110,000EJ／年と推定した。これは世界の一次エネルギー消費量の220倍に相当する。

風力発電の導入ポテンシャルは、陸域、洋上、潜在的には高地の技術開発に大きく制限される。第一の技術的制約は地球の気候を大きく改変したり、自然界の均衡に悪影響を与えたりしないような安全係数である。また、空気の流れが完全に止まってしまうようにすべての風力エネルギーを抽出することはできないため、M.R. グスタフソン (M.R.Gustavson) 氏[31]はその抽出割合として10%以下の係数を提案した。

第2の技術的制約として、流体の運動エネルギーから取り出すことのできる理論上の最大効率がある。風力エネルギーを風力発電機の羽の運動エネルギーにもっとも効率的に変換するには、風力発電機の後方側風速が3分の1に低下するようにした場合で、その際の最大効率59%はベッツ限界[12][32]と呼ばれている。最後に技術的の制約として考えられる条件は立地である。

❸水力エネルギーの賦存量

水の循環エネルギーの内、河川の流れが発電に使用でき、平均の河川流量に河川の高低差を乗ずることによって水力発電の賦存量を試算できる。ベルンハルト・レーナー (Bernhard Lehner) 氏ら[33]は水力エネルギーの賦存量を200 EJ／年と試算した。これに対し、GEA[27]では最大の導入ポテンシャルを140-145 EJ／年としている。

---

12 **ベッツ限界** 風力エネルギーを風力発電機によって100%利用することは風の行き場が無くなるため、できる限り風をスムーズに風力発電機の後方(風下側)に受け流す必要がある。その際の最大効率約59%は「ベッツの法則」や「ベッツ限界」などと呼ばれている。

❹ バイオマスエネルギーの賦存量

　バイオマスが地球上で利用可能になる主要なプロセスは光合成である。**図2.16**のように、植物は無機物(CO_2、H_2O、窒素やリンなどの植物栄養素)からエネルギー豊富な有機物質を生産するために太陽光エネルギーを使用する。2005年時点のグローバルな陸域生態系における緑色植物の純一次生産量(NPP[13]：Net Primary Production)は、乾物量1,180億トン／年、発熱量換算で2,190 EJ／年に達する。その他、淡水や海水の生態系における植物によるバイオマスも生産される。

　賦存量の内、どの程度の量が技術的に利用可能かといった推算は前提条件の設定による不確実性が大きいため、一般的にバイオマスエネルギーの導入ポテンシャルは、各種残さや廃棄物の発生量から求められる。

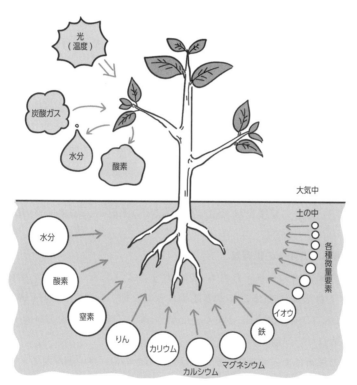

図2.16　植物の成長と肥料の関係イメージ
出典：日本肥料アンモニア協会「化学肥料Q&A」[34]をもとに作成

13　**NPP**　植物が1年間に太陽エネルギーと水と二酸化炭素を使って光合成を行った有機物量総生産量から、植物自身の呼吸によって失われる有機物量を差し引いた値のこと。

❺ 地熱エネルギーの賦存量

地熱エネルギーの賦存量は地表面の下に蓄えられたすべての熱エネルギーを指し、その量は 10^{13} EJオーダーといわれている [35]。この数値は地殻において5,000 mの深さに蓄えられた量に限定しても、140×10^6 EJ [36] と莫大な量である。

なお、この数値は地球に蓄えられた静的なエネルギー量であり、年間のエネルギーフローとして地表面に熱伝導で伝わる動的なエネルギー量は異なることに留意する必要がある。

一方、地熱エネルギーの導入ポテンシャルについて見ると、その技術適用範囲は近年まで地中3 kmまでの深さに180℃以上温度で集中している熱源からの水や水蒸気のみであると考えられてきた。この考え方は、100℃付近の低温熱源を用いるバイナリー発電や地中熱ヒートポンプのような技術開発によって過去20年で大きく変わった。さらに、前述の高温岩体発電のような地熱増産システム (EGS：Enhanced Geothermal System) 技術も地熱エネルギーの利用範囲を拡大するものとなった。

❻ 海洋エネルギーの賦存量

海洋は世界最大の太陽光エネルギーを収集し、貯蔵するシステムである。地球の海洋面積 360,000,000 km² に入射する太陽光エネルギーから、海洋温度差発電の賦存量は 1,000,000EJ／年と推定される [27]。

なお、海洋エネルギーの導入ポテンシャルについては技術が確立しておらず、アウトプットエネルギーの見積もりに不確実性が大きいことから、ここでは取り扱わない。

❼ 再生可能エネルギーの賦存量

<u>図2.17</u>と<u>図2.18</u>にそれぞれ再エネの賦存量および導入ポテンシャルをまとめて示す。これらの図ではこれまで述べてきた文献に加え、REN21 (Renewable Energy Policy Network for the 21st Century) [37] および Moriarty & Honnery [38] の文献で述べられている値を加味している。

再エネの種類によって見積もりの幅は異なるものの、中心値を見ると、賦存量では地熱、太陽光、海洋、風力、バイオマス、水力の順で、地熱は水力の数十万倍にもなる。導入ポテンシャルでは地熱、太陽光、バイオマス、風力、水力の順になっており、地熱は水力の数千倍となる。

棒グラフの最大値について賦存量が導入ポテンシャルの何倍に相当するか、すなわち現時点の技術で使うことが可能なエネルギー量に対して賦存しているエ

ネルギー量がどの程度なのかを比較すると、太陽光が約70倍、風力が約140倍、水力とバイオマスが約2倍、地熱が約450倍となっている。

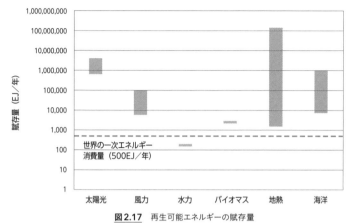

図2.17 再生可能エネルギーの賦存量
出典：GEA[27]、Hoogwijk[26]、REN21[37] のデータをもとに作成

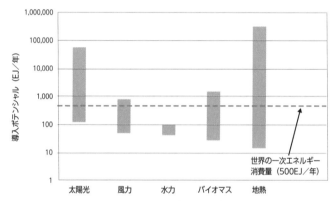

図2.18 再生可能エネルギーの導入ポテンシャル
(GEAの導入ポテンシャルはインプットエネルギーで示されていたため、エネルギー効率
(太陽光；20%、風力；35%、水力；80%、バイオマス；25%、地熱；20%)を乗じて求めた)
出典：GEA[27]、REN21[37]、Moriarty & Honnery[38] のデータをもとに作成

　このように賦存量や導入ポテンシャルは文献によって、その前提条件が異なるため、結果として得られる数値にも違いがある。

　太陽光、風力、地熱エネルギーについては土地利用など発電設備の設置に関わる前提条件が大きく異なるため、文献によってその導入ポテンシャルに大きな差異があり、不確実性が高いことがわかる。一方、水力エネルギーは河川のような限られたサイトが対象となっており、その流量などの情報が整理されているため、

文献による導入ポテンシャルの差異は少ない。また、バイオマスについても現時点の植生を衛星画像などから比較的精度良く推定することができるため、その差異は比較的少ないことがわかる。

3 日本の再生可能エネルギーの導入ポテンシャル

国立研究開発法人新エネルギー・産業技術総合開発機構(NEDO)では、再エネとその技術に関する最新情報を整理した、「NEDO再生可能エネルギー技術白書」[8]を2014年2月に発行した。白書では各再エネの導入ポテンシャルが整理されている。ポテンシャルの数値については、発電設備の導入容量として推計されているため、前述とは異なり、単位はGW[14]で表されている。

❶太陽光発電の導入ポテンシャル

太陽光発電については、経済産業省が住宅の屋根、屋上および側壁の導入ポテンシャルを91GWと試算した。公共、産業施設などの非住宅については、経済産業省、環境省、および農水省がそれぞれ試算を行っており、以下の**表2.1**のようになっている。

公共系建物その他業務分野産業分野の導入ポテンシャルは経済産業省と環境省の試算の結果を幅で表すと20.3GW〜52GW、低・未利用地や耕作放棄地の導入ポテンシャルは環境省の試算で34.6GW〜97GW、経済産業省の試算で21〜179GW、農水省による耕作放棄地の試算結果が55GWとなっている。

表2.1　太陽光発電の導入ポテンシャル試算例(非住宅、既設＋新増設)

		公共系建物その他業務分野産業分野	低・未利用地（最終処分場、交通・運輸分野など）	耕作放棄地等	合計
経済産業省	側壁なし	20.3GW	(18〜39GW)	(3〜140GW)	−
	側壁あり	44GW			−
環境省	レベル1	24GW (220億kWh)	16GW (15億kWh)	33GW (300億kWh)	59GW (540億kWh)
	レベル3	52GW (440億kWh)	27GW (240億kWh)	70GW (640億kWh)	150GW (1,300億kWh)
農水省		−	−	55GW (580億kWh)	−

国立研究開発法人新エネルギー・産業技術総合開発機構(NEDO)
「再生可能エネルギー技術白書第2版」(2014)[39]をもとに作成

14　**GW**　再エネの種類によって異なるが、GW単位の設備容量に設備利用率と年間の総時間を乗ずることによってGWh単位の年間の発電電力量が求められる。1GWhは3.6×10⁻⁶EJに相当する。

❷ 風力発電の導入ポテンシャル

　風力発電の導入ポテンシャルについては、経済産業省および環境省が詳細な試算を行っている。陸上風力および洋上風力の導入ポテンシャル試算結果は経済産業省と環境省で大きく変わらず、それぞれ280〜290GWおよび1,500〜1,600GWとなっている。

❸ 水力発電の導入ポテンシャル

　水力発電の導入ポテンシャルについては、環境省が「再生可能エネルギー導入ポテンシャル調査」[40]で行った設備容量3万kW未満の中小水力発電を対象とした試算結果を用い、河川部で13.98GW、農業用水路で0.30GWとしている。

❹ バイオマスエネルギーの導入ポテンシャル

　バイオマスエネルギーの導入ポテンシャルは経済産業省の資料[41]によると、加工していない状態の原料が本来持っている熱量で表され、林地残材や間伐材などの木質資源が200PJ／年以上でもっとも多く、農業残渣、食品残渣、家畜排せつ物なども含めて合計510PJ／年と試算されている。また、農水省の報告[42]によると、最新2015年のバイオマス発生量は炭素換算値で約3,400万トン／年で、その内70.6%がすでに利用されているため、残りは約1,000万トン／年となる。概算ではあるが、炭素の発熱量33.9MJ／kgを乗ずることで、340PJ／年の導入ポテンシャルが見込まれる。ほかの再エネの導入ポテンシャルと同じく、発電容量に換算するため、すべてのバイオマス原料を発電効率25%、年間稼働時間8000時間のバイオマス発電設備に導入した場合、2.94GWと試算される。

❺ 地熱発電の導入ポテンシャル

　地熱発電の導入ポテンシャルは立地条件によって大きく異なる。賦存量としては、23GWあるが、それらの内、17GWは特別保護地区と特別地域にあるため、規制緩和の状況にもよるが、最低6GWの導入ポテンシャルが見込まれる。

　これまで述べてきた再エネの導入ポテンシャルを日本の発電設備容量合計や発電実績と比較すると、**図2.19**のようになる。日本の発電設備容量と比較すると、太陽光発電の導入ポテンシャルは同じオーダー、風力発電の導入ポテンシャルは数倍になることがわかるが、これらは前述の通り、自然変動性があるため、設備利用率も低く、実際に発電量で見ると、多くはなく、太陽光、風力、水力、バイオマス、地熱を合計して、日本の発電実績の4倍になる程度である。

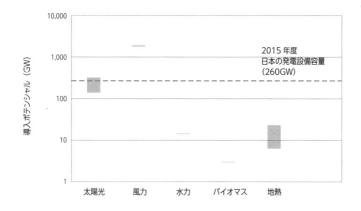

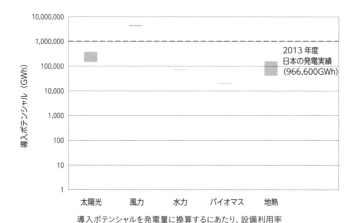

導入ポテンシャルを発電量に換算するにあたり、設備利用率
(太陽光；13%、風力；25%、水力；55%、バイオマス；80%、地熱；80%)を想定した

図2.19 日本の再生可能エネルギーの導入ポテンシャルと発電設備容量および発電実績の比較

❻地域により偏在する導入ポテンシャル

　なお、日本全体で見ると、各再エネには地域偏在性が見られる。太陽光発電の場合、地域によって日照時間や太陽光発電を設置可能な面積も異なる。風力発電については北海道や東北では風況が良いため、設備導入の適地が多く、日本全体の導入ポテンシャルの5割以上が北海道で占められている[16]。

次に、日本において再エネがどの程度導入されているのか、今後の政策目標はどうなっているのかについて解説していく。

日本国内では2002年3月に「地球温暖化対策推進大綱」が取りまとめられた。この中で、「エネルギー需給両面の対策を中心とした二酸化炭素排出削減対策の推進」が重要であることが説かれ、いくつかある重要な政策の柱の1つとして新エネルギー対策が挙げられた。

その後、電力部門における再エネの導入について各種制度が導入され、2003年4月施行の「電気事業者による新エネルギー等の利用に関する特別措置法」(通称、RPS制度)は小売電気事業者に対して、再エネによって発電された電気を一定量以上利用することを義務付けた。2009年11月には太陽光発電の余剰電力買取制度が開始された。

2012年7月に施行されたFIT制度は、「電気事業者による再生可能エネルギー電気の調達に関する特別措置法」に基づき導入された。FIT制度は電気事業者に対して、太陽光、風力、水力、地熱、バイオマスなどの再エネ源を用いて発電された電気を一定の期間・価格で買い取ることを義務付けている。なお、この制度を利用するには「設備認定」を受けなければならない。この制度では、電気事業者が買い取りに必要な接続や契約の締結に応じる義務を負うこととしており、電気事業者が電力の買い取りに要した費用は、原則「賦課金」(サーチャージ)として国民が負担する。

また、2022年度からはFIT制度に加え、大規模太陽光・風力などの市場競争力がある再エネについては、市場と連動した支援制度へ移行させるため、市場連動型のFIP(Feed-in Premium)制度を導入することが予定されている。

図2.20に「RPS制度」、「太陽光発電の余剰電力買取制度」および「FIT制度」の実施期間と再エネ発電設備導入量推移をあわせて示す。

再エネの導入量はRPS制度のはじまった2003年度から着実に増加しており、FIT制度の開始によって大幅に増加していることがわかる。また、電源別では設置が容易といった理由などから太陽光発電の伸びが顕著である。

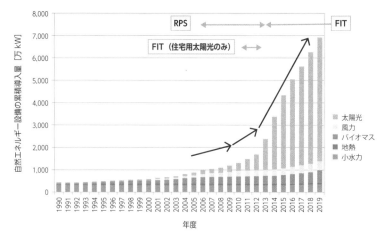

注：太陽光発電の設備容量はパワコン出力（ACベース）

図2.20　再生可能エネルギー発電設備導入量の推移

出典：環境エネルギー政策研究所「データでみる日本の自然エネルギーの現状〜2019年度 電力編〜」(2020)[43]をもとに作成

❽エネルギー需給の見通し

　今後の日本の電源構成については2015年7月に経済産業省が決定した長期エネルギー需給見通し[44]が目標となっている。

　長期エネルギー需給見通しで想定されている2013年度(実績)と2030年度(見通し)の電力需要の見通しでは日本が毎年1.7%の経済成長を遂げることが前提となっているが、経済成長による電力需要の増加を徹底した省エネ努力によって抑えることにより、17%の省エネを達成する目標が示されている。再エネによる発電量は全体の22〜24%を占める見通しである。

　2018年に策定された第5次エネルギー基本計画[45]では3E+Sの原則の下、安定的で負担が少なく、環境に適合したエネルギー需給構造を実現することが目標として掲げられた。

　第5次エネルギー基本計画では、日本の約束草案[15]で述べられている2030年にGHG 26%削減(2013年度比)を達成するためのエネルギーミックスの確実な実施とそのための主な施策として、再エネでは主力電源化への布石と低コスト化、系統制約の克服、および火力調整力の確保が挙げられており、2050年に向けた再エネの主な施策として、経済的に自立し脱炭素化した主力電源化を目指すこと

15　**約束草案**　2015年の国連気候変動枠組条約第21回締約国会議(COP21)に先立って各国が提出した、2020年以降の温暖化対策に関する目標のこと。

と水素／蓄電／デジタル技術開発に着手することが挙げられている。

　第1章で述べたように、2020年10月には菅内閣総理大臣の所信表明演説において2050年カーボンニュートラル宣言が発せられ、同年12月にはこれを受けて、「2050年カーボンニュートラルに伴うグリーン成長戦略」が策定された[46]。成長が期待される14の産業分野には洋上風力産業、次世代型太陽光産業(ペロブスカイト)、廃棄物発電、バイオ燃料といった再エネの技術が挙げられている。

　さらに、2021年4月22日には地球温暖化対策推進本部において、菅内閣総理大臣が2050年カーボンニュートラルの目標と整合的で、野心的な目標として、2030年度のGHG削減目標を前述の26%から46%に引き上げることを発表した。

　また、2021年7月21日に資源エネルギー庁より公開された第6次エネルギー基本計画の素案では、2030年までにGHGを46%削減すべく、再エネを主力電源として最優先の原則のもとで最大限の導入に取り組み、再エネ比率を36〜38%に高めるような暫定値が示されている。

2.3 〉再生可能エネルギー利活用の コストと規模

　第2章2節で述べたように、再エネは世界全体で見ると、技術的ポテンシャル（導入可能量）も多く、利用するときにCO_2を排出しないため、カーボンニュートラルを実現するためには必須な技術である。しかしながら、太陽光エネルギーや地球から自然発生する熱エネルギーといった地球全体に広く薄く分布するエネルギーを利用することから、得られるエネルギーに対する設備コストが高価になる傾向があり、経済的ポテンシャルはさらに限定的となっていた。

　本節では再エネにおけるこれまでのコストダウンの状況について概説し、エネルギー密度が低い再エネの導入事例を、広大な土地を利用して大規模集中型の設備を導入する方法（大規模集中型）と、地産地消型の小規模設備を導入する方法（地産地消型）に大別して紹介する。

1　再生可能エネルギーコスト動向

　図2.21に国際再生可能エネルギー機関（IRENA：International Renewable Energy Agency）が報告している各種の再エネによる均等化発電コスト[16]（LCOE：Levelized Cost Of Electricity）の推移と予測を示す[14][47][48]。実績のコストデータについては2010年および2019年において試運転を開始しているプロジェクトの情報（入札結果など）を元に示されている。太陽光発電と風力発電のLCOEはこの10年で大きく低下しており、水力発電、バイオマス発電、および地熱発電は低下していない。

　太陽光発電のLCOE低下の最大の要因はモジュール価格が90%下がった[17]ことにあるが、バランス・オブ・システム[18]のコスト低下も貢献している[47]。

16　**均等化発電コスト**　資本費、運転維持費、燃料費など発電に要した費用を発電所の寿命までの発電量で割ったkWh当たりの電力単価。
17　**モジュール価格の下落**　モジュール効率の改善、製造工程における材料費の削減、生産性の向上と工場の自動化による人件費の削減、シリコン製造からモジュール製造までの製造プロセスの垂直統合と製造規模の拡大、サプライヤー間の競争の激化などが原因として挙げられる。
18　**バランス・オブ・システム**　太陽光発電システムの構成機器のうち、太陽電池モジュールを除いた、架台、開閉器、蓄電池、パワーコンディショナ、計測器などの周辺機器の総称。

❶ 風力発電と太陽光発電のコスト

　風力発電のLCOE低下の要因としては風力タービンの価格低下に加え、ハブ[19]の高さと受風面積の増加によって、運転および保守点検コストの低下と同時に設備利用率の増大をもたらしたことによる。洋上風力の場合はこうした設備コスト以外に、洋上風力発電促進区域の拡大の影響も大きいと考えられている[48]。

　日本の太陽光発電および風力発電のLCOEについても**図2.21**に示しており、世界全体と同様にこの10年で低下傾向を示しているが諸外国と比較して高いことが見て取れる。太陽光発電および風力発電ともに設備費が高い理由の1つとして厳しい耐震基準で設計されていることが挙げられる。

　また、諸外国との日照時間の違いはあるものの、日本の太陽光発電のLCOEが高い理由としては山岳地帯における土地造成費用が高いこと、架台の新規格によるコスト増、頻発する自然災害による保険料の増加、電気主任技術者の減少によるメンテナンス費用増大などが挙げられている[49]。

　また、日本の風力発電は台風や冬季雷などの自然災害対策により基礎工事などの初期費用が高いこと、陸上風力についてはアクセスの良い適地が少ないことによりプロジェクトが山奥深くに位置することなど[49]、洋上風力については着床式[20]に適した水深10〜20mの領域が少ないことがコスト増の要因として考えられる。

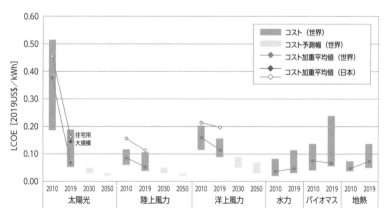

注：2010年と2019年の実績値のコスト幅は5パーセンタイルと95パーセンタイルで表している

図2.21　再生可能エネルギーの発電コスト
出典：IRENA[14][47][48]データをもとに作成

19　**ハブ**　ブレードの付け根をロータ軸に連結する部分。
20　**着床式**　海底に直接基礎を設置する方式の洋上風力発電のこと、浮体を基礎として係留などで固定する方式は浮体式と呼ばれる。

❷世界の再生可能エネルギーのコスト

図2.21に示したように、2019年における世界の再エネコスト加重平均値は火力発電など従来の電源による発電コストと競合できる程度まで低減している。

特に太陽光発電や風力発電では、近年、諸外国の再エネ発電に適した地域において安い発電単価で契約した大規模プロジェクトがいくつも計画されている。

2020年4月にはアラブ首長国連邦(UAE)の太陽光発電電力に関する入札において、合計出力2GWの太陽光発電電力が売電価格0.0135US$／kWh[50]で、出力900MWのメガソーラーが売電価格0.0169US$／kWh[51]で落札したというニュースが発表されている。

このような安い売電単価での契約が成立する要因として、日射量が多い地域における発電量の多さに加え、土地の貸与や送電線の整備といった政府の協力が挙げられている[52]。

2 大規模再生可能エネルギーの進行プロジェクト

本項では前述の再エネ発電コスト低減にも寄与している大規模な再エネ発電プロジェクトを紹介する。

❶集光型太陽熱発電所

広大な土地を利用して、太陽光エネルギーを集めることによって、高温の熱を作り出し、その熱を使って発電する集光型太陽熱発電(CSP：Concentrating Solar Power)がアメリカや欧州ではじまっている。太陽電池による太陽光発電と比較したCSPの利点として、エネルギー変換効率が高いこと、日射量の変化による急激な出力変動がないこと、日中に集光して得られた熱を貯めることによって夜間も発電を行うことが可能となることが挙げられる。

図2.22に世界のCSPプロジェクト実施状況を示す。世界全体で9,267MWのCSPプロジェクトが実施中であり、その内、66%の6,128MWのプラントが稼働中である。国別で見ると、スペインが2,304MW(すべて稼働中)でもっとも多く、次いでアメリカの1,740MW(こちらもすべて稼働中)となっている。

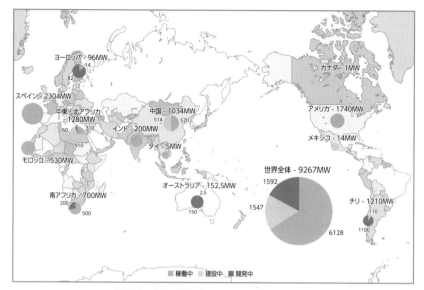

図2.22 世界のCSPプロジェクト(2020年12月時点)
出典：SolarPACES「CSP Projects Around the World」(2020) [53] をもとに作成

　アメリカのカリフォルニア州では2014年1月から392MWの発電能力を有する CSP プラントが稼働している。このプラントでは、太陽を追跡するヘリオスタットと呼ばれるソフトウェア制御ミラーのシステムを採用しており、敷地内に3つある450フィートのタワーに集光することによって、高温蒸気を発生させ、その蒸気を用いてタービンを駆動させて発電している [54]。このプラントにおけるエネルギー変換効率は28.72%にもなるとみられている。

❷ 大規模太陽光発電所

　一般的な太陽電池について2章3節1項で述べたように、アラブ首長国連邦やオーストラリアといった日射条件がよい地域で大規模プロジェクトが進行中である。

　オーストラリアでは世界最大の太陽光発電所のプロジェクトが進行中である。このプロジェクトでは、オーストラリア北部ノーザンテリトリーのニューキャッスル・ウォーターズ(Newcastle Waters)に、世界最大となる1万2000ヘクタールの10GWの太陽光発電所を建設する。発電した電力は750km北のダーウィン(Darwin) に設置される世界最大の30GWhの電力貯蔵施設に送られたあと、ダーウィンとシンガポールを結ぶ3,711kmの高圧直流海底送電ケーブルを通じて、シンガポールに供給される。これによってシンガポールの電力需要の約20%が賄

われる見込みである。

現在、日本の最大級の太陽光発電所の内の1つとして、岡山県美作市にある約260MWの作東メガソーラー発電所がある。発電施設は、岡山県美作市土居ほかの旧作東セントバレンタインリゾート計画跡地、および旧ペニンシュラゴルフクラブ湯郷コースの跡地(400ha余)を利用して建設され、2019年12月に運転を開始している。広大な敷地のうち、約4割を残置森林として自然環境を維持し、残りの約6割の約236haを3つのエリアに分けて造成し、合計で約75万枚の太陽光パネルを敷き詰めている。電力会社に売電する連系出力は150MWとなっている[55]。

❸ ウィンドファーム

集合型風力発電所またはウィンドファームは、多数の風車を1カ所に設置し発電する施設のことであり、風車を1カ所に集めることによってインフラ整備や施工にかかるコストが抑えられ、発電量も安定的に確保できるというメリットがある。また、風の強弱による風車のバラつきもうまく制御でき、電圧と周波数の変動の影響を軽減できると期待されている。

前述の通り、陸上の適地が減少していることや、陸上と比較して洋上の風況が安定していることから、洋上風力発電システムが注目されており、欧州を中心に大規模な洋上ウィンドファームの導入がはじまっている。

世界風力エネルギー協会(GWEC：Global Wind Energy Council)によると、2019年時点で、世界の洋上風力発電導入量は29.1GWになり、イギリス、ドイツ、中国で全体の8割以上を占めている[56]。これらの内ほとんどは海底に直接基礎を設置する着床式であり、浮体を基礎として係留などで固定する浮体式はポルトガルの8.4MWと日本の国立研究開発法人新エネルギー・産業技術総合開発機構(NEDO)で実施された3MWの実証設備のみである。

なお、前述の世界最大の洋上風力発電のタービン(GE Renewable Energyの Haliade-X)は2022年にはアメリカ、メリーランド州沖のSkipjack発電所、2024年には同じくアメリカ、ニュージャージー州沖のOcean Wind発電所といった洋上ウィンドファームに導入される予定である[15]。

日本においても前述の「2050年カーボンニュートラルに伴うグリーン成長戦略」[46]で挙げられているように、洋上風力のプロジェクトが進んでいる。**図2.23**に示すように北は秋田県や青森県、南は北九州や長崎県での導入が盛んであり、既設のプラントは数千kW(数MW)の単機の風力タービン、今後は数十～数百MWの発電容量が大きい洋上ウィンドファームのプロジェクトが計画されている。

風力発電の導入および計画

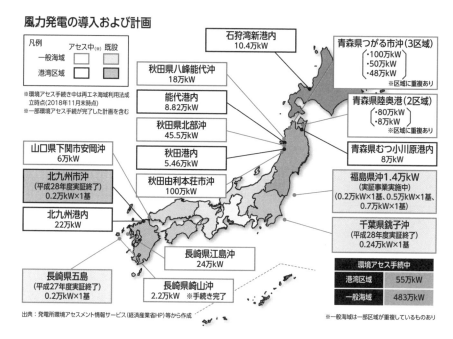

凡例

	アセス中(※)	既設
一般海域		
港湾区域		

※環境アセス手続き中は再エネ海域利用法成立時(2018年11月末時点)
※一部環境アセス手続が完了した計画を含む

石狩湾新港内
10.4万kW

秋田県八峰能代沖
18万kW

能代港内
8.82万kW

秋田県北部沖
45.5万kW

秋田港内
5.46万kW

秋田由利本荘市沖
100万kW

山口県下関市安岡沖
6万kW

北九州市沖
(平成28年度実証終了)
0.2万kW×1基

北九州港内
22万kW

長崎県五島
(平成27年度実証終了)
0.2万kW×1基

長崎県江島沖
24万kW

長崎県崎山沖
2.2万kW ※手続き完了

青森県つがる市沖(3区域)
・100万kW
・50万kW
・48万kW
※区域に重複あり

青森県陸奥港(2区域)
・80万kW
・8万kW
※区域に重複あり

青森県むつ小川原港内
8万kW

福島県沖1.4万kW
(実証事業実施中)
(0.2万kW×1基、0.5万kW×1基、0.7万kW×1基)

千葉県銚子沖
(平成28年度実証終了)
0.24万kW×1基

環境アセス手続中	
港湾区域	55万kW
一般海域	483万kW

出典：発電所環境アセスメント情報サービス(経済産業省HP)等から作成

※一般海域は一部区域が重複しているものあり

図2.23 日本における洋上風力発電の導入および計画
出典：国土交通省 港湾局「洋上風力発電の推進に向けた取組(報告)」(2021)[57]をもとに作成

---

3 地域で使える再生可能エネルギー

❶ 地域への小規模導入

　地産地消型の再エネとしてよく目にする設備は住宅の屋根に設置されている太陽光発電である。太陽光発電設備を屋根に設置することによって、発電した電力で消費する電力をまかない、かつ余剰な電力を高く買い取ってもらうことができたことから導入が進んだ。

　静岡県長泉町は、市街地を流れる農業用水を活用し発電する小水力発電装置「ニコニコ水力1号」を設置し、2015年3月から実証実験を開始した。平常時は売電して収益の一部を地域活性化資金として還元しているが、災害発生・停電時には独立運転し、町への無償提供やバッテリーを活用した在宅医療機器への電源宅配など、防災用電源としての活用も期待されている[58]。

　風力発電についても「市民風車」と呼ばれる取り組みが行われている。これは、市民が共同で出資して建設した風力発電設備のことであり、2001年の北海道浜

頓別町で市民風車が建設されて以降、全国各地で市民風車計画がたてられるようになった。

このように、地球全体に広く薄く分布する再エネは比較的エネルギー供給密度の地域依存性が少なく、小規模な発電であればどこでもはじめられるというメリットがある。さらに、以下のような理由から自治体などが地域内のエネルギー自立を目指して、設備を導入する動きが見られる。

・地域に広大な未利用地がない
・FIT制度によって電力が高く買い取られるため、事業が成立しやすくなった
・環境意識の高まり

❷中之条町の事例

群馬県中之条町は恵まれた豊かな自然があることに着目し、太陽光や小水力、バイオマスなど、地域に存在する資源を活用した循環型社会を構築していくため、2013年6月の議会において、再エネを積極的に活用し、電力の地産地消などの取り組みを通じて町の活性化を図ることなどを目的に「再生可能エネルギーのまち中之条」宣言を採択した。また、同年6月に「中之条町再生可能エネルギー推進条例」を制定した。中之条町は民間事業者との共同出資により、**図2.24**に示すように、一般財団法人中之条電力を設立し、町内の太陽光発電や小水力発電で発生した電力を公共施設などに供給することによって地産地消の取り組みを行っている[59]。

❸自治体や民間の取り組み

千葉県の成田市と香取市が民間事業者と共同出資することによって株式会社成田香取エネルギーを2016年7月に設立し、地域の清掃工場や太陽光発電で発生した電力を市内に供給する取り組みも開始している[60]。

2019年10月には関係4団体による再エネ100宣言RE Action協議会が設立され、企業、自治体、教育機関、医療機関などの団体が使用電力を100%再エネに転換する意思と行動を示し、再エネ100%利用を促進する枠組みである「再エネ100宣言 RE Action」を開始した[61]。

このように再エネの導入に向けた取り組みがさまざまな規模、地域、企業、個人で進められている。

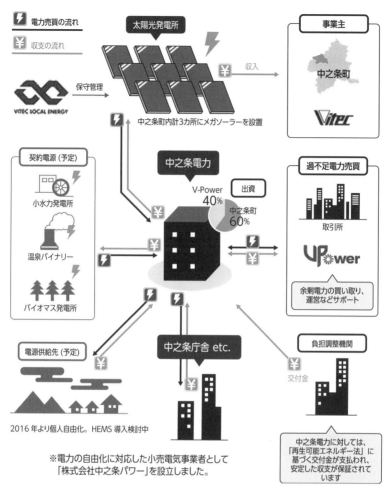

図2.24 中之条電力の取り組み

出典：一般財団法人中之条電力ウェブページ「事業内容『これが「エネルギー地産地消」のひとつの形です』」[59] を
もとに作成

図2.25 株式会社成田香取エネルギーの発電設備 (左：成田富里いずみ清掃工場、右：与田浦太陽光発電所)
資料提供：株式会社成田香取エネルギー[60]

再エネは、利用するときにCO_2を排出せず、国内で得ることができることからも、「カーボンニュートラル」を実現するために欠かせない取り組みである。今後もコストダウンや技術開発による高効率化や導入エリアの拡大などによって最大限の導入が進むと考えられるが、その出力は季節や天候といった自然環境の変化の影響を大きく受ける。太陽光や風力といった自然エネルギーを効率よく取り込むために、設備は自然環境にさらされ、台風、雷や地震などの自然災害による設備への被害も甚大になることが予想される。

さらに、エネルギー密度が低い自然エネルギーを得るためには広大な土地が必要になり、土地の開拓による生態系への影響も考えると、日本へ導入できる量には限界があることを認識する必要がある。

次章以降で述べられる電力システム、蓄エネルギー、また水素などに変換して輸送する取り組みも合わせて再エネをうまく導入・利用する分野横断的な取り組みが必要と考えられる。

経済的に見ると、現時点では再エネ電力の買い取りに要した費用は、賦課金として国民が負担している。大幅なコストダウンの傾向はあるものの、再エネ電力の導入量が増えた場合の国民や産業への負担を最小限にし、できるだけ減らすことも必要な取り組みである。

再エネの大量導入は裏返すと、将来大量の廃棄設備が発生することになる。環境省が太陽電池の寿命を25年として試算したところ、2020年の廃棄量の見込みが年間2,800トンであることに対し、2040年には280倍の年間約80万トンとなった[62]。EU(欧州連合)をはじめとして、サーキュラー・エコノミー[21]と呼ばれる取り組みもはじまっており、CO_2排出量のみならず資源利用の最小化など、持続可能な社会の実現に向けて私たちが取り組むべき課題は多く残されている。

---

21 サーキュラー・エコノミー 製品と資源の価値を可能な限り長く保全・維持し、廃棄物の発生を最小化した経済を指す。

Column 1

浮体式洋上風力の安全性

森山 亮

再エネの中で洋上風力発電は「2050年カーボンニュートラルに伴うグリーン成長戦略」にも記載され、今後導入が期待されているエネルギーである。日本は四方を海に囲まれていることからもこの期待が大きいと考えられる。

日本の領海と排他的経済水域を合計した海域の面積は447万km²もあり、国土面積38万km²の約12倍となっている。762万km²ともっとも海域面積が大きい国であるアメリカも国土面積との比率で見ると、0.8倍である[63]。

しかしながら、日本における洋上風力発電の導入ポテンシャルについて考えると、海の深さが問題になる。本編でも触れたように、日本の周辺は着床式の洋上風力発電に適した水深10〜20mの領域が少ない。それより水深が深いところに設置すると設備費が高くなるため、浮体式洋上風力発電の技術開発が求められる。**コラム図2.1**に着床式および浮体式の洋上風力発電の固定方法を示すが、台風や津波などさまざまな自然災害が起こる海域において浮体式洋上風力発電の安全性にも不安が残る。

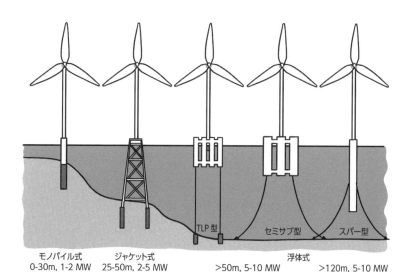

モノパイル式
0-30m, 1-2 MW

ジャケット式
25-50m, 2-5 MW

TLP 型
>50m, 5-10 MW

セミサブ型　スパー型
>120m, 5-10 MW

浮体式

コラム図2.1 洋上風力発電の固定方法
出典：European Wind Energy Association(EWEA)「Deep water — The next step for offshore wind energy」(2013)[64]をもとに作成

2017年10月にスコットランド沖で稼働を開始したハイウィンドスコットランド(Hywind Scotland)は6MWの風車を5基導入した浮体式洋上風力発電所である。風車の全長は253mでその内78mが海面下にあり、水深95〜129mの地点にスパー型の固定方法で導入されている。

　ハイウィンドスコットランドは稼働直後の同年10月に125km／hの風速が記録されたハリケーン「オフィーリア(Ophelia)」を経験し、160km／hを超える突風と8.2mを超える波が記録された同年12月のストーム「キャロライン(Caroline)」の直撃を受けたにも関わらず、その後も安定稼働していることが発表されている。

　今後もこのような過酷な条件を乗り越えて、洋上風力発電の安全性が検証されていくと考えられる。

第 3 章

原子力の未来

第3章　概要

　2011年3月の東京電力福島第一原子力発電所事故以降、原子力発電の安全性を問う声が大きくなった。しかしながら、原子力は、60年以上の運転実績があり、現時点で世界の電力の約1割を供給しているなど、実績豊富な低炭素エネルギー源である。したがって、社会の理解が得られれば、将来の利用拡大に向けた技術的、経済的な制約は小さい。カーボンニュートラル実現に向けて原子力利用を推進する上では、安全性、経済性が保証されることを前提として、これまでのようなベースロード電源としての利用にとどまらず、幅広い用途(再エネの出力変動調整、水素製造、熱供給)に応えていくような技術開発や導入普及を進めていくことが重要である。

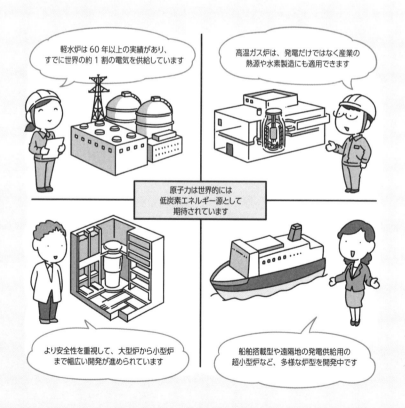

軽水炉は60年以上の実績があり、すでに世界の約1割の電気を供給しています

高温ガス炉は、発電だけではなく産業の熱源や水素製造にも適用できます

原子力は世界的には低炭素エネルギー源として期待されています

より安全性を重視して、大型炉から小型炉まで幅広い開発が進められています

船舶搭載型や遠隔地の発電供給用の超小型炉など、多様な炉型を開発中です

3.1 〉原子力の現状と評価

1 国内の原子力発電の評価

　一般財団法人エネルギー総合工学研究所では、福島第一原子力発電所事故前後で継続的に、ほぼ同じ条件でエネルギーに対する公衆意識調査を実施してきている[1]。**図3.1**に示すとおり、原子力を続けるべきという意見は、事故後急減して、その後ほとんど変化していない。徐々にやめるべきという意見は、事故直後に急増し、その後は漸減しているが、2017年でも「すぐやめるべき」と「徐々にやめていくべき」と合わせるとほぼ半数であるなど、原子力に対する厳しい見方が優勢である。同様に、日本原子力文化財団が行っているアンケートでも「原子力は徐々に廃止していくべき」という意見が2014年から2020年にかけて半数弱でほぼ安定している[2]。

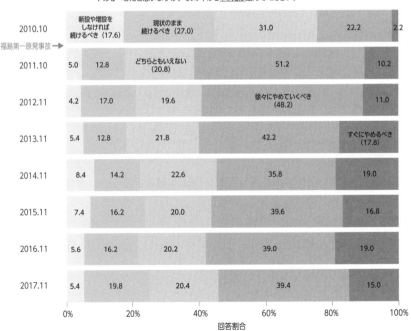

Q26. あなたは、日本は今後も原子力発電の利用を続けるべきだと思いますか、やめるべきだと思いますか。次の中から1つだけ選んでください。

図3.1 原子力の利用を継続することについての賛否
出典：一般財団法人エネルギー総合工学研究所「平成29年度エネルギーに関する
公衆の意識調査」(2017)[1]をもとに作成

　国内においては厳しい評価が続いているが、海外においては、事情がやや異なる。**図3.2**はフランスにおいて原子力発電所の運転期間延長の賛否を問うたものであるが、特に地元住民の支持が大きく増加していること、情報提供が行われた一般国民の方がそうでない場合に比べて支持が高いことがわかる[3]。後述するが、原子力を国策として支援している国もある。

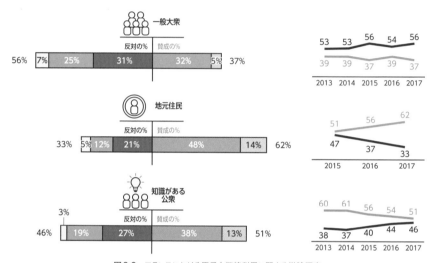

図3.2　フランスにおける原子力継続利用に関する世論調査
出典：Nuclear Safety Authority (ASN)「Nuclear Power Plants going beyond 40 years」(2018)[3]をもとに作成

3 原子力利用の現状

　図3.3に2019年の世界の発電電力量の内訳を示す。原子力は世界で400基以上が運転中であり、世界の電力の約1割を供給している[4]。なお、風力発電と太陽光発電は近年急速に拡大しているが、2019年の時点では、原子力の発電量はその和をやや上回っている。このように、原子力は、主力電源とまではいかないが、主要な電源の1つとして世界で幅広く活用されている。

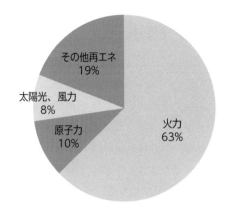

図3.3 2019年世界の発電量内訳
出典：国際エネルギー機関(IEA)「World Energy Outlook」(2020) [5] をもとに作成

3.2 〉原子力のポテンシャルと期待

　国際機関などにおいて検討されている CO_2 排出削減を積極的に行う技術シナリオにおいては、2050年以降、発電による CO_2 排出をおおむねゼロとすることが標準的である。すなわち、電力需要が増加する中で、**図3.3** に示す火力発電の比率をほぼゼロにするか、若しくは CO_2 回収を行うことが必要となる。これを原子力なしで達成することは容易ではなく、多くの検討においては、再エネの増加とともに、原子力の増加も想定されている。

　国際エネルギー機関 (IEA：International Energy Agency) が出版している「Energy Technology Perspective(将来のエネルギー技術見通し)」の2020年度版[6] においては、2070年には現状の2倍弱の原子力発電容量が想定されている。また、**図3.4** に示すとおり、IPCCの1.5℃を実現するシナリオ検討においては、2100年に向けて原子力の着実な増加が想定されている[7]。このように原子力は CO_2 削減シナリオにおいて重要な役割を期待されているといえる。

　なお、福島第一原子力発電所事故前に出版された「Energy Technology Perspective(将来のエネルギー技術見通し)」の2010年版[8] では、CO_2 排出を積極的に削減する BLUE MAP シナリオにおいて、2050年の原子力発電量を現状の3〜4倍程度にすることを想定していた。現在の社会情勢からするとやや非現実的という印象ではあろうが、少なくとも技術的、資源的にはこの程度の発電量は期待できるといえる。

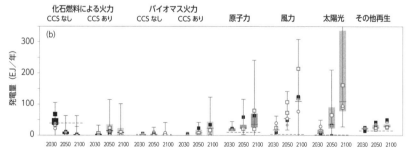

図3.4　IPCCの1.5℃シナリオにおける一次エネルギー消費量の推移
注：[黒の横点線] 2015年の発電量　[縦線] 最大、最小の範囲　[四角のプロット] 四分位
[その他の印] シナリオ検討における条件に基づく値 (詳細は原典参照)
出典：Intergovernmental Panel on Climate Change (IPCC)
「Global Warming of 1.5℃ (2018) [7]をもとに作成

3.3 › 原子力の特長

1 原子力のCO_2排出量

　原子力発電は発電時にはCO_2を排出しないが、燃料の製造やプラントの建設、解体処分の際にCO_2を排出するので、2章で述べた再エネの場合と同様に、まったくの排出ゼロ(ゼロ・エミッション)というわけではない。そのこともあり、原子力が実はCO_2排出削減に寄与しないと考えている人も少なくないという世論調査の結果もある[9]。

　電源ごとのCO_2排出量を定量的に比較するため、各発電システムのライフサイクルでの単位発電量あたりのCO_2排出量がいくつかの機関で計算されている。その計算例を**図3.5**に示す。原子力発電によるCO_2排出量は火力発電よりは顕著に少なく、ほかの再エネと比較してもおおむね同等である。

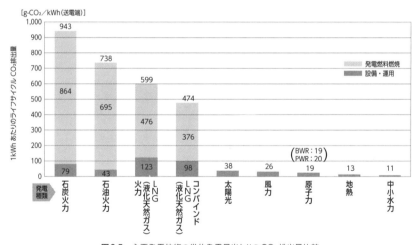

図3.5 主要発電技術の単位発電量当たりのCO_2排出量比較
出典：一般財団法人 電力中央研究所「日本の発電技術のライフサイクルCO_2排出量総合評価」(2016)[10] をもとに作成

　図3.5のライフサイクル評価は、設備の製造・建設や燃料の製造・輸送に係るすべてのCO_2排出量を積算したものであり、計算の前提条件や、個々のプロセスのデータの精度に応じて少なくない不確実性を含む。原子力のCO_2発生量に

関する論文を幅広くレビューした論文では[11]、さまざまな要因により論文ごとの値が異なることを示しているが、前述の「CO$_2$排出量は火力発電よりは顕著に少なく、ほかの再エネと比較してもおおむね同等」という結論が大きく変わるものではない。すなわち、ほかの再エネとのCO$_2$排出量の多寡には議論が残るが、少なくとも火力発電を原子力発電で代替することにより、火力発電を再エネ電力で代替するのと同程度にCO$_2$排出を削減できると考えられる。

2 発電コスト

❶ 原子力発電の経済性

　主要電源間の発電コスト評価が、多くの機関で行われている。経済産業省の2015年の試算では10.1円／kWh[12]、OECD／NEAの評価では**図3.6**に示すように55〜70US＄／MWh(1ドル110円換算で6〜8円／kWh)[13]となっており、他電源に対して相応の価格競争力を持つと評価されている。実際、中国やロシアは国内のみならず海外においても着実に新規建設を進めている。すなわち、原子力発電は、「順調に建設して順調に運転する」ことができれば、十分に経済性は確保される。

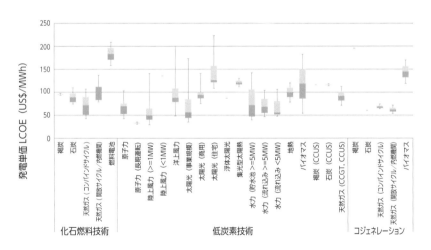

図3.6 各発電技術の発電コスト評価
出典：OECD/NEA「Projected Costs of Generating Electricity - 2020 Edition」(2020)[9]をもとに作成

❷原子力発電の建設コスト

　一方、欧米の原子力発電所の新規建設の状況を見ると、とても「コストが低い」とはいえない状況にある。例えば、国際的な金融グループであるラザード(Lazard Limited)の最新のコスト評価においては、新設の原子力発電所の建設単価は7,675\$／kW～12,500\$／kW(1ドル110円換算で84.4万円／kW～137.5万円／kW)とされており[14]、前述のコスト評価における建設費を大幅に上回っている。このようなコスト上昇の詳細な分析は公表されていないが、工期の長期化にともなう人件費や金利負担、周辺のインフラ整備など、純粋なプラント建設費以外の要因が大きいと推察される。また、これらの根本原因は数10年にわたる建設経験の途絶であると考えられる。

　加えて、欧米では、電力自由化により売電価格が不安定になっており、また、競争が激化し発電事業の投資環境も厳しくなっている。このように、建設工期長期化による建設費高騰と運転開始後の売電収入による投資回収の見込みの不安定さが事業の見通しを不透明にし、これが投資の停滞を通してさらなる工期長期化・コスト高の原因となるという悪循環に陥っているように見える。

　このように、原子力の発電コストの多寡は、プラントの本質的なコストの問題よりむしろ建設経験、サプライチェーンの状況、国の支援を含む投資環境といった社会的な問題の方が大きい。現在の中国やロシアのように、継続的に建設を実施することが可能となれば、この状況は改善することが期待される。

❸新設と既設プラントのコストの違い

　原子力のコストを議論する上では、新設のプラントと既設のプラントの再稼働を分けて議論する必要がある。原子力発電は燃料費や運転保守費の負担が相対的に小さく、初期コストの回収が終了すれば、ほかのほとんどの電源より低コストとなる。**図3.6**においても既設の原子力発電所を継続的に利用する「原子力(長期運転)」はほかの発電よりもコストが低いと評価されている。新設の原子力プラントのコスト競争力については議論があろうが、出力向上のプラントの適切な再稼働や、海外で合理的に行われている長期運転、出力増加、稼働率向上などは、発電単価を下げる非常に有効な手段となりうる。実際、東日本大震災後は、既設の原子力発電所を停止し、燃料費をより多く要する火力発電で代替したことにより、電気料金が25%程度上昇している[15]。

3 電力供給の安定性

❶ 核燃料の供給サイクル

　原子力発電は、核燃料のエネルギー密度が非常に高いこともあり、1年間程度は燃料交換なしで連続した定格出力運転が可能である。国内に保管されている燃料のみで3年程度は運転可能である。また、原子力発電は**図3.7**に示すようにウラン鉱石の採掘から発電、そして廃棄物処分に至るまで、多くのステップが必要となるが、関連技術の大部分は国内産業により供給可能である。これらのことから、原子力は準国産エネルギーとみなされており、水力と並んでエネルギー自給率向上に貢献している。

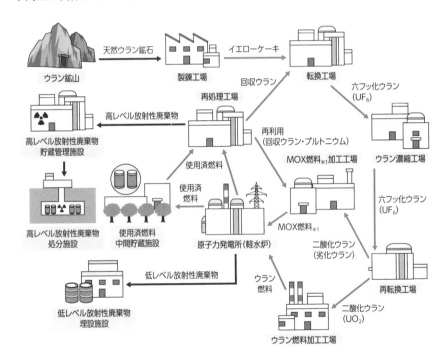

※1. MOX(Mixed Oxide)燃料:プルトニウムとウランの混合燃料
※2. 使用済MOX燃料についても、使用済ウラン燃料と同じように再処理する方針

図3.7　核燃料サイクルの模式図
出典：一般財団法人 日本原子力文化財団「原子力・エネルギー図面集」[16]をもとに作成

❷ 燃料の輸入先

　原子力の燃料であるウランは輸入に頼ってはいるが、**図3.8**に示すようにその供給元は多様であり、かつ主要供給国の政情は中東諸国と比較して安定している。

上述のエネルギー密度が高いことに加えて、ウラン調達が安定的であることも原子力の供給安定性を高めている。

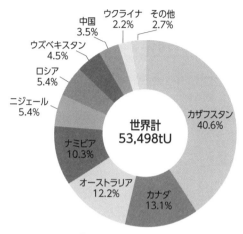

図3.8 世界のウラン生産量(2018年)
出典：経済産業省「エネルギー白書2020年版」(2020)[17]をもとに作成

❸ 電力供給の安定性

　原子力発電は出力が安定しているという点も大きな利点である。太陽光発電、風力発電といった再エネは天候に応じて出力が変動し、大規模に導入した場合は系統安定化対策が求められる。化石燃料や輸入水素、輸入アンモニアについては、供給国の政変や海上・陸上輸送の事故のリスクは小さくない。さらに近年、寒波の影響などにより、燃料供給が滞って運転ができなくなったという事例も報告されている。これらと比較して、原子力発電は、異常気象や有事などによる燃料の供給途絶に強い安定電源であり、電力市場において高い容量価値を持つといえる。

4 ニーズに合わせた原子力発電の利用

　原子力発電はこれまで出力一定で長時間運転するベースロード電源とみなされてきたが、近年再エネとの共存を見据えて、柔軟に出力調整可能な低炭素電源をセールスポイントにするような炉も開発されている。また、水素、アンモニア、合成燃料などの製造へのエネルギー供給や、産業ボイラー・海水淡水化設備への熱供給といったように、ニーズに合わせた多様な利用を想定することで、原子力の付加価値をさらに高めることも可能となる。

1 原子力発電所の開発概況

　現在建設中、計画中の原子力発電所を地域別に**図3.9**に示す。近年の新規建設の中心は、明らかに中国、ロシアになっている。また、図には示していないが、その大半は電気出力100万kW以上の大型の加圧水型軽水炉[1] (PWR) である。

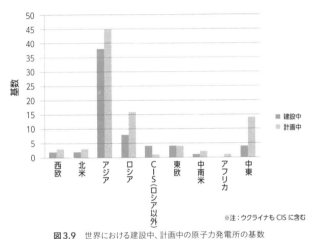

図3.9　世界における建設中、計画中の原子力発電所の基数
出典：原子力産業協会「世界の原子力発電開発の動向2020年度版」(2020)[4]をもとに作成

　欧米諸国においては、1970年代から1980年代に活発に建設されて以降、しばらく建設が途絶えていたが、数10年ぶりの新型軽水炉建設を実施中である。建設遅延で運転開始時期は大幅に遅れていたが、ようやく2020年代前半には運転開始が見込める状況となっている。

　大型軽水炉の建設と並行して、欧米諸国は特にアメリカ、イギリス、カナダを中心に小型モジュール炉(SMR)の開発で攻勢をかけようとしている。この内容の詳細は次節で紹介する。

　既存の原子力発電所を有効活用するための動きも進められている。**図3.10**に

1　**加圧水型軽水炉**　軽水炉は大きく分けると沸騰水型軽水炉（BWR）と加圧水型軽水炉（PWR）がある。日本では両者が同程度ある。世界的にはPWRが7割程度である。なお、両者とも核分裂によりエネルギーを取り出し、減速材として水を利用するという点は共通。

示すとおり、現在運転中の炉には運転開始後30年以上経過しているものが多数存在している。長期運転に関する規制は国によって異なるが、たとえばアメリカでは原子力法により最初に認可される運転期間は40年とされている。これを60年、80年と延長した実績はすでにあり[18]、最近では100年への延長も検討されている[19]。

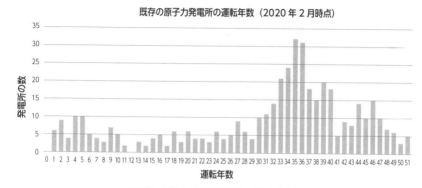

図3.10 運転中の原子力発電所の運転年数分布
出典：デニス・イルチャック氏「200 – 400 Nuclear reactors to be decommissioned by 2040」
Energy Post (2020)[20]をもとに作成

　発電所の経済性を高めるには、同じ発電所からより多くの電力を作り出すことが重要である。原子力発電所は通常1〜2年に1回燃料交換と定期点検のために運転を停止するが、可能な限り長期間運転し、かつ運転停止期間を短くする努力が進められている。また、技術の進展や運転実績の蓄積をふまえ、安全性を維持あるいは向上させつつ定格電気出力より高い電気出力で運転する工夫(出力向上)も進められている[4]。

2 新型炉・革新炉の開発

❶大型軽水炉

　前述のとおり、現在建設中・計画中の炉の大部分は大型軽水炉である。原子力発電所は、スケールメリットにより経済性を向上させるため、大型化が進められてきている。最近の建設中の炉は、大型化だけではなく、従来炉と比べて安全性や経済性を向上させたものであり、「第三世代＋(プラス)」と呼ばれている[21]。

　原子力発電自体はすでに実績のある技術ではあるが、次の世代の軽水炉を想定して、さらなる安全性、経済性向上のための技術開発が進められている。福島第

一原子力発電所の事故の教訓を受けて、非常用電源に依存しない静的安全系の活用や、万一炉心が溶融するような事故が発生しても被害を最小限にとどめられるような設計対応のための技術開発が進められている。また、工期短縮・工期順守に資する技術開発や、プラントの発電効率向上、プラント長寿命化・高経年化対策といった対応も進められている[22]。

❷ 小型モジュール炉

最近は、アメリカ、イギリス、カナダなどを中心に、小型モジュール炉(SMR：Small Modular Reactor)の開発が精力的に進められている。特に、アメリカ、イギリスにおいては、国内の原子力産業の復興を明示的に目標に掲げ、国が積極的な開発支援策を実施している[23]。SMRへの主要な期待事項は以下のとおりである[22]。

①需要規模と整合	新興国や中規模の都市については、大型軽水炉では出力がやや過大であり、中小型の炉の方が適する場合がある。また、遠隔地における熱電供給などを想定したさらに小規模な炉も検討されている。
②初期投資額が小さい	小型炉のkWあたりの単価には議論があるが、少なくとも初期投資額は一般に小さい。
③より高い安全性	プラント内の核燃料自体が少なく、万が一大きな事故となっても影響範囲も狭くできる。加えて、固有安全、受動安全などの活用により、各炉型が高い安全性を謳っている。
④モジュール化	可能な限り工場でモジュールを生産し、現地工事は組上げのみとする。また、量産化によりさらなるコスト低減を目指す。
⑤需要地近接	高い安全性を前提として需要地に近接して立地ができれば、熱利用を含む多様な用途が想定可能である。
⑥負荷追従性	変動性再生可能エネルギーとの共存を目指す。
⑦高温化	産業利用、発電効率の向上、水素製造、排熱利用など。
⑧高速中性子利用	Pu保有量減少、廃棄物減容など。

開発中のSMRは既存の軽水炉の技術をベースとしてそれを小型化したものがもっとも多く、かつ実用化にもっとも近い。このタイプの炉は大型軽水炉で実証された技術を可能な限り活用することとしているが、大型軽水炉をそのまま小さくしては、スケールメリットを失いコスト高になってしまう。そのため、安全性を大前提としつつも、システムの簡素化などによりコストダウンが進められている。中小型の軽水炉の経済性を高めるもう1つのキーポイントは、工場生産と量産効果である。これについては、工場生産の割合を高めるような設計上の工夫が行われている。単に発電単価を低減するだけではなく、それ以外の付加価値を高めていくことも重要である。夜間に出力を下げる日負荷追従運転はすでにフランスで実施されているが、再エネの出力変動に対応するためのより速い出力調整能力をセールスポイントとしている炉もある[22]。

軽水炉型のSMRでもっとも実用化に近いのは、ニュースケール・パワー(NuScale)社のSMR[24]である(**図3.11**参照)。アメリカ合衆国原子力規制委員会(NRC：Nuclear Regulatory Commission)は2020年9月29日付けの連邦官報で、同月11日付けでニュースケール・パワー社の小型モジュール炉SMRに「標準設計承認(SDA：Standard Design Approval)」を発給したと発表した[25]。事業者はユタ州公営共同電力事業体(UAMPS：Utah Associated Municipal Power Systems)、サイトはアメリカ合衆国エネルギー省(DOE：United States Department of Energy)傘下のアイダホ国立研究所(INL：Idaho National Laboratory)にすでに決定しており、2029年の運転開始を目指している。

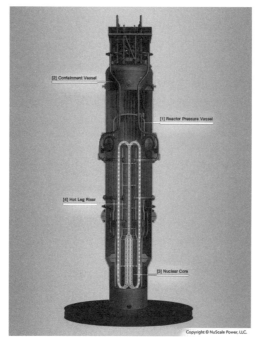

図3.11：NuScale 社の SMR
出典：NuScale 社ウェブページ「Technology ／ Design Innovations」[24]

　高速炉、高温ガス炉といった、軽水炉の次を担うと期待されている第四世代炉[21]のSMRも数多く開発されている。その多くは概念設計段階であり、許認可申請できるレベルまで設計が進んでいる炉は少数である。
　このタイプのSMRは、「固有の安全」をセールスポイントにしている炉が多い。すなわち、事故時に冷却ポンプがなくても重力を利用した流れによる冷却などの

自然な物理現象によって炉心溶融を避けることが可能な設計となっている[22]。

それ以外にも、長期運転サイクル、再エネ発電の出力変動を補償するための出力調整機能、海水淡水化の熱源、産業用熱利用など、それぞれの特長を活かした設計が提示されている。高温ガス炉については、700℃以上の高温を作ることができるため、水素製造への適用も期待されている[26]。

軽水炉型も含め、コストは最大の関心事となっている。多くの炉がある程度の量産効果が得られた以降は、現在の大型軽水炉よりも安く発電可能であるとしている。これまでのような大型軽水炉が建設され続けるのか、SMRが量産(1基当たりの出力が小さいため同一の発電量を得るには少なくとも数倍のプラント数が必要)されるのか、今後の動静が注目される。また、国内においても新型炉開発を支援する活動が進められており、その成果も期待されるところである[27]。

❸ 核融合炉

核融合は、核のエネルギーを使うという意味では原子力発電と同様であるが、基本となる反応は、原子力発電が「核分裂」、核融合は文字どおり「核融合」とまったく異なる。核融合炉においては、数億℃のプラズマを生成することにより、正に帯電した重水素や三重水素の原子核同士を高速で衝突させることで、核融合反応を継続的に発生させる(**図3.12**参照)。この状態を継続するには、高温のプラズマを長時間保持することが必要であり、その実現に向けてさまざまな技術開発が行われてきた。

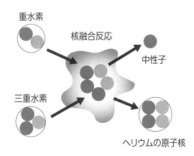

図3.12 核融合の原理
出典:自然科学研究機構核融合科学研究所「かくゆう合のけんきゅう」[28]をもとに作成

現在、日本も含めた7極の国際協力によりフランスに建設されているITER(**図3.13**参照)は、このような条件(自己点火に近い状態)を世界で初めて実現するための実験炉である。建設は2010年代半ばより本格的に着手し、2021年3月の段

階で、大型コイルの搬入作業が進められているなど、建設作業が進められており、2025年のプラズマ点火を目指している[29]。国内においては、ITERの支援や、原型炉に向けたより高性能のプラズマ実現に向けた研究のため、日欧の共同事業として JT-60SA 計画が進行中であり、2021年3月の時点で、超電導コイルへの定格電流通電に成功するなど、統合試験運転が順調に進められている[30]。なお、核融合による発電実証については、2040年ごろが想定されている。

　核融合炉はプラズマが不安定になったり燃料供給を止めたりすると、動作原理上すぐに停止するため、炉心溶融に相当するような事故は起こらない。また、高レベルの放射性廃棄物も発生しない。ただし、開発初期段階の予想に反して、かなり大型の装置が必要となっており、コストが高くなることが予想される。もっとコンパクトに核融合ができるといった趣旨で、ベンチャー企業が活動を行っており、こちらの動きも注目に値する[31]。

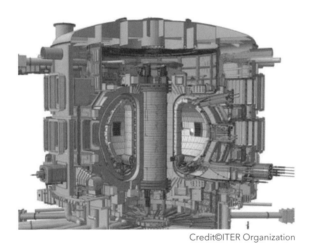

Credit©ITER Organization

図3.13　ITER概要
出典：量子科学技術研究開発機構ウェブページ「ITER計画／ITERって何？」[29]

　これまで述べてきた新型炉・革新炉の開発に関連して、2021年10月22日に閣議決定された第6次エネルギー基本計画においては、「国際連携を活用した高速炉開発の着実な推進、小型モジュール炉技術の国際連携による実証、高温ガス炉における水素製造に係る要素技術確立等を進めるとともに ITER計画等の国際連携を通じ、核融合研究開発を着実に推進する」と記載されており、安全性を前提に新型炉・革新炉開発を推進していくことが示されている[32]。

Column

2

次世代の原子力技術の
在り方は?

都筑 和泰

　原子力エネルギーを発生・持続させるには、一回の核分裂によって発生した中性子が、全体平均として一回以上の核分裂反応を引き起こすことが必要となる。ここで、核分裂によって発生する高速の中性子は核分裂反応を起こしにくいため、適度に減速することが重要となる。また炉心を冷却し、発生した熱を外に取り出す冷却材の役割も重要である。これらの組み合わせにより多種多様な原子炉が設計しうる。

> 燃料　：ウラン、プルトニウムなど
> 減速材：黒鉛、水など
> 冷却材：水、ヘリウム、溶融塩など

　原子力の黎明期である1900年代半ばにはさまざまな炉が研究されていたが、これらの中で、軽水炉[2]がデファクトスタンダードとなり、現在運転中・建設中の原子炉の8割強を占めている。一方、現在開発中のSMRについては、原子力に求められるニーズが多様化しつつあることをうけて、次ページの図に示す通り、炉型、温度、出力とも極めて多様なものとなっている。出力については、既存の軽水炉の半分程度といった比較的大きいものから、遠隔地への熱電併給を想定したような数MW程度のものまで幅広く分布している。また、温度については、発電効率の向上や産業への熱利用を想定して800℃を超えるような高温を実現するものもある。

　これらのいずれかが現在の軽水炉のようなデファクトスタンダードを獲得していくのか、適材適所で多様な炉型が共存していくのか、今後の動静は不透明である。逆にいうと大きなビジネスチャンスがあるともいえ、海外ではベンチャー企業が開発にしのぎを削っているところである。一方、国内については、図に1つも日本初の概念が含まれていないなど、その開発は必ずしも順調とはいえない状況にある。今後、カーボンニュートラルにおける原子力の位置づけと合わせて、炉型の開発戦略も議論が必要である。

2　**軽水炉**　軽水(重水素や三重水素を含まない水)が減速材と冷却材の両方を兼ねている炉型。

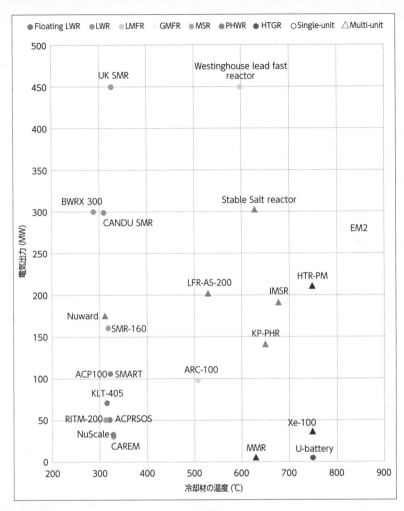

炉型略号	訳	燃料	減速材	冷却材
Floating LWR	浮体式軽水炉	濃縮ウラン	軽水	軽水
LWR	軽水炉	濃縮ウラン	軽水	軽水
LMFR	鉛冷却高速炉	濃縮ウラン(プルトニウム)	―	鉛
GMFR	ガス冷却高速炉	濃縮ウラン・プルトニウム	―	ヘリウム
MSR	溶融塩炉	ウラン(トリウム)※	黒鉛	溶融塩(燃料を含む)
PHWR	加圧重水炉	天然ウラン	重水	重水
HTGR	高温ガス炉	濃縮ウラン	黒鉛	ヘリウム

※注:溶融塩に溶解した状態で一次系を循環

コラム図3.1 主要なSMRについての温度・電気出力・炉型の分布
出典:経済協力開発機構(OECD)/原子力機関(NEA)「Small Modular Reactors:
Challenges and Opportunities」(2021)[33]をもとに作成

3.5 〉原子力の課題

　これまで述べてきたとおり、原子力発電にはさまざまな利点があり、世界では着実に利用が進められている。一方、福島第一原子力発電所事故以降、特に国内においてその安全性についての懸念が呈されている。また、それ以前から廃棄物問題が課題であると認識されている。ここではその2点について対応の現状を概説する。

1　原子力の安全性

　原子力発電所は、深層防護の概念を取り入れて設計されている[34]。すなわち、まずは事故を起こさないこと、起きてしまっても過酷事故に発展させないこと、万一過酷事故に至ってしまっても周辺への影響を最低限にとどめることを実現するような設計対応が行われている。

　このような考え方で設計を行うことにより、周辺への放射能汚染被害をもたらすような大事故について、おおむね原子炉一基当たりの発生確率を1年あたり100万分の1回程度以下に抑えられるように設計・運転管理されている[35]。しかしながら、設計対応はあくまでも想定事象に対応するものであり、想定外の事象が発生して過酷事故に至るという可能性をゼロにすることはできない。福島第一原子力発電所事故の場合は、想定を大きく超える津波により全電源喪失に至ったことが直接の原因となった[36]。

　この経験を踏まえ、国内の規制においては、**図3.14**に示すとおり自然災害の想定を大幅に高めるとともに、事故を防止する方策を大幅に強化することとした。それに加えて、万一過酷事故に発展してしまった場合に周辺への影響を緩和する方策やテロ対策についての規制要求を新たに追加した。これらの要求は世界的にみてもかなり厳しいものとなっている。

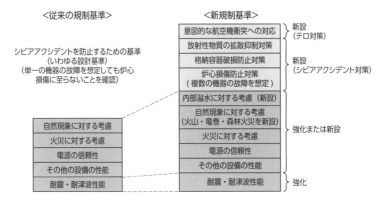

図3.14 福島第一原子力発電所事故以降の規制項目の強化
出典：原子力規制委員会「実用発電用原子炉及び核燃料施設等に係る新規制基準について（概要）」(2016)[37]を
もとに作成

　単に規制に対応するだけではなく、さらなる安全性の向上を目指して、経営トップのコミットメントのもと、発電所に残存しているリスクを網羅的に評価しその対応を進めること、必要な人材の教育訓練の実施といった事業者の自主的な取り組みも進められている。

　これらの対応は、発電所の運転を停止して実施している。新規制基準に合格したものから順次再稼働を行うこととしており、2021年3月の段階で9基が再稼働している[38]。

2　原子力発電所の廃止措置

❶世界の今後の見通し

　2020年1月現在で、世界では182基が恒久閉鎖しており、そのうち17基が廃止措置[3]を完了している[4]。**図3.10**ですでに示したとおり、世界で稼働している商業用原子力発電所の約70%が商業運転開始から30年以上経過しており、さらに、約25%の原子力発電所は運転年数40年以上となっていることから、今後廃止措置に移行する発電所は着実に増加していくことが見込まれる。

3　**廃止措置**　発電を終えた原子力発電所から、施設を解体するなどして放射性物質を取り除くことである。なお、同様の言葉で廃炉というものがあるが、これは福島第一原子力発電所の除染・解体に限定して使用される。

❷廃止措置の工程

　原子力発電所は、原子炉から核燃料を取り出せば、その放射線リスクは大幅に低減する。炉心に近い部分は構造物自体が中性子照射などにより放射化しているが、それ以外は表面が汚染されている程度であり、除染により表面放射線量を低減できる場合もある。また、それらを合わせても厳密な管理を必要とする放射性廃棄物の物量は廃止措置で生じる全廃棄物の2%であり、残りは一般の解体廃棄物と同じである[39]。さらに、リサイクルなどの処理を適切に行うことで、処分量を最小化する取組みが進められている[40]。

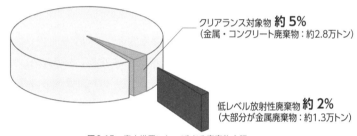

図3.15　廃止措置によって生じる廃棄物内訳
出典：日本原子力文化財団「原子力・エネルギー図面集」[16]をもとに作成

　低レベル廃棄物は3段階に分類されており、**図3.16**に示すとおりレベルの低いものは浅地中、レベルの高いものは中深度に埋設する。高レベル廃棄物に分類されるのは使用済燃料を再処理することにより生じるガラス固化体である。これについては地層処分として地下300m以深のところに埋設することとしている。なお、海外では使用済燃料を直接処分することを計画している国もある。

　このように技術的にはおおむね目途が立っており、低レベル廃棄物の処理、処分はすでに実施されている。高レベル廃棄物についてはまだ実際の処分は行われていないが、一部の国でサイトが選定されるなど進展がみられる。例えばフィンランドでは2001年にはサイトをオルキルオト島に決定し、2020年代に操業を開始することを目標に工事が進められている[42]。国内でも2020年11月より北海道寿都町および北海道神恵内村において、文献調査が開始されている[43]。なお、高レベル廃棄物の物量は、日本全体で過去および未来に発生するであろう廃棄物がビル1棟分程度と非常に小さいという点も留意する必要がある[44]。

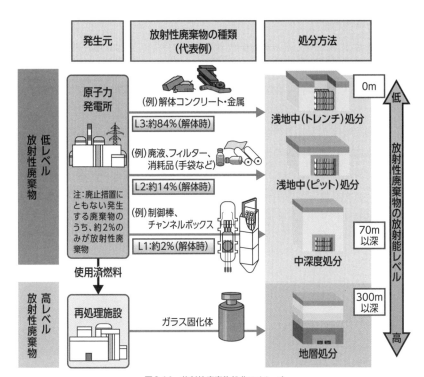

図3.16 放射性廃棄物処分のイメージ

出典：経済産業省資源エネルギー庁スペシャルコンテンツ「放射性廃棄物について」[41]をもとに作成

　一方、国内においては処分場の立地問題解決は順調に進んでおらず、廃止措置の円滑な実施の阻害要因となっている。また、今後廃止措置の本格化にともない廃棄物が増加していく一方、人材の減少が懸念されており、何らかの対応が必要な状況となっている。

　なお、原子炉運転後に毎年発生する使用済燃料の処分については、使用済燃料から再利用可能なプルトニウムを抽出してウランを混ぜた燃料(MOX燃料)を、既存の原子力発電所(熱中性子炉)に装荷、再利用するプルサーマル計画も進められている。プルサーマル計画により高レベル廃棄物の減少、ウラン資源の利用効率向上といった効果が期待できる。

　このように廃棄物についても、基本的には技術的、経済的な課題というよりも社会的問題であると考えられる。これらは今後の原子力利用の発展／縮小にかかわらず解決しなければならない課題であり、処分場を自治体が受け入れられるような理解促進活動や制度設計が重要となる。

❸原子力の今後の課題

　原子力は安定でかつ実績のある低炭素電源であり、原子力の必要性が認められ、安定的に建設、運転が行われればコスト競争力も十分に持ち得る。出力は安定に制御可能であり、かつ再エネ発電の出力変動に応じた柔軟な運転も技術的には可能であることから、容量価値が高い。

　原子力利用の前提となるのは安全性、経済性の向上に向けた技術開発と社会の理解向上に向けた取り組みである。その際、単に発電単価や事故のリスクを下げるというだけではなく、再エネとの親和性の活用、脱炭素化が困難な分野への適用など、社会が必要とする用途、地域でのエネルギーシステムの一環としての原子炉を提案し、作り出していくことが重要である。

第 **4** 章

カーボンニュートラルで
炭素資源を
上手に利用する

第4章　概要

　炭素資源は、有史以来、人類が利用し、そのための技術が進歩してきた。高度な技術と構築された膨大なインフラストラクチャーを活用し、新たなCCU技術（CO_2有効利用技術）を加えて、CO_2を人為的に循環する炭素循環エネルギーシステムを構築することで、CO_2排出量を大幅に削減することが可能である。そのためには、再生可能エネルギー（再エネ）が豊富な海外との連携が重要である。なお、本章のテーマについて、昨年、当研究所が「図解でわかるカーボンリサイクル」（技術評論社）を上梓しており、参考としていただきたい。

4.1 〉炭素資源の利用システム

1 炭素資源からのCO₂排出

　18世紀のイギリスではじまった蒸気機関の発明などの技術革新、すなわち産業革命以降、人類は石炭、石油、そして天然ガスと、これら化石燃料を利用することで永らく発展・繁栄してきた。それが今、大きく変わろうとしている。

　これら化石燃料の燃焼利用などにより、**図4.1**に示すようにCO_2が排出され続け、大気中のCO_2濃度が急激に増加し続けているのである。そして、このCO_2の急激な増加が、地球温暖化を引き起こし、地球全体の気候を変化させていると考えられるようになってきたのである。

　将来にわたり地球環境を保全しつづけ、持続可能な社会を実現するためには、このCO_2が増え続けることは避けるべきであろう。すなわち、化石燃料消費量の低減を進めるとともに、化石燃料の燃焼により排出されたCO_2については回収、再利用するなどし、大気中のCO_2濃度は極力増やさない努力をすべきである。

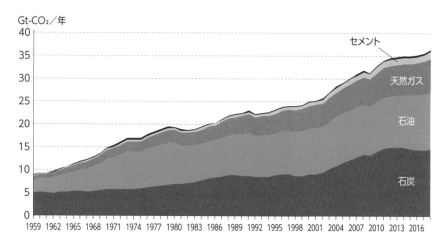

図4.1　各種化石燃料利用により排出された世界のCO₂排出量の推移
出典：Pierre Friedlingstein「Global Carbon Budget 2019」[1]をもとに作成

2 カーボンリサイクルとは

❶カーボンリサイクルの仕組み

　日本では、CO_2は液化炭酸ガスとドライアイスとして、年間約100万トンが市場に出回っている。そのほとんどが、溶接、飲料用、製鋼用などの直接利用で、利用後、ほとんどが大気に放散される。一部が化学用に利用されている。

　CO_2を再利用する、すなわちカーボンリサイクルとはどういうことであろうか。それは、CO_2を資源として捉え、これを排ガスなどから分離・回収し、化学品、燃料、および鉱物など原材料として再利用することで、大気中へのCO_2排出を抑制していくことである。**図4.2**にその位置付けと概要を示す。

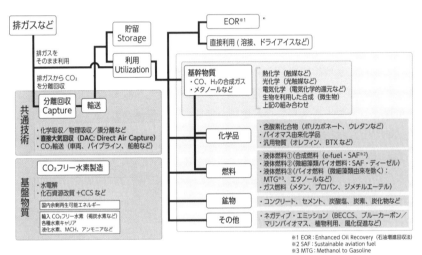

図4.2　カーボンリサイクルの位置付けと概要
出典：経済産業省「カーボンリサイクル技術ロードマップ」(2021.7月改定)[2]をもとに作成

　この図によれば、カーボンリサイクルとは、排ガスなどに含まれるCO_2を分離・回収し、それを原料・材料として、化学工業の基幹物質である合成ガス(CO、H_2混合ガス)、メタノールなどを合成して、さらに化学品、燃料に転換すること、あるいは、バイオマスを利用して燃料に転換すること、さらには、コンクリート製品などに活用することであると読み取れる。これを支える共通技術としてCO_2分離・回収、CO_2フリー水素製造がある。

　ここで、BECCS(Bio-energy with Carbon Capture and Storage)とは、バイオエネルギー利用にCO_2回収・貯留(CCS：Carbon Capture and Storage)を組み合せてCO_2を回収する技術、ブルーカーボンとは、海洋生態系(海藻など)によって

海中に隔離・貯留される炭素のことである。この2つは排出CO_2量以上にCO_2を減少させることができるとしてネガティブ・エミッション技術と呼ばれ、8章で説明している。

❷CO_2利用技術・用途

これらリサイクルされるカーボンの用途には、大きく分けて2つのルートがある。1つはエネルギーリサイクル利用、もう1つは直接・化成品リサイクル利用である。

もともと、化石燃料はエネルギー利用量の方が直接・化成品利用量より圧倒的に多く、その量的感覚を踏まえカーボンリサイクルの概念を示したものが**図4.3**である。この図中で空気から直接CO_2を回収するシステムがDAC(Direct Air Capture)であり、CCSとを組合せたDACCS (Direct Air Capture with Carbon Storage)と呼ばれるものが、ネガティブ・エミッションの1つの例となる。また、石油増進回収(EOR：Enhanced Oil Recovery)とは、CO_2を油田に注入するなどして石油を増産させる技術である。

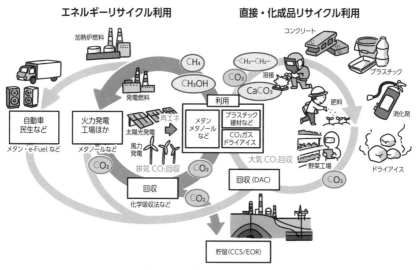

図4.3 カーボンリサイクルの概念図

本章後節では、このカーボンリサイクルを実現させるために必要なコア技術の紹介と、カーボンリサイクルエネルギーシステムの実際のイメージについて解説する。

4.2 〉CO₂分離・回収技術

1 CO₂分離・回収の現状

❶CO₂分離・回収の技術開発

CO_2を含む排ガスからCO_2を分離・回収する技術は、石油精製や天然ガス精製の分野では古くから実用化されている。石油精製では、水素を製造するときに、水素の純度を上げる方法として、また、天然ガス精製では、天然ガス田から採掘した天然ガスに含まれるCO_2を除去するために使われている。これらは、数MPaの高圧のガスからCO_2を除去することが多く、また、生産に必須な装置であった。

それに対して、火力発電や産業分野における燃焼排ガスからのCO_2回収は、常圧の排ガスからの回収が多く、また、CO_2削減という利益を生まない工程である点が異なっている。特に、100万kWの最新鋭の石炭火力発電所では、300万m³N／hrという大量の排ガスを扱い、排ガス中のCO_2の90％程度を回収すると約600万トン／年になることから、回収費用のより低コストであることが求められている。

❷CO₂回収をする場合の燃焼方法

CO_2回収を前提とした燃焼方法は、火力発電を例にとると**図4.4**に示すように、4種類に分類される。燃焼後分離(Post-Combustion)は、ボイラなどで燃焼して発生した常圧の排ガスからCO_2を回収する方式で、もっとも一般的である。

燃料を高圧下で改質あるいはガス化する場合には、シフト反応[1]によりガス中のCO(一酸化炭素)をCO_2とH_2(水素)に変換し、そのCO_2を分離・回収する燃焼前分離(Pre-Combustion)が行われる。この他に、燃料を純粋な酸素で燃焼することで、ほとんどがCO_2からなる排ガスが生成し、CO_2分離が不要もしくは、軽減される酸素燃焼法(Oxy-fuel)も実証されている。また、金属酸化物を酸素の媒体として循環使用し、CO_2だけの排ガスを得る化学ループ燃焼法(Chemical Looping Combustion)も開発中である。

---

1 **シフト反応**　水性ガスシフト反応を略して一般にはシフト反応と呼ぶ。COと水蒸気からCO_2と水素(H_2)を生成する反応で、炭化水素を原料として水素を製造するのに使われる。

火力発電以外の燃焼や天然ガス生産のようなCO_2を含むガスの処理、化学装置で発生するCO_2含有ガスの処理でも、その条件に応じて同様の方法が採用されている。

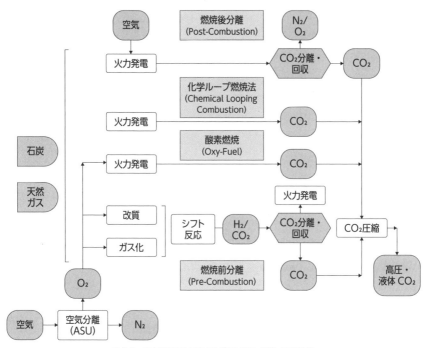

図4.4 火力発電におけるさまざまなCO_2分離・回収技術

2 CO_2分離・回収技術の特徴

表4.1にさまざまなCO_2分離・回収技術の特徴を示す。前述の燃焼方式の内、燃焼前分離や燃焼後分離に対しては、排ガスからCO_2を回収するには、化学吸収法、物理吸収法、膜分離法が代表的な技術である。吸着分離法と深冷分離法は、ガス精製技術として一般的に用いられており、また酸素燃焼法と化学ループ燃焼法は、それ自身がCO_2の分離・回収機能を含むので、合わせて**表4.1**に掲載した。

内閣府が策定した「革新的環境イノベーション戦略」[4] では、**図4.5**に示すように、CO_2回収コストを2050年に向けていかに下げるかの目標を示している。回収CO_2トン当たり、4,000円／t-CO_2程度であるものを、固体吸収材(4項❷参照後述)を用いた方法で2,000円台／t-CO_2、将来、膜分離法で1,000円台／

4
・
2

C O ₂ 分 離 ・ 回 収 技 術

表4.1 CO₂分離・回収技術の比較

手法		原理	起因力	長所	短所
化学吸収法		化学反応	温度差	・低分圧ガス向き ・炭化水素への親和力が低い ・大容量向き	・吸収液が高価 ・腐食、浸食、泡立ちがある ・適用範囲が限定的
物理吸収法		物理吸収	分圧差 (濃度差)	・高分圧ガス向き ・適用範囲が広い ・腐食、浸食、泡立ちが少ない ・再生熱源を必要としない	・吸収液が高価 ・重炭化水素への親和力が高い
吸着 分離法	PSA	吸着	分圧差 (濃度差)	・高純度精製が可能 ・装置が比較的簡易 ・適用範囲が広い	・再生用のガスが必要 ・水分の親和性が強い
	TSA	吸着	温度差	・高純度精製が可能 ・適用範囲が広い	・吸着材量が多く、装置が大型化する ・吸着材費用が掛かる ・再生用熱源が必要
膜分離法		透過	分圧差 (濃度差)	・簡便 ・安価 ・小容量向き	・回収したCO₂が低純度 ・運転費が高い ・大容量に不向き ・油脂分含有ガスに弱い
深冷分離法		液化・精留	相変化	・高純度精製が可能 ・大容量向き	・装置が複雑 ・建設費が高価 ・運転費が高い
酸素燃焼法		空気分離	温度差	・高純度精製が可能	・空気分離設備が大型化 ・空気分離装置に動力が必要
化学ループ 燃焼法		酸化・ 還元反応	酸素濃度差	・低消費エネルギー	・装置の耐久性に課題

出典：環境省委託事業「平成25年度シャトルシップによるCCSを活用した
2国間クレジット制度実現可能性調査委託事業」(2014) [3] をもとに作成

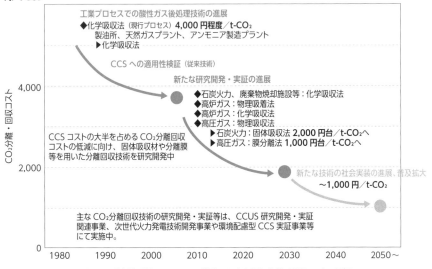

図4.5 革新的環境イノベーション戦略におけるCO₂分離・回収コストの目標
出典：内閣府　統合イノベーション戦略推進会議「革新的環境イノベーション戦略」(2020) [4] をもとに作成

4章 ── カーボンニュートラルで炭素資源を上手に利用する

t-CO$_2$を、さらに2050年にはイノベーションにより1,000円／t-CO$_2$程度を目指すとしている。

3 CO$_2$分離・回収技術のおもな方法

❶化学吸収法

工業的にもっとも使われている方法で、燃焼後分離ではほとんどがこの方法である。**図4.6**に示すように、装置は、大別して吸収塔と再生塔からなり、排ガスを吸収塔に通して、吸収液と接触させ、CO$_2$を除去する。CO$_2$を多く含んだ吸収液(CO$_2$濃厚吸収液)は再生塔に送られ、リボイラーによりスチームからの熱を加え、温度を上げることでCO$_2$が分離される。CO$_2$希薄吸収液は、吸収塔に戻され、繰り返し循環使用される。

吸収液は、アミン系[2]の水溶液に、各社独自の添加剤を加えて効率化を図ったものである。各プロセスライセンサーがMDEA、OASE、Adip法などの名称で販売している。日本では、三菱重工エンジニアリング株式会社が、世界で14基を納入し2基が建設中で、高い性能を達成し世界をリードしている[5]。また、日鉄エンジニアリング株式会社は、国立研究開発法人新エネルギー・産業技術総合開発機構(NEDO)プロジェクトで開発されたESCAP法を商業化している[6]。

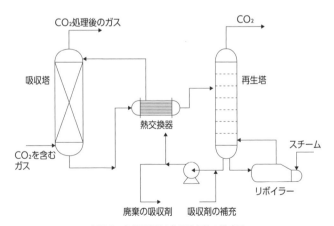

図4.6 化学吸収法と物理吸収法の模式図

---

2 **アミン系** アンモニアの1つか複数の水素原子を炭化水素基で置換した化合物の総称。CO$_2$の吸収液に使われるのは、アルコールとの化合物であるモノエタノールアミン(MEA)やジエタノールアミン(DEA)などである。

CO_2濃厚吸収液を再生する際には、吸収液を40℃程度から100〜120℃程度に加熱する。運転費を下げるためには、加熱に要する熱量をいかに下げるかがポイントである。現在、回収CO_2トン当たりに要する熱量は2〜2.5GJ／t-CO_2であり、1.5GJ／t-CO_2を目指した技術開発が進められている。

❷ 物理吸収法

物理吸収法の装置構成は化学吸収法と同様である。燃焼前分離ではガスの圧力が高くCO_2の溶解度が高い条件で使われるので、その場合は、熱を加えなくとも圧力を下げて再生を行うことが可能である。

世界では、吸収液に低温のメタノールを用いたレクチゾール法(Rectisol法)や、ポリエチレングリコールのジメチルエーテル溶液を用いたセレクソール法(Selexol法)が普及している。レクチゾール法は、メタノールが揮発して損失するのを防ぐため、吸収液は－40〜－60℃の低温で運転する。H_2S(硫化水素)やCOS(硫化カルボニル)を0.1ppm以下まで除去できる。セレクソール法は、化学的・熱的に安定な吸収液を用いており、蒸気圧が低いので処理ガスへの随伴による吸収液の損失が小さい。

❸ 吸着分離法

吸着分離法には、ゼオライトなどの固体吸着剤を用い、圧力差を利用して**図4.7**のように吸着と脱着を繰り返すPSA(Pressure Swing Adsorption)、温度差を利用するTSA(Thermal Swing Adsorption)、両者を併用する、PTSA(Pressure and Temperature Swing Adsorption)法がある。

圧力を変化させるPSAは、一般的に水素製造装置の水素純度を上げるために使用されている。燃焼前分離のように、高圧のガスを処理する場合は、常圧に戻して脱着するが、常圧のガスでは、真空にして脱着することもある。いずれの場合も、複数の吸着塔を切り替えて使用する。CO_2処理後のガス中の水素濃度は極めて高いが、吸着されたCO_2側のガスの純度は低いので、高濃度CO_2を得るためには適当ではない。PSAは空気中のCO_2を除去する装置としても市販されているが、同様に、回収されたCO_2の濃度は低い。

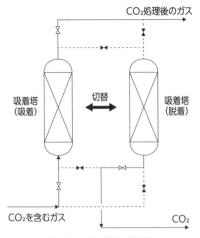

図4.7 吸着分離法の模式図

❹膜分離法

膜分離法は、**図4.8**に示すように、膜を中空糸状[3]に束ねてカートリッジにしたものを組み合わせて使用することが多い。化学吸収法、物理吸収法、吸着法と異なり、再生に要するエネルギーが不要である。燃焼前分離のように、膜に導入するガスが高圧である場合は、圧力を上げる必要がないので、有利である。しかし、CO_2の高い透過速度とCO_2とH_2を高い選択性で分離できる材料を見出すことが困難であり、長い開発期間を要した。

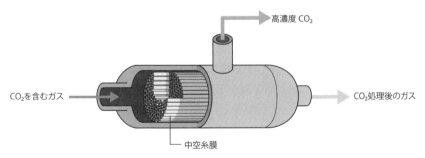

図4.8 膜分離法(中空糸膜)の模式図

---

3 **中空糸状** 繊維内部の真ん中がストロー状の空洞になっている状態で、分離膜では中空糸膜と呼ばれる。

一般に、膜分離法では、分離対象物質の分子径と分離膜の孔径の差異でガスが分離されている。CO_2の分子径は、水素より大きい一方、メタンよりは小さい。水素を分離するために、高分子膜、特にポリイミドやポリスルホンの膜が実用化されている。また、メタンとCO_2の分離も可能である。

❺ その他の分離法

　深冷分離法は、空気から酸素を製造する、あるいは天然ガス中のヘリウムの分離などに広く使われている。CO_2の分離に関しては、低温で液化し、蒸留し分離する方法となるが、実証事例はあるものの商用化には至ってはいない。

　排ガスが高濃度CO_2ガスとなる酸素燃焼法および化学ループ燃焼法では、CO_2を分離・回収する必要がない、もしくは高濃度化が容易であることが最大の利点である。酸素燃焼法では、ボイラで空気の代わりに酸素で燃料を燃焼させることで、CO_2濃度が高い排ガスを得ることができる。日本では国立研究開発法人新エネルギー・産業技術総合開発機構(NEDO)の支援で実証試験が行われた[7]。

　また、化学ループ燃焼法では、金属酸化物により酸素を燃料反応塔に供給し、燃料を燃焼させることで、窒素を含まないCO_2が排出される。還元された金属酸化物を空気反応塔で酸化する。日本ではNEDOの支援で開発が行われた[8]。

4　CO_2分離・回収技術の研究開発

❶ 化学吸収法のさらなる研究

吸収液を再生するためのエネルギーを下げるには、次の2つの方法がある。

① 　再生に必要なエネルギーが小さい吸収液を用いる。
② 　溶液を用いずに固体の吸収材を用いる。

　最初の方法としては、比熱の小さい有機化合物系の吸収液を用いる方法や、相分離型吸収法と呼ばれる方法がある。相分離型吸収法では、アミン水溶液にエーテルなどの有機化合物を加えて、CO_2を吸収するとCO_2が希薄な相と濃厚な相に分離し、濃厚相を再生する。これにより、熱量が$1.5GJ／t\text{-}CO_2$に削減できるとしている[9]。

　この他に、名古屋大学大学院の則永行庸氏は、再生塔に水素を吹き込みCO_2の分圧を下げることで、運転温度を下げる方法を提案している[9]。

また、RTI International社らは、比熱の小さい有機化合物系の吸収液、RTI's Non-Aqueous Solvents (NASs) [10] を開発するなど、同様の研究が各国で進められている。

❷固体吸収法

溶液を用いずに固体の吸収材を用いる技術としては、公益財団法人地球環境産業技術研究機構(RITE)がアミン系化合物を多孔質支持体に担持させた固体吸収材 [11] を開発し、その吸収材を用いて川崎重工業株式会社がプロセスを開発中で、2022年には1日、数十トンのCO_2を回収する実証装置の運転が予定されている。

韓国では、韓国エネルギー研究所(KIER)が、K_2CO_3の$100\mu m$以下の粒子を用いた固体ソルベント法を開発し、韓国南部発電株式会社(KOSPO)で10MW規模のパイロット規模の試験が行われた。

❸新たな膜分離法

最近では、日本ガイシ株式会社がメタンとCO_2の分離性能が高いDDR型ゼオライト [4] 膜を開発し、日揮ホールディングス株式会社がCO_2-EOR用に実証試験を進めている [12]。

また、日本では公益財団法人地球環境産業技術研究機構(RITE)が分子ゲート膜を開発した [13]。図4.9に示すように、膜の中の細孔に取り込まれたCO_2が膜の材料との間で橋のような構造をとることで、水素のような分子径が小さい物質が通ることを邪魔するものとなっている。

4　**DDR型ゼオライト**　ゼオライトには多くの種類がある。Deca-Dodecasil-3R型の略で、SiO_2から成り立っており、疎水性が高い。

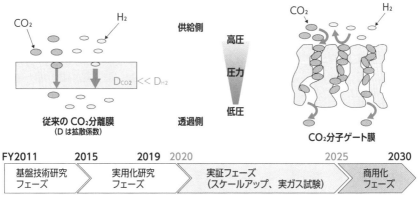

図4.9 CO₂分子ゲート膜の概念図
出典：公益財団法人地球環境産業技術研究機構(RITE)「開発テーマ：分離膜」[13]をもとに作成

❹ 現在進行中のイノベーティブな研究

　金属元素と有機化合物を組み合わせて作られる金属有機構造体(MOF：Metal-Organic Framework)が研究されている。中心にある金属とそれを取り囲む有機化合物により、気体分子が吸着される細孔を調節したものである。

　この他に、アメリカでは、生物の呼吸作用に必須の炭酸脱水酵素(Carbonic anhydrase)を用いることで、再生のために高温とする必要がない方法の開発が行われている。また、物理吸収法の1つとして、酸性ガスを選択的に吸収するイオン液体[5]を用いる方法が研究されている。

❺ 空気からのCO₂回収技術

　カーボンニュートラルを目標とすると、回収が困難なCO₂分を別途、ほかから回収する必要があり、その技術を総称してネガティブ・エミッションと呼ぶ。その代表格が大気からの直接CO₂回収(DAC: Direct Air Capture)である。本書では、8章にその詳細を記載している。

5　**イオン液体**　イオンのみからなる、幅広い温度で液体として存在する塩。陽イオンと陰イオンの組み合わせでさまざまな特性を有する液体を合成できる。

4.3 > CO₂の輸送方法

1 CO₂を適切な状態で輸送する

一般に目にするCO_2は、固体のドライアイスやビヤホールにある緑色の液化炭酸ガスボンベである。**図4.10**に気体、液体、固体がどのような温度、圧力で存在するかを表した状態図を示す。CO_2は、気体を冷却すると液体となる圧力が急激に下がる。さらに温度を下げると$-56.6℃$で固体(ドライアイス)となる。気体、液体、固体の境界点を三重点と呼ぶ。また、圧力が7.38MPa以上では臨界点を越え、超臨界状態となる。超臨界では液体に比べて粘度が下がる。

CO_2は、トラックやパイプライン、船で輸送されるが、輸送方法に応じて適切な状態を選ぶことになる。

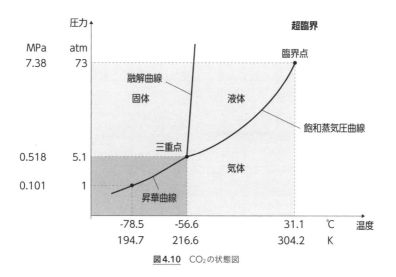

図4.10 CO₂の状態図

2 輸送の方法

❶トラック輸送

国内でCO_2を運ぶ一般的な方法は、トラック輸送である。液体CO_2を貯蔵するタンクを載せており、タンクローリーでは1台当たり8〜10.5トン、トレーラーでは11〜13トンを輸送できる。

❷ パイプライン

アメリカでは、EOR用（４章４節２項後述）としてCO₂の市場があるので、全国にパイプラインが敷設されている。また、建設コストが日本に比べて格段に安い。

日本では、製油所で回収したCO₂を近隣の液化炭酸ガスやドライアイス製造工場に輸送するのに使われている。

❸ CO₂船による船輸送

大量に国際的にCO₂を輸送する唯一の方法は船輸送である。その扱いの容易さから液体とするには、**図4.10**における気液固相の三重点より少し圧力が高い条件を選ぶのが適当である。そこで、船のCO₂タンクの設計条件は、圧力が1.0MPaG、温度が－50℃程度となる。

液体CO₂の輸送船は、ノルウェーのYara社が1,800トンクラスの船を３隻所有している[14]。ノルウェー、デンマーク、オランダ、イギリスの間のCO₂輸送に使われており、小型船については技術的な問題はない。

日本では、数千トンから５万トンクラスまでの船の試設計が行われており、その一例として、海外輸送用CO₂輸送船(50,000t型)の外形図を**図4.11**に示す[15]。国内造船大手は各社力を入れており、三菱重工業株式会社は、2025年度にも実用化すると発表している。

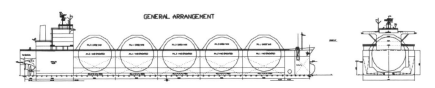

図4.11 海外輸送用液体CO₂輸送船(50,000トン型の試設計)
出典：国立研究開発法人新エネルギー・産業技術総合開発機構(NEDO)
「平成22年度成果報告書『革新的ゼロエミッション石炭ガス化発電プロジェクト』」[15]

4.4 〉CO₂を貯留・固定する技術

1 地中貯留

　分離・回収されたCO_2が大気中に放散されないように、固定化する方法の1つがCO_2回収・貯留で、一般にCCS (Carbon Capture and Storage) と呼ばれる。CCSは、地中の砂や礫(れき)からなる多孔質の浸透性の地層で、地下水に満たされている帯水層に圧入して貯留するほかに、使われなくなった枯渇油・ガス田に注入する方法など、地中に貯留する方法の総称である。

　図4.12に、大規模排出源において分離・回収されたCO_2を地中の帯水層に圧入するまでの概要を示す。CO_2は、圧入される場所までパイプラインや船により輸送され、地下深部に位置する帯水層に注入される。

　この帯水層は、貯留したCO_2が大気中に放出しないように、上部は不透水層(キャップロック[6])で覆われている場所である必要がある。帯水層は、陸域にも存在するが、日本の場合は、海域の帯水層が対象となる。また、枯渇ガス田があれば貯留場所として利用できる。

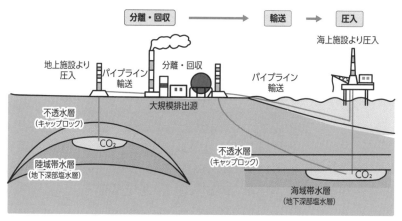

図4.12　CO_2地中貯留のイメージ

出典：経済産業省産業技術環境局「CCS2020我が国における二酸化炭素の分離回収・地中貯留技術研究開発の動向」(2007) [16]をもとに作成

6　**キャップロック**　油田やガス田において、ガスや油の層の上部にあって石油やガスが上方に移動するのを防いでいる不透性の地層。

日本では、日本CCS調査株式会社により、苫小牧沖海底下に貯留する大規模実証試験が実施された。2016年4月から貯留を開始し、2019年11月に圧入を停止するまでに30万トンのCO$_2$が貯留され、その後、モニタリングを行っている[17]。

公益財団法人地球環境産業技術研究機構(RITE)によると、日本の沿岸には、トラップできる構造の帯水層の基礎試錐データ[7]があるものに限っても52億トン、帯水層全体では1,460億トンのCO$_2$貯留のポテンシャルがあると報告されている[18]。実際に実施するにあたって、CO$_2$貯留適地の調査が進められている。

2 石油増進回収(EOR)

石油の採掘では、最初は地中の圧力で自然に原油が噴出するものの、次第に量が下がり、その後、ポンプによりくみ上げる。さらには、水を注入し地下の圧力を回復させて生産を行っており、二次回収と呼ばれる。その次に、三次回収としてさまざまな方法が開発されてきた。その1つが、CO$_2$を注入する方法でCO$_2$-EOR(CO$_2$-Enhanced Oil Recovery)と呼ばれる。

注入したCO$_2$が、砂礫の表面や細孔内に付着している油を溶かし出すことで、油を回収することができる。**図4.13**に示すように、CO$_2$は油とともに回収され、

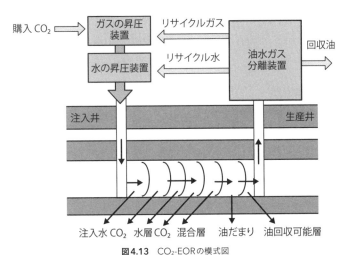

図4.13 CO$_2$-EORの模式図
出典：Don Winslow「Industry Experience With
CO$_2$ for Enhanced Oil Recovery Technology」(2012)[20]などを参考に作成

---

7 **基礎試錐データ** 実際に地下深く掘削し、地質のサンプルを入手して分析して得られるデータ。一般に、石油、天然ガスなどの賦存状況を確認するために必要とされる。

地上で分離されて再度、地下に注入される。注入した量の30%程度は、地中に残り、固定化されることになる。

CO_2-EORが実施されているのは、**表4.2**に示すように、アメリカとカナダの一部地域に限られており、原油生産量は日量約30万バレル(年間約1,740万kL)である。また、使われるCO_2は、2014年では全米で約6,700万トン[19]であり、その80%は天然CO_2生産井から供給されている。

3 炭酸塩・鉱物化

❶地中での鉱物化

CO_2をカルシウムやマグネシウムなどの金属酸化物と反応させ、炭酸塩とすることで固定することができる。外部からのエネルギーを加えることなく進む反応なので、早期にCO_2の固定ができるものと期待されている。

自然界では、地層内でCO_2が鉱物と反応し炭酸化が進行している。アイスランドのヘトリスヘイジ地熱発電所では、これを人為的に行うCarbFixプロジェクトが2012年から実施され、2018年までには、6万6,000トンの酸性ガス(2／3がCO_2)を地中貯蔵した[21]。

❷コンクリートへのCO_2固定

セメントの主成分は、CaOやCa_2O_4Si(ケイ酸カルシウム化合物)で、水と反応し、水和物を生成する。このときに生成する水酸化カルシウムは強アルカリ性で、空気中のCO_2を吸収し、徐々に中性となる。

$$2CaO \cdot SiO_2 + 2.8H_2O \rightarrow 1.7CaO \cdot SiO_2 \cdot 2.5H_2O + 0.3Ca(OH)_2$$

このコンクリートの高アルカリ性が、大気中のCO_2と反応し、失われていくのが中性化(炭酸化)と呼ばれ、次の反応式で示される。

$$Ca(OH)_2 + CO_2 \rightarrow CaCO_3 + H_2O$$

この性質を利用して、デンカ株式会社、鹿島建設株式会社、中国電力株式会社、ランデス株式会社は、CO_2と反応して硬化する特殊な混和材を用いて、製造時に発生するCO_2を上回るCO_2を吸収しながら硬化するスイコム(CO2-SUICOM)

を開発、実用化した[22]（4章7節参照）。また、火力発電所のCO_2濃度が高い排ガスを使い炭酸化を促進している。

この他に、生コンクリート製造時にCO_2を固定化することでセメントの使用量を削減する方法や、ケイ酸塩を用いてCO_2を吸収させる方法など、さまざまな技術が開発されている。

❸ その他の炭酸塩化技術

産業廃棄物や鉱物の炭酸塩化は多くの機関で研究が進められている。日本では、鉄鋼で排出される高炉スラグや製鋼スラグなどの鉄鋼スラグを廃コンクリートや生コンスラッジなどとともに、カルシウムやマグネシウムを湿式抽出しCO_2を固定する技術が研究されている[23]。

4 CCS ／ CO_2-EORプロジェクト

世界では、工業規模でCO_2分離・回収が行われている。ここでは、CO_2の回収量が年間100万トン規模以上のCCSプロジェクトを**表4.2**に示す。

天然ガス生産時の精製におけるCO_2回収が多いが、近年、火力発電所排ガスからのCO_2回収も行われている。現在、CO_2-EORを目的としたプロジェクトが多いが、アメリカ、イギリス、オーストラリア、ノルウェー、オランダ、韓国などでCCSプラントが建設中で、数年内に運用が開始される予定である[25]。

表4.2 世界の大規模CCS／CO2-EORプロジェクト
（※CO2回収量、年間100万トン以上）

プロジェクト	国	万トン／年	運転開始	排出源	目的	ガス中硫黄分	分離方法	分離回収プロセス
Sleipner CO2 Injection	ノルウェー	100	1996	天然ガス精製	CCS	微量	化学吸収法（アミン）	MDEA
Gorgon CO2 Injection	オーストラリア	400	2019	LNG製造				OASE
Quest CCS	カナダ	120	2015	水素製造				Adip-X
Qatar LNG CCS	カタール	210	2019	LNG製造				—
Shute Creek Gas Processing Facility	アメリカ	700	1986	天然ガス精製	EOR	H2S	物理吸収法	Selexol
Century Plant	アメリカ	500	2010	天然ガス精製				Selexol
Coffeyville Gasification Plant	アメリカ	100	2013	アンモニア・肥料製造				Selexol
Great Plains Synfuel Plant and Weyburn-Middle CO2-EOR	アメリカ／カナダ	300	2000	代替天然ガス製造				Rectisol
"ACTL" with North West Sturgeon Refinery CO2 Stream	カナダ	140	2020	水素製造				Rectisol
Air Products Steam Methane Reformer EOR Project	アメリカ	100	2013	水素製造	EOR	微量	物理吸着法	PSA (Vacuum)
Illinois Industrial Carbon Capture and Storage	アメリカ	100	2017	エタノール製造	CCS	微量	エタノール発酵からの高濃度CO2を直接利用	
Boundary Dam Integrated CCS Demonstration	カナダ	100	2014	石炭火力発電	EOR	SO2	化学吸収法（アミン）	Cansolv
Petra Nova Carbon Capture, WA Parish Power Station	アメリカ	140	2017	石炭火力発電				KM-CDR
Petrobras Santos Basin Pre-salt Oil Field CCS	ブラジル	300	2013	天然ガス精製	EOR	微量	膜分離など	不明

出典：佐々木 孝「国内外CCSプロジェクトの分離回収プロセス 表I」(2015) [24] ／
Global CCS Institute「Global Status of CCS 2020」(2020) [25] のデータをもとに作成

4.5 〉 CO₂回収・利用技術

<u>図4.2</u>、<u>図4.3</u>に示したように、CO_2は直接利用だけではなく、現在の化学品製造プロセスにおいて、すでに部分的に使われており、そこにCO_2排出源から分離・回収したCO_2を利用する手段はある。しかし、その量は<u>図4.1</u>に示した世界のCO_2排出量に比べれば遥かに小さく、約2億トン／年に過ぎない[26]。このような状況から、CO_2排出量の大幅削減には、CO_2回収・貯留技術（Carbon dioxide Capture and Storage）のほかには、一次エネルギー源（原油、石炭、天然ガス）由来のCO_2は、ほぼ全量を、再エネを利用して燃料などのエネルギー源に転換する、いわゆる、カーボンリサイクルという方法しかないのではなかろうか。

1 直接・化成品リサイクル利用

❶CO₂の利用

CO_2の直接利用には、ドライアイス、溶接用ガス、飲料用などの用途があるが、日本における炭酸ガスの生産量は約100万トン／年程度[27]、世界では約8,000万トン強である[28]。なお、世界のCO_2の7割程度は石油増進回収(EOR)向けである。

次にCO_2を使った化成品であるが、実は先に述べた約2億トン／年には尿素(肥料)が含まれている。しかし、実際に、尿素はCO_2固定期間が短いことを考慮し、CO_2削減に資する化成品から除くと、実は約1億トン／年しか固定できる能力がない[26]。その代表的なものが、化学反応プロセスを経て製造される基幹

表4.3　各種化成品市場と必要CO₂量(2016予想)

化成品種	世界需要(万トン／年)	必要CO₂量(万トン／年)	固定期間
尿素	18,000	13,200	約6カ月
メタノール	6,000	1,000	
無機炭酸塩	25,000	7,000	数十年以上
ポリウレタン	1,000	50	
ポリカーボネート	500	100	
ホルムアルデヒド	2,500	500	数日～数年
ジメチルエーテル	>2,000	>500	
ギ酸	100	90	
食品	800	800	数カ月～数年

出典：Michele Aresta「The changing paradigm in CO₂ utilization」(2013)[26]をもとに作成

物質のメタノールやオレフィンであり、原材料／樹脂類のホルムアルデヒド、ポリカーボネート、ポリウレタン、ジメチルカーボネートなどである。

❷CO₂を有効利用可能な化学品製造

　CO₂を有効利用可能な化成品の製造プロセス全体フローを**図4.14**に示す。CO₂を出発原料に、水（水蒸気）、（再エネ）水素、メタンを利用し水素還元していく各反応プロセスは、すでに商業化されているものもあれば、研究中、実証中のものもある。この中で①、②、③、④は今後、重要な反応になると思われる。

①	共電解反応	高温水蒸気とCO₂を同時電解して合成ガスを製造。800℃程度の温度に耐える材料開発、電解セル構造の開発が重要。
	レドックス反応	太陽熱などによる高温場（1200℃程度）でセリア触媒を用いCO₂とH₂Oを同時に熱分解。反応温度の低温化、集光熱反応器構造の確立、24時間稼動化の開発が重要。
	光触媒	金属錯体を利用して可視光で水を酸化し電子源とする方法。酸化力が弱いため、CO₂還元力も弱い。触媒材料開発が重要。
②	ポリカ合成	従来法（ホスゲン法）に代わる、CO₂とエチレンオキサイドからポリカーボネートを合成する反応。すでに旭化成が実用化。
③	MTO(Methanol to Olefin)	メタノールからオレフィン系炭化水素を合成する方法ですでに実用化。
④	FT(Fischer-Tropsch)合成	COと水素（合成ガス）から触媒反応を用いて液体炭化水素を合成。現在のFT合成は高分子量ワックスが目的生産物であり、特定のアルコールを高収率で製造可能な触媒を開発中。

　いずれにしても、エネルギー準位の低いCO₂をエネルギー準位の高い（再エネ）水素などと結合させ、その中間準位の物質に転換するわけであり、高転換効率を求める触媒や電気化学やバイオプロセスの開発は今後も追究されていくであろう。

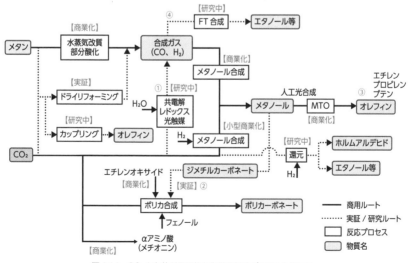

図4.14 CO₂を有効利用可能な化学品製造プロセス全体フロー

その中で、唯一CO_2よりエネルギー準位が低く、その転換にエネルギーを必要としないのが炭酸塩／鉱物化であり、4章4節に説明している。市場規模の大きなコンクリートに炭酸カルシウム($CaCO_3$)として長期間CO_2を固定していくことが期待される。

2 エネルギーリサイクル利用：カーボンリサイクル

CO_2の主要な排出源は、燃料として利用される化石燃料である。化石燃料から排出されたCO_2を分離・回収し、(再エネ)水素などで還元し炭化水素系の液体合成燃料に再生することができれば、CO_2を循環利用する、いわゆるCO_2フリー合成燃料と捉えることができる。これが炭素循環エネルギーシステム(カーボンリサイクル)である。このシステムにおいて、CO_2を燃料に再生する方法として、化学反応、(光)電気化学、バイオ(生化学反応／光合成)プロセスの3種類が考えられる。それぞれのプロセスを**図4.15**、**図4.16**、**図4.17**に示す。

CO_2は、特定のCO_2排出源や大気から人工的に分離・回収されたもの、または植物が光合成で取り込んだものを利用する。その還元剤となる水素などは、再エネや発酵プロセスなどを使って生成したものを利用する。

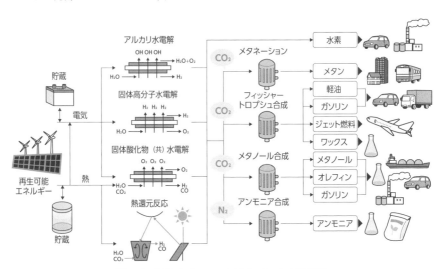

図4.15 化学反応プロセスによるCO_2フリー合成燃料製造

化学反応プロセスによるCO_2フリー合成燃料製造は、大量のCO_2、水素を人為的に分離・回収、電解でそれぞれ製造するため、大規模化が容易で大量のCO_2削減効果が見込める。人為的であるが故に、既存のインフラに適合し得る合成燃料まで転換することも可能である。例えば、ガソリン代替になり得る高オクタン価のメタノールを脱水して、高セタン価のジメチルエーテル(DME[8]：DiMethyl Ether)や、さらに重合させ常温、常圧で液体のポリオキシメチレンジメチルエーテル(OME：Polyoxymethylene Dimethyl Ethers)にしてディーゼル油代替にすることも可能である。

　図4.16に示す、(光)電気化学反応プロセスによるCO_2フリー合成燃料製造は、電極触媒上における面的反応場ゆえに大規模化する場合、広大な面積が必要となる点に課題が残る。反応の選択性や転換効率向上も大きな課題である。コスト削減のための重要なキーポイントである。

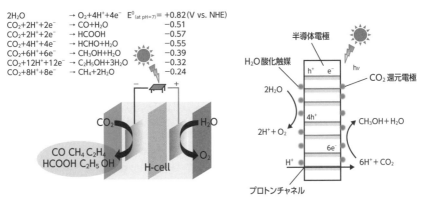

図4.16　(光)電気化学反応プロセスによるCO_2フリー合成燃料製造
出典：(左) Ibram Ganeshの論文(2016)[29]、(右) Gabriele Centiの論文(2009)[30]をもとに作成

　図4.17に示すバイオ(生化学反応／光合成)プロセスによるCO_2フリー合成燃料製造は、植物、廃棄物のガス化、および化学反応プロセスを通して合成など、あるいは微細藻類を利用した合成のため、大規模に生産するに当たっては、原材料の確保が課題である。原料調達は地域の事情によるため、その普及は限定的になると考えられる。

8　**DME**　低圧で液化するなど、LPGに近い物性を有する。セタン価が55以上と高いことから、ディーゼル燃料として利用できる。

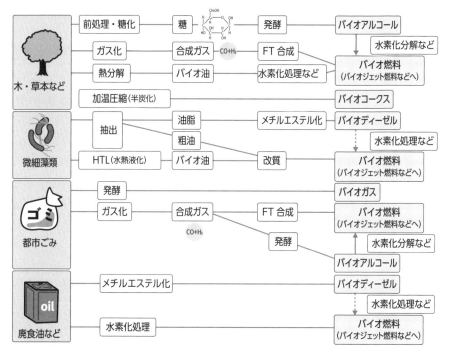

図 4.17 バイオ（生化学反応／光合成）プロセスによる CO_2 フリー合成燃料製造
国立研究開発法人新エネルギー・産業技術総合開発機構（NEDO）
TSC Foresight Vol.21「次世代バイオ燃料分野の技術戦略策定に向けて」(2017)[31]をもとに作成

　CO_2 の有効利用先と合成プロセスを化成品、燃料、炭酸塩の観点から分類、ま
とめたものを**表4.4**に示す。既存のインフラを活用しつつ、CO_2 排出量を大幅に
削減していくには、再エネ由来の水素を利用して CO_2 を再燃料化し、CO_2 を人
為的にリサイクルする炭素循環(ACC：Anthropogenic Carbon Cycle)エネルギー
システムの構築が重要であることがわかる。

表4.4 CO_2の有効利用先一覧

プロセス	分類		CO_2からの生成物	CO_2からの製造技術概要
化学反応		燃料	メタン	(再エネ)水素とCO_2のメタネーション反応で製造
			メタノール／DME／OME	(再エネ)水素とCO_2のメタノール合成／脱水／重合反応で製造
			液体合成燃料	(再エネ)水素とCO_2のフィッシャー・トロプシュ(FT)反応で製造
	化学品	原材料	一酸化炭素	メタンのCO_2によるドライリフォーミング反応で製造
				CO_2と水蒸気から逆シフト反応で製造
			メタノール	燃料メタノールと同じ製法、だたし、蒸留し高純度化
			ジメチルカーボネート	CO_2とエチレンオキシド／メタノールから生成
			ホルムアルデヒド	CO_2の(再エネ)水素還元により製造
		オレフィン	エチレン・プロピレンなど	メタンのCO_2による酸化カップリング反応でエチレンを製造
		樹脂	ポリカーボネート	ジメチルカーボネートとフェノール／ビスフェノールAから生成
			ポリウレタン	CO_2と芳香族アミン／スズアルコキシド化合物から製造
		食品添加物	αアミノ酸	CO_2雰囲気下でアルデヒドとアミンを反応させ合成
		炭酸塩	炭酸カルシウム	CO_2をCaO(生石灰)に反応させて生成
(光)電気化学反応	化学品	原材料	カーボン	高温溶融塩中にCO_2を導き、電解還元させ製造
			一酸化炭素	CO_2溶解水で銅触媒を用い電解還元させて製造
			メタノール	CO_2を電解還元して製造
			エタノール	常温／窒素存在下、CO_2溶解水中のナノ銅触媒に電圧印加で生成
バイオ(生化学反応／光合成)	化学品	燃料	液体燃料(ジェット・ディーゼル燃料)	微細藻類からの抽出、木質系セルロースのガス化などから製造
			エタノール	穀物／廃材などの発酵、廃棄物のガス化から製造
		原材料	炭水化物(グルコース)	CO_2と水から植物の光合成を利用し生成
直接利用		原材料	ドライアイス	CO_2を－79℃にして固化
			溶接ガスなど	CO_2を液炭、高圧ボンベ充填し溶接用ガス、飲料用として利用

国立研究開発法人新エネルギー・産業技術総合開発機構(NEDO)
平成29年度〜30年度成果報告書「CO_2排出削減のための要素研究調査」(2018)[32]をもとに作成

4.6 ＞ カーボンリサイクル社会とは

1　炭素循環エネルギーシステムにおけるエネルギーキャリア

❶水素燃料輸送の課題：エネルギーキャリア輸送船

　なぜCO_2を再燃料化してCO_2を人為的にリサイクルする炭素循環エネルギーシステム（ACCエネルギーシステム）を考えるのか。<u>図4.18</u>に見られるように、水素ベースの燃料はカーボンベースの燃料に比べて、体積当たりのエネルギー密度が小さい。水素ベースの燃料では、輸送する際に容器や配管径を大きくしなければ同量のエネルギー量を移送できないということである。

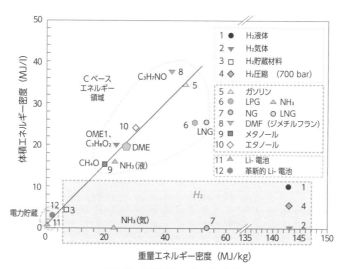

図4.18　各種物質のエネルギー密度

出典：Gabriele Centi「CO_2-based energy vectors for the storage of solar energy」(2011) [33] をもとに作成

　すなわち、これは水素の移送に要する設備機器は大きくなりコストがかかるということにほかならない。<u>表4.5</u>に各種エネルギーキャリア輸送船の特徴と載貨エネルギー量を示している。後段で液化炭酸ガスにも言及するため、参考に一覧に付記した。液体水素の場合、既存の30万トン級タンカーほどの大きさをもってしても1隻でLNG船の約1／3のエネルギー量しか運べない。しかも、<u>表4.5</u>

に示すように容器内をメタン（LNG：液化天然ガス）よりも低い液化温度−253℃に保持し続ける必要がある。輸送に関して、船価コストを下げることは難しいといわざるを得ない。

表4.5　各種エネルギーキャリアの特性と載貨エネルギー量

物質 仕様	載貨重量 (トン)	載貨エネル ギー量(PJ)	タンク設計	輸送可能容 量	分子量	沸点(℃)	発熱量 (MJ／kg)	発熱量 (MJ／m³)	液体密度 (kg／m³)
メタン (CH₄)	83,400	4.6	常圧 (−162℃)	LNG船 ベース	16	−161.5	55.5	23,421	422
メタノール (CH₃OH)	300,000	6.8	常温 (常圧)	30万トン級 タンカー ベース	32	64.7	22.7	17,978	792
液体水素 (LH₂)	10,000	1.4	常圧 (−253℃)	30万トン級 タンカー 大きさベース	2	−253	141.8	10,054	70.9
アンモニア (NH₃)	54,500	1.2	0.55MPaG (−42℃) 1.75MPaG (45℃)	LPG船 ベース	17	−33.4	22.5	15,165	674
メチルシク ロヘキサン (C₇H₁₄)	300,000	2.6(2.0)※	常圧 (常温)	30万トン級 タンカー ベース	98	101	8.7 (脱H2 ベース)	6,734 (脱H2 ベース)	774
液化炭酸 ガス (LCO₂)	50,000	−	0.6MPaG (−50℃)	LPG船 大きさベース	44	−78.5	−	−	1,030

※水素脱離時の吸熱を考慮した場合

❷ ACCエネルギーシステムの構想

　そこで、既存技術の延長線上で早期に対応可能と考えられるのが、ACCエネルギーシステムである。**図4.19**にACCエネルギーシステムの構想図を示す。CO_2排出源、あるいは将来的には大気から分離・回収したCO_2を、オーストラリアや中東のような再エネの豊かな地域で製造した水素を利用して再燃料化（メタン、メタノール）し、国内に輸入しようとする考え方である。日本には再エネがあるとはいえ、経済性を考えると、安価に調達できる海外の再エネを有効に利用することが重要である。水素ベースの燃料に比べ、カーボンリサイクルという観点からCO_2を回収・輸送しなければならないが、技術的難易度は低く、また既存のインフラストラクチャーを活用して、CO_2排出量削減を早期に、しかも多量に実現可能である。

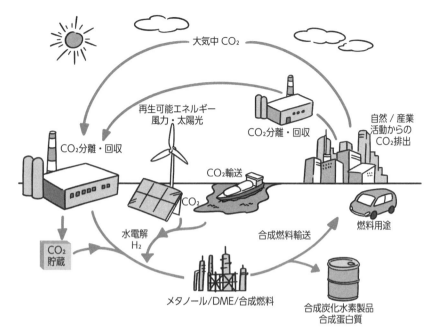

図4.19 ACCエネルギーシステム

出典：George A. Olah「Anthropogenic Chemical Carbon Cycle for a Sustainable Future」(2011) [34] をもとに作成

2 液体CO₂と燃料の輸送船

ここで、これまでCO₂輸送は、輸入エネルギーのコストアップになるだけで、その価値を見出し難かったが、最近、一般財団法人エネルギー総合工学研究所(IAE)から、液体CO₂輸送船（**図4.11**参照）とアンモニア(NH₃)輸送船を兼用する炭素循環エネルギーシステムの提起がなされている [35]。その全体構想をまとめた「ACC with NH₃ エネルギーシステム」を**図4.20**に示す。**表4.5**に示す通り、液化炭酸ガスとアンモニアのタンク設計条件は類似している。両媒体が輸送可能な兼用船の開発ができれば、輸送船をより効率的に運用できる。再燃料化したメタンは、既存のLNG船を利用し、また、今後、石油消費量が減り、過剰となる石油タンカーはメタノール輸送に転用するなど、既存のインフラを最大限活用していく社会の構築がもっとも現実的な解なのではなかろうか。この考え方に基づき、日本と高再エネポテンシャル地域のオーストラリア間においてカーボンリサイクルを実施して、日本の火力発電所でCO₂フリー燃料を利用する方法がすでに検討されている。

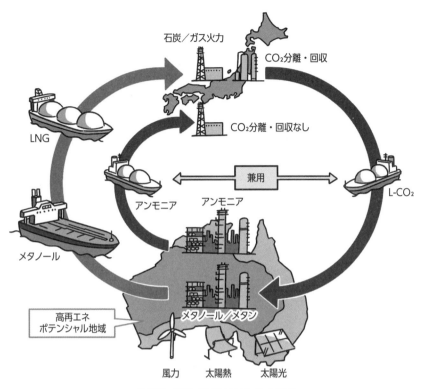

石炭／ガス火力

CO₂分離・回収

LNG

CO₂分離・回収なし

兼用

L-CO₂

アンモニア　アンモニア

メタノール

高再エネ
ポテンシャル地域

メタノール／メタン

風力　　太陽熱　　太陽光

図4.20　ACC with NH₃ エネルギーシステム

出典：小野﨑正樹、橋﨑克雄「火力発電の脱炭素化に向けたカーボンリサイクル活用の検討」（2021）[35] をもとに作成

4.7 〉国内プロジェクト取り組み状況

　日本では、2020年1月21日の政府の統合イノベーション戦略推進会議で決定された「革新的環境イノベーション戦略[36]」が提言された。それに基づき、東京湾岸周辺エリアを世界に先駆けてゼロエミッション技術にかかるイノベーションエリアとすべく、「東京湾岸ゼロエミッションイノベーション協議会(会長、柏木孝夫／東京工業大学／特命教授)」(以下、「ゼロエミベイ」)が設立され、東京湾岸の産学のゼロエミッションに取り組む活動状況が紹介されている[37]。各企業は、生き残りをかけて、急速にカーボンニュートラルへの取り組みを進め、多くのプロジェクトが進行している。ここでは、紹介されている各企業のカーボンリサイクル関連のおもだった研究開発プロジェクトを中心に、技術開発の状況を紹介する。

1 　DRC法DPCプロセスの実証

事業者：旭化成株式会社

　従来のポリカーボネート樹脂[9](PC：Polycarbonate)は、毒性の高いホスゲン[10](Phosgene:二塩化カルボニル)を用いて製造されていたが、PCの原料であるジフェニルカーボネート(DPC：Diphenyl carbonate)の新製法として、CO_2を用いてジアルキルカーボネート(DRC：Dialkyl carbonate)を経由した製造プロセス(ジアルキルカーボネート法ジフェニルカーボネートプロセス(以下、「DRC法DPCプロセス」[37])を開発している（**図4.21**参照）。

9　**ポリカーボネート樹脂**　熱可塑性プラスチックの一種で、透明性、耐衝撃性、寸法安定性に優れているので、防弾ガラス、医療機器、航空機や自動車部品、光学用途に幅広く使われている。

10　**ホスゲン**　炭素と酸素と塩素の化合物で、一酸化炭素と塩素を反応させて合成される無色の窒息性有毒ガス。二塩化カルボニルと呼ばれ、分子式は$COCl_2$。

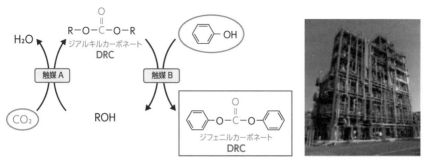

図4.21 DRC法DPCプロセスの概要と実証プラント(旭化成株式会社水島製造所)
出典：東京湾岸ゼロエミッションイノベーション協議会 (2020)[37]をもとに作成

2 　CO$_2$-SUICOM®(CO$_2$吸収コンクリート)の開発・展開

事業者：鹿島建設株式会社

　セメントの主成分は石灰石を原料とする酸化カルシウム (CaO) であり、セメントの60%程度を占める。このCaOをCO$_2$と反応させてCaCO$_3$を生成させ炭酸化させることで大量のCO$_2$を削減することが可能である。

　以上の点に着目し、CO$_2$を吸収して硬化する特殊混和材、および高炉スラグなどの産業副産物をセメント代替とするコンクリート材料技術と、前述炭酸化技術を組合せ、製品製造時のCO$_2$排出量を実質ゼロ以下にできる新しい環境配慮型コンクリート (CO$_2$吸収コンクリート) を開発している[37] (**図4.22**参照)。

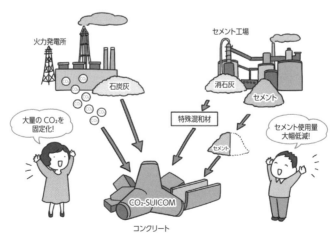

図4.22 CO$_2$-SUICOM®のコンセプト
出典：東京湾岸ゼロエミッションイノベーション協議会 (2020)[37]をもとに作成

3 ドライリフォーミングによる CO_2 資源化研究

事業者：国立研究開発法人産業技術総合研究所

　従来のメタンドライリフォーミング[11]より3倍量の CO_2 を消費する CO_2 活性化ドライリフォーミングプロセス[37]の開発に取り組み中である（**図4.23**参照）。

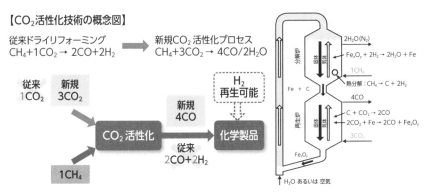

図4.23　CO_2 活性化ドライリフォーミングプロセス
出典：東京湾岸ゼロエミッションイノベーション協議会 (2020) [37] をもとに作成

4 非可食バイオマスからのバイオ燃料・グリーン化学品の生産技術の開発

事業者：公益財団法人地球環境産業技術研究機構 (RITE)

　再生可能資源（バイオマス）を原料としてバイオ燃料やグリーン化学品をカーボンニュートラルで製造する技術「RITE Bioprocess」の開発を行っている[37]（**図4.24**参照）。

11　**メタンドライリフォーミング**　メタンから合成ガスを製造するには、水蒸気と反応させる水蒸気改質法が一般的である。本方法は、メタン(CH_4)と CO_2 から水素とCOを合成する反応である。

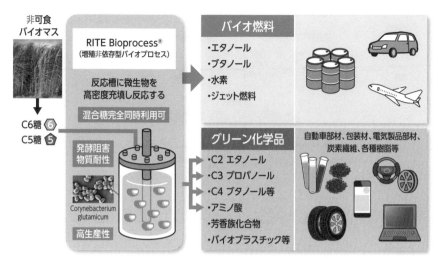

図4.24 RITE Bioprocessによるバイオリファイナリー
出典：東京湾岸ゼロエミッションイノベーション協議会 (2020)[37]をもとに作成

5 　CO₂を原料とするパラキシレン製造の技術開発

事業者：千代田化工建設株式会社／日鉄エンジニアリング株式会社／三菱商
　　　　事株式会社

　石油から製造しているパラキシレン (Para-xylene) を、CO_2から製造するための画期的な触媒の改良、量産技術の開発やプロセスの開発、および経済性、CO_2削減効果の検討を行っている[37]。パラキシレンはテレフタル酸を経由してポリエステル繊維やペットボトルの原料となる。

6 　純バイオジェット燃料の製造技術開発

事業者：東洋エンジニアリング株式会社／三菱パワー株式会社／株式会社
　　　　JERA／宇宙航空研究開発機構

　木質バイオマスの処理、ガス化、ガス精製 (上流：三菱パワー株式会社)、フィッシャー・トロプシュ (FT：Fischer-Tropsch) 合成、水素化分解 (下流：東洋エンジニアリング株式会社) を行い、蒸留・精製を経た純バイオジェット燃料を在来ジェット燃料と混合したバイオジェット燃料の製造を目指している[37]（**図4.25** 参照）。

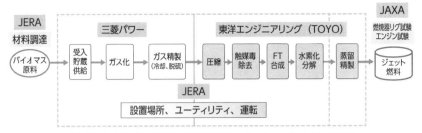

図4.25 純バイオジェット燃料の製造技術開発のブロックフローとプロジェクト体制
出典：東京湾岸ゼロエミッションイノベーション協議会 (2020)[37]をもとに作成

7　電気化学プロセスを主体とする革新的CO$_2$大量資源化システムの開発

事業者：千代田化工建設株式会社／清水建設株式会社／宇部興産株式会社／
　　　　古河電気工業株式会社／東京大学／大阪大学／国立研究開発法人理
　　　　化学研究所

　図4.26に示すように、次の3工程で進めている[37]。

①物理吸着および電気化学的な手法によるCO$_2$の回収・富化
②回収CO$_2$をエチレンなどに転換する電解還元プロセスの開発
③これらプロセスの統合化の推進を目指し開発

電解用の電源などには、再エネの利用を想定している。

8　炭素循環型セメント製造プロセス技術開発

事業者：太平洋セメント株式会社

　セメント工場から排出される10トン／日のCO$_2$を分離・回収し、そのCO$_2$を
廃コンクリートや生コンクリートスラッジを用いて炭酸塩として固定化し、セメ
ント原料(石灰石代替)や道路舗装用の路盤材などの土木資材として再資源化す
る技術開発に取組んでいる[38]（**図4.27**参照）。

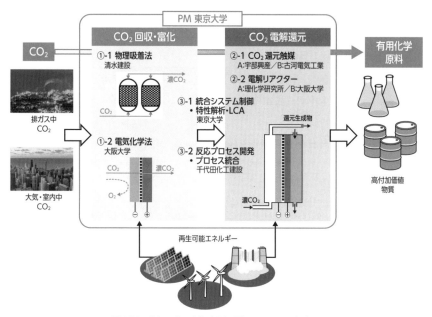

図4.26 CO₂回収・富化／CO₂電解還元システム概念図
出典：東京湾岸ゼロエミッションイノベーション協議会 (2020) [37] をもとに作成

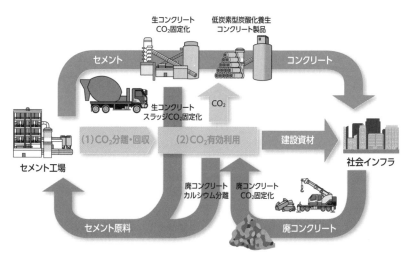

図4.27 炭素循環型セメント製造プロセスの概念図
国立研究開発法人新エネルギー・産業技術総合開発機構ニュースリリース (2020) [38] をもとに作成

9 CO_2を原料としたカーボンリサイクル液体合成燃料製造技術の研究開発

事業者：成蹊大学／ ENEOS 株式会社／名古屋大学／横浜国立大学／出光興産株式会社／国立研究開発法人産業技術総合研究所／一般財団法人石油エネルギー技術センター

CO_2を原料とした化学品製造やFT反応による液体合成燃料一貫製造プロセスの構築と最適化、スケールアップの研究開発など、下記2件の開発に取組んでいる[39]（**図4.28**参照）。

① 　次世代FT反応の研究開発
② 　再エネ由来の電力を利用した液体合成燃料製造プロセスの研究開発

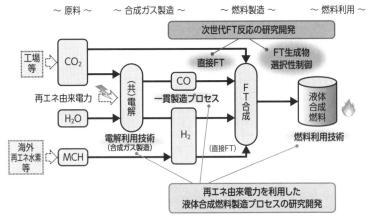

図4.28　CO_2を原料としたカーボンリサイクル液体合成燃料製造技術
国立研究開発法人新エネルギー・産業技術総合開発機構ニュースリリース(2021)[39]をもとに作成

10 CO_2有効利用拠点における技術開発／CO_2有効利用拠点化推進事業

事業者：大崎クールジェン株式会社／一般財団法人石炭フロンティア機構

　石炭ガス化燃料電池複合発電(IGFC：Integrated Coal Gasification Fuel Cell Combined Cycle)実証を行っている広島県大崎上島を実証研究拠点とするために必要な設備・施設を整備するとともに、実証研究拠点の運営や研究活動の支援を

行い、技術開発の総括的な評価などに取組むとしている[40]（**図4.29**参照）。

図4.29 石炭ガス化燃料電池複合発電実証設備外観(左)とカーボンリサイクル実証研究拠点予定地(右)
出典：国立研究開発法人新エネルギー・産業技術総合開発機構ニュースリリース(2020)[40]

11 CO₂有効利用拠点における技術開発／研究拠点におけるCO₂有効利用技術開発・実証事業

事業者：中国電力株式会社／鹿島建設株式会社／三菱商事株式会社／川崎重工業株式会社／大阪大学／広島大学

10項に示す広島県大崎上島の実証研究拠点において、CO₂を有効利用するための技術開発が実施され、さまざまな技術を対象に経済性やCO₂削減効果などの評価が行われている。具体的には、CO₂有効利用コンクリートの研究開発、CO₂を利用した化成品の製造プロセス構築、菌類を用いたCO₂固定化技術のシステム構築に取組むとしている[40]。

CO₂削減は一次エネルギー消費量に占める再エネ量の観点で評価すべき

橋﨑 克雄

　カーボンニュートラルを目指すのであれば、「再生可能エネルギーの主力電源化」ではなく、「再生可能エネルギーの主力一次エネルギー源化」を目指し、その観点から評価すべきなのではなかろうか。

　環境先進国と目されるドイツの実情は**コラム図4.1**の通り、確かに発電電力量（これに要する一次エネルギー消費量は5,077 PJ、平均発電効率45.2%）に占める再エネ量の比率は高いが、CO₂の直接の発生源である一次エネルギー消費量に対しては、15%弱にとどまっており、特に今後、石油、天然ガス由来のCO₂削減が大きなハードルになるであろう。

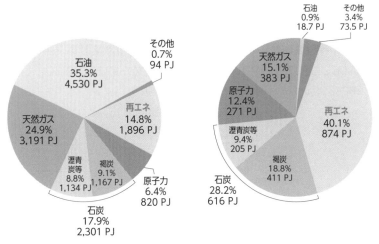

コラム図4.1　ドイツの一次エネルギー消費量と発電電力量
出典：CLEAN ENERGY WIRE「Germany energy mix 2019」(2019)[41]をもとに作成

これに対し、日本の実情は発電電力量（これに要する一次エネルギー消費量は7,901 PJ、平均発電効率48.3%）に対する再エネ量の比率は確かに16%強と小さい。しかし、CO_2の直接の発生源である一次エネルギー消費量に対しては、12%弱となっており、ドイツと大きく異なっていない。これは日本の発電電力量がドイツより7割強多いためであり、それを天然ガス、石炭で賄っているためである。そして、その電力はおもに日本の民生部門で消費されているのである。このため日本の民生部門の電化率（民生部門の消費エネルギー量における消費電気量の割合）はドイツの2倍と高い。ドイツの民生部門は消費エネルギー量の約4割は天然ガスであり、暖房需要によるCO_2排出量が多いのである。

ということは、日本はエネルギー転換部門である火力発電の燃料をCO_2フリー燃料に転換することで、電気を消費する各部門のCO_2排出量（間接排出量）を一気に、しかも大きく削減することが可能なのである。

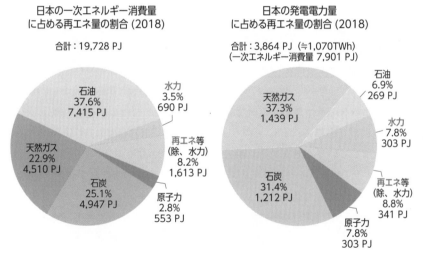

コラム図4.2 日本の一次エネルギー消費量と発電電力量
出典：資源エネルギー庁「エネルギー白書2020」(2020)をもとに作成[42]

4.8 〉海外プロジェクト取り組み状況

　世界では、特に欧州を中心に化石燃料から再エネ水素、いわゆるグリーン水素へ燃料転換しようとする大きな動きが見られる。これに対し、排出CO_2を分離・回収し、炭素資源として利用しようとする試みも欧州、中国各地を中心に取り組まれている。その大きなメリットは、製品が、既存のエネルギーチェーンを構成するインフラストラクチャーで活用できることにほかならない。ここがグリーン水素と大きく異なる点である。ここでは、すでに実証段階に進んでいるおもなCCUプロジェクトを紹介する。なお、各種技術を組み合わせて、コンビナートで多様な企業が連携して進めているプロジェクトは、10章で紹介する。

1　カーボン・リサイクリング・インターナショナル社：アイスランド

❶アイスランドの再生可能メタノール・プラント

　カーボン・リサイクリング・インターナショナル (CRI：Carbon Recycling International) 社は、アイスランドの地熱発電所で発電される電力を利用して水素を製造している。この水素と排出されるCO_2からメタノールを合成し、2012年から商用プラントを運用している。メタノール製造量は、年間で4,000トン、使用するCO_2は、6,000トンで、メタノールはガソリン混合用燃料として利用されている。1994年にノーベル化学賞を受賞したジョージ・オラー博士[34]はメタノールエコノミーを提唱してきたが、彼の功績にちなんで、ジョージ・オラー・再生可能メタノール・プラント[43] (George Olah Renewable Methanol Plant) と呼ばれる。

❷その他のプロジェクト

　上記の実績を踏まえて、中国河南省安陽市の化学会社、河南春成集団のコークス炉ガス12 (COG：Cokes Oven Gas) 製造設備に隣接して、CO_2からメタノールを製造する新施設の設計・製作を進めている。2021年後半に運開予定で、年間11万トンの低炭素メタノールを生産する世界最大のCO_2燃料生産施設となる予

12　**コークス炉ガス**　石炭から製鉄用のコークスを蒸焼にして製造するコークス炉から発生する水素、CO、CO_2、メタンなどを含むガス。

定である。CRI社[43]のETL(Emission-to-Liquids)プラットフォームを導入し、年間16万トンのCO_2をリサイクルする。設計・設備投資総額は9,000万米ドル[43]。

さらに、ドイツでは、EUの「Horizon 2020 Framework Program[13]」の下で2014年から2019年にかけてMefCO2プロジェクト[44]を実施している。これは、RWE社のNiederaussem火力発電所の排出CO_2と電解水素からメタノールを製造するプロジェクトで、2019年5月上旬から生産を開始しているという。生産能力は1トン／日。最終的には、再エネ水素利用を想定した実証試験である。

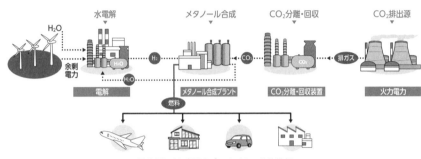

図4.30 MefCO2プロジェクトの全体構想
出典：MefCO2プロジェクトのウェブサイト[44]をもとに作成

2 サンファイア社：ドイツ

サンファイア(Sunfire)社は、ドイツ、ドレスデンの本社敷地内で日産160リットルのPtL(Power-to-Liquid)実証装置を運転してきた。それを踏まえて、現在、CO_2を空気から直接回収する技術(DAC)を有するClimeworks AG社、鉄鋼メーカー向けEPC企業[14]のPaul Wurth SA社(SMSグループ)、ノルウェーのグリーン投資会社のヴァリノール（Valinor）社と共同で、ノルウェーのNorsk e-Fuel社が計画する再生可能航空燃料の欧州初の商業プラントを計画中である。オスロに本部を置く産業コンソーシアムのNorsk e-Fuel社は、ノルウェー国内の航空路線トップ5のCO_2排出量を半分に削減するのに十分な再生可能航空燃料が供給できるという[45]。計画では、2023年までに年間1,000万リットル、2026年までに1億リットルへと生産規模を拡大する予定となっている[46]。

---

13 **Horizon 2020 Framework Program** 欧州全体で研究開発を促進するための枠組み計画で、2014-2020年にかけて、EUからの公的資金、約800億ユーロ(約10兆円)が投入された。

14 **EPC企業** 設計(Engineering)、調達(Procurement)、建設(Construction)の頭文字をとってEPCと呼び、プロジェクトを総合的に推進するエンジニアリング企業を指す。

3 カーボン8システムズ社：イギリス

CCUS技術を持つCarbon8システムズ(Carbon8 Systems)社[47]が、オランダの AVR社が所有する廃棄物発電所に、初めて廃棄灰と回収CO_2を組合せ、建設業 界向け骨材の製造実証装置の設置を進めている。発電所は、オランダのデュヴィ エン(Duvien)にあり、年間150万世帯の廃棄物を処理し、約40万トンのCO_2を 排出している。両社は、この廃棄物灰から、100トンの建築製品を生産する計画だ。

4 エボニック社／シーメンス・エナジー社

エボニック(Evonik)社[48]とシーメンス・エナジー(Siemens Energy)社が、ドイ ツ連邦教育研究省(BMBF：Bundesministerium für Bildung und Forschung)の資金 により、**図4.31**に示すCO_2と水から化学品を製造するパイロットプラントを建 設する。

転換に必要なエネルギーは再生可能エネルギー電力を利用する。

プラントは、エボニック社の最大拠点のマール（Marl)に建設予定だ。建設費 用は、トータルで総額630万ユーロ。このプラントは、シーメンス・エナジー社 が開発したCO電解槽、水電解槽、エボニック社のバイオリアクターで構成され、 最終的に特殊な微生物によって特殊プラスチックや食品サプリメントの出発原料 となる特殊化学物質を生産することになっている。

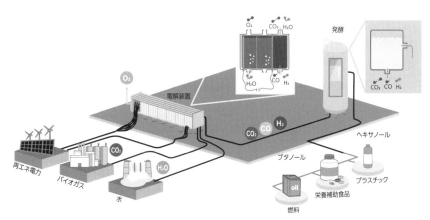

図4.31 全体システム構成図
出典：エボニック社のウェブサイト[48]をもとに作成

第 5 章

電力システムで
やるべきこと

第5章　概要

　電力システムは、発電所、送電線、変電所、配電線、通信設備および需要家設備までを含み、現在の社会の中でも有数の巨大システムである。近年、再生可能エネルギー（再エネ）などの分散型電源の出現にともない、電力の流れは双方向となり、電力システムはさらに複雑化した。

　本章では、再エネの大量導入に向けた電力システムの課題と解決の方向性について説明する。電力の安定供給を維持しつつ再エネの大量導入に対応するためには、顕在化してきた送電線の空き容量不足や、これまで火力発電所などが担ってきた需給調整力および慣性力への対策が必要である。さらに、再エネの増加にともなう賦課金の増加や電力系統への設備投資にともない増加する需要家負担コストの低減など、幅広く議論を行う必要がある。

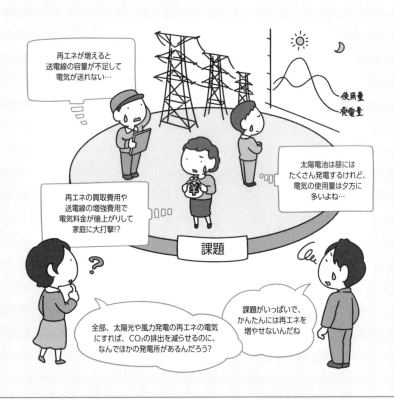

5.1 〉 電力システム改革の進展と電気事業

1 電力自由化とは？

❶電気事業体制の構築

　2016年4月の小売全面自由化前までの発電・送配電・小売事業を一貫して行う、垂直統合型の地域独占体制(10電力体制[1])における民間電力会社のエリアを**図5.1**に示す。

　10電力体制は、資金調達、計画の一貫性、人材の有効活用などの面で優れ、経済成長や国民生活の発展を電力の安定供給を通じて支えることに大きく貢献した[1]。

　また設備面では、原子力発電所の開発、クリーンで高効率な液化天然ガス(LNG：Liquefied Natural Gas)火力発電所の建設、500kV大容量送変電設備の技術開発などが進み、世界有数の信頼度を誇る安定した電力供給を支え、日本の国際競争力の基盤を支えることにも貢献した。

図5.1 日本の10電力体制
出典：経済産業省　資源エネルギー庁「電力の小売全面自由化って何？」[2]をもとに作成

1　**10電力体制**　戦後の1951年、電気事業再編により、北海道・東北・東京・中部・関西・北陸・中国・四国・九州の各民営電力会社からなる9電力体制が確立した。1988年に民営化された沖縄電力を加え10電力体制となった。10電力体制は、発送配電の垂直統合、地域別の独占の特徴がある。2016年の小売全面自由化後においても、各地域の一般送配電事業者は、図5.1のエリア体制を維持している。

❷ 電力自由化の始まり

1980年代からの世界的な規制緩和の流れの中で、日本でも高コスト構造、国内の財・サービスの内外価格差の是正が課題となり、1995年4月に31年ぶりに電気事業法が大幅に改正され、電力自由化が段階的に始まった[1]。

1995年の第1次自由化では、電気事業者以外の卸供給事業者[2] の発電部門への新規参入が可能となり、以降は**図5.2**に示すように、新電力の特別高圧需要家(大規模な工場、商業施設、オフィスビルなど)への小売部門への参入(第2次自由化)、高圧需要家(中小規模工場や中小ビル)への小売部門への参入(第3次自由化、第4次自由化)を経て、2016年4月に、低圧需要家(家庭や小規模商店など)への小売部門への参入が可能となり、すべての需要家が電力会社および電気料金メニューを自由に選べるようになり全面自由化された。

また、2005年の第4次自由化では、電力取引市場の発端となる卸電力取引市場である日本卸電力取引所が本格運用を開始し、余剰電力などを市場に投入することが可能となった。電力取引市場の概要については1節2項③で解説する。

図5.2 電力自由化の進展
出典:経済産業省 資源エネルギー庁「電力の小売全面自由化って何?」[2]をもとに作成

ここで忘れてはならないのは、電力自由化が進む中の2002年6月に制定された「エネルギー政策基本法[3]」は、以下の3つのEの同時達成を目指し、その後の電気事業および電力システム構築における基盤となったことである。

---

2 **卸供給事業者** 独立系発電事業者(IPP:Independent Power Producer)。電力自由化後に、電気事業者以外の事業者が電力会社に電気を売る、電力卸売事業に新規参入した事業者のこと。

3 **エネルギー政策基本法** 日本では、国民生活や経済活動の基盤をなすエネルギーの大部分を海外に依存しているため、安定供給の確保が重要な課題であり、また地球温暖化等の環境問題への対応、規制改革を通じた効率的な供給など、エネルギー政策に対する新たな要請が強まり、制定された。

Energy Security(エネルギー安定供給の確保)

Environment(環境への適合)

Economy(市場原理の活用)

2 電力システム改革

❶ 電力システム改革の課題

　2005年の第4次自由化以後、電気料金は一定の低下を示したが、小売市場における新規参入者のシェアは、2013年度時点で自由化された需要の約4％に留まり、一般電気事業者(東京電力株式会社[4]などの大手電力会社)による地域を越えた競争も少なく、活発な市場競争とはいえない状況であった。

　さらに、2011年の東日本大震災および福島第一原子力発電所の事故を契機として、電力システムの抱える以下の課題が明らかになった。

①	原子力への依存度低下にともなう、分散型電源・再エネなどの多様な電源の活用。
②	既存の供給区域を超えた広域での系統運用や需給調整の必要性。
③	原子力停止にともなうコスト上昇に対して、競争の一層の促進による電気料金の最大限抑制。
④	家庭などの低圧需要家が、電力会社や料金メニューを自由に選択できる必要性。
⑤	ピーク需要に合わせた電源確保ではなく、需要側の資源を活用して、効率的な設備形成を図る必要性。

　このような課題に対し、地域独占的な電力供給の仕組みを見直し、さまざまな事業者の参入や競争、全国レベルでの供給力の活用、需要家の選択によるスマートな電力の使い方など、より柔軟なシステムにより、低廉かつ安定的な電力供給を進めることへの社会的要請が高まった。

　これを受けて、2013年4月に政府は、「電力システムに関する改革方針」を示した。その柱は、以下の通りである。

a	広域系統運用の拡大	課題①②⑤
b	小売および発電の全面自由化	課題①③④
c	法的分離の方式による送配電部門の中立性の一層の確保	課題③④⑤

　電力システム改革は、**図5.3**に示すように3段階で進められることになった。

4　**東京電力株式会社**　現、東京電力ホールディングス株式会社(以降、東京電力)。

図5.3 電力システム改革のステップ
出典：電力中央研究所　社会経済研究所　服部 徹「わが国の電力市場の全体像と設備形式
海外の経験を踏まえた展望」(2019) [3]をもとに作成

❷ 電力システムの段階的な改革

電力システム改革の第1段階として、電気事業法に基づき、2015年4月に「電力広域的運営推進機関(広域機関)」が設立された。広域機関は電源の広域的な運用に必要な送配電網の整備を進めるとともに、全国大で平常時・緊急時の需給調整機能を強化することを目的とする。

広域機関の業務は、平常時の各地域の送配電事業者による需給バランス・周波数調整に関する広域的な運用調整、各電気事業者の需給計画・系統計画の取りまとめ、需給逼迫時の地域間融通の指示などの対応、系統アクセス業務(接続検討の受付など)、系統に係るルールの策定、長期的に供給力不足が見込まれる場合の供給力確保の措置(電源入札)など、電力システムに関する重要な役割を担っている。

続く第2段階として、先に述べたように2016年4月に電力小売が全面自由化され、新電力のシェアは年々高まった。その結果、**図5.4**に示すように、2020年9月時点では全体のシェアは約19%、家庭などを含む低圧のシェアは約21%を占めるに至っている。

電力システム改革の第3段階として、ネットワーク部門の中立性・透明性を高めるため、2020年4月に電力会社の送配電部門が法的に分離(別会社化)された。

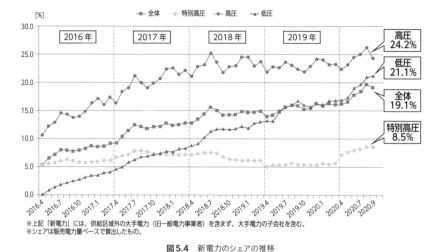

※上記「新電力」には、供給区域外の大手電力（旧一般電力事業者）を含まず、大手電力の子会社を含む。
※シェアは販売電力量ベースで算出したもの。

図5.4 新電力のシェアの推移
出典：経済産業省 資源エネルギー庁「電力・ガス小売全面自由化の進捗状況について」(2020) [4] をもとに作成

❸ 電力取引市場の整備

　電力システム改革では、需給調整や多様なサービスを可能にする市場や制度の整備、再生可能エネルギー主力電源化に向けた環境整備も進められた。

　2016年9月より、競争的な卸電力市場を実現するとともに、発電容量や非化石価値などを取引するための各種市場の整備に係る制度設計[5]が開始された。

図5.5 各制度(市場)の導入時期
出典：電気事業連合会「電気事業のデータベース」(2020) [5] をもとに作成

---

5 **制度設計** 将来必要となる電源設備の供給力 (kW) を効率的に確保するための容量市場や、非化石電源 (再エネや原子力など) に由来する電気の「非化石価値」を証書化し取引する非化石価値取引市場がある。

3 電気事業への新規参入を促す制度

　これまで説明してきた電力自由化を含む電力システム改革の進展により、電気事業者は大きく変容した。2016年の小売完全自由化に合わせて、**図5.6**に示すように電気事業者は発電事業者、送配電事業者、小売事業者の3つの事業者に大別された。これにともない、10電力会社による垂直一貫体制である一般電気事業者という区分がなくなった。

　2021年3月時点での発電事業者は953社、送配電事業者数は13社、小売事業者は713社である。小売事業者のうち、旧一般電気事業者(旧一電[6]:東京電力など10社)を除いたものが新電力である。

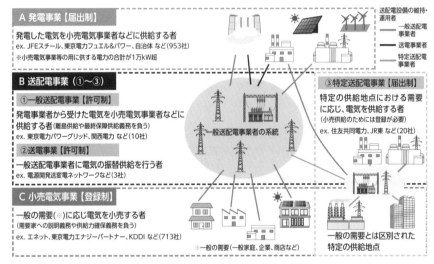

図5.6 電気事業者の3分類
出典：経済産業省　資源エネルギー庁「電気事業制度について」(2020)[6]をもとに作成

---

6 **旧一般電気事業者**　北海道電力株式会社、東北電力株式会社、東京電力、中部電力株式会社、北陸電力株式会社、関西電力株式会社、中国電力株式会社、四国電力株式会社、九州電力株式会社、沖縄電力株式会社の計10社。自由化前は、地域独占(供給義務)と発送配電の垂直一貫体制であったが、小売全面自由化により「一般電気事業者」は法律上廃止された。

5.2 カーボンニュートラル達成に向けた電力分野の取り組み

1 脱炭素化を目指す電力基本計画

❶日本の電源構成

1章3節2項で示した通り、「2050年カーボンニュートラルに伴うグリーン成長戦略」[7]の中では**図5.7**に示すように、電力部門では再エネの最大限の導入や、原子力、CO_2回収技術、水素・アンモニア発電の利用、非電力部門では電化を進めることで、脱炭素化を目指すことが掲げられている。

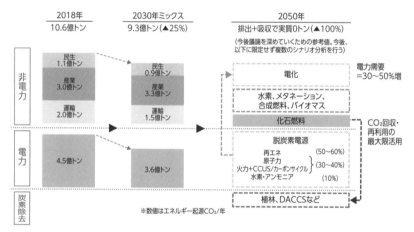

図5.7 2050年のカーボンニュートラルに向けたCO_2排出量参考目標値
出典：経済産業省「2050年カーボンニュートラルに伴うグリーン成長戦略」(2020)[7]をもとに作成

図5.8や**図5.9**に示すように、風力・太陽光・バイオマスなどの再エネである新エネの割合は、2016年から増加傾向にある。また、電源構成は各国で大きく異なっており、主要な国の電源構成は**図5.10**に示す通りとなっている。日本の電源構成は諸外国と比べ、再エネ比率が低く、また、原子力の比率も低い。

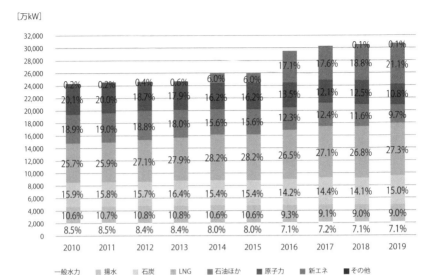

図5.8 電源別設備容量(kW)の推移

出典：経済産業省 「今冬の電力需給逼迫に係る検証について」(2021)[8]をもとに作成

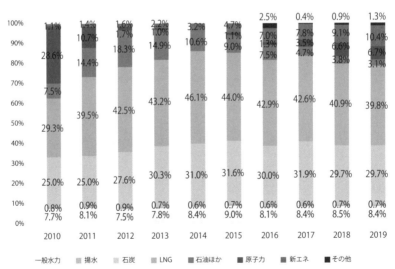

図5.9 電源別発電電力量(kWh)割合の推移

出典：経済産業省「今冬の電力需給逼迫に係る検証について」(2021)[8]をもとに作成

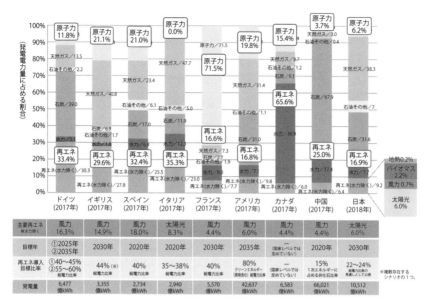

図5.10 電源構成の国際比較
出典：経済産業省「エネルギー政策の現状について」(2020)[9] をもとに作成

❷ 電力分野の行動計画

　沖縄を除く全国9つの電力会社によって、1952年に設立された電気事業連合会は、2016年2月に「電気事業低炭素社会協議会」(協議会)を設立した。協議会は、旧一般電気事業者(旧一電)に加え新電力[7]も会員であり、2021年4月1日時点で合計64社が会員となっている[10]。

　協議会において、地球温暖化問題に対する基本的な考え方として、「S：Safety(安全性)」を大前提とした「3E：Energy Security(エネルギーの安定供給)、Economic　Efficiency(経済効率性)、Environment(環境への適合)」の同時達成(「S＋3E」)を掲げており、最適なエネルギーミックスを追求するとともに、「供給側のエネルギー低炭素化」、「お客さま側のエネルギー利用の効率化」という需給両面での取り組みを推進している。

　また、協議会の設立前の2015年には、電気事業連合会関係12社としての取り組み方針・計画などをまとめた「電気事業低炭素社会協議会の低炭素社会実行計画」が策定され、自主的な温暖化対策に取り組んでいる。**表5.1**に示すような、

7　**新電力**　電力自由化後に、新規参入した小売電気事業者。協議会理事を例としてENEOS株式会社や大阪ガス株式会社などが該当する。

フェーズI(2013年度〜2020年度)[11]の取り組みの結果、**図5.11**に示すように、2019年度にかけてCO_2排出量およびCO_2排出係数[8]は毎年改善されている。

表5.1 低炭素社会実行計画の目標・行動計画

項目		概要
①目標	【フェーズI】2020年の削減目標	S+3Eの観点から最適なエネルギーミックスを追求
	【フェーズII】2030年の削減目標	S+3Eの観点から最適なエネルギーミックスを追求
		国全体の排出係数0.37kg-CO_2/kWh程度(2030年)
②主体間連携の強化		高効率電気機器などの普及や省エネ・省CO_2活動を通じた需要家のCO_2削減
		スマートメーター導入の完了
③国際貢献の推進		石炭火力設備診断
		途上国の低炭素化支援
		先進的かつ実現可能な電力技術の開発・導入
④革新的技術の開発		原子力利用のための技術開発
		環境負荷を低減する火力技術(A-USC[注1]、IGCC[注2]、CCS[注3]など)
		再生可能エネルギー大量導入への対応
		環境保全に資する技術開発

注1) A-USC　先進超々臨界圧火力発電：Advanced-Ultra Super Critical
注2) IGCC　石炭ガス化複合発電：Integrated coal Gasification Combined Cycle
注3) CCS　二酸化炭素回収・貯留：Carbon dioxide Capture and Storage

出典：電気事業低炭素社会協議会「低炭素社会実行計画」[11]をもとに作成

	2013年度※	2015年度（協議会設立）	2016年度	2017年度	2018年度	2019年度
販売電力量（億kWh）	8,703	8,314	8,340	8,285	8,036	7,764
CO_2排出量（億t-CO_2）	4.93	4.41	4.30	4.11	3.72	3.45
CO_2排出係数（kg-CO_2/kWh）	0.567	0.531	0.516	0.496	0.463	0.444

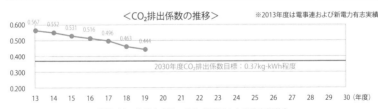

図5.11　協議会会員のCO_2排出量および排出係数[8]

出典：電気事業低炭素社会協議会「低炭素社会への取組みフォローアップ実績」(2020)[12]をもとに作成

8　**CO_2排出係数**　図5.11におけるCO_2排出係数とは、環境省の温室効果ガス排出量 算定・報告・公表制度に基づく、電気事業者別排出係数の「調整後排出係数」を指し、以下の通り算出する。調整後排出係数＝{基礎二酸化炭素排出量(t-CO_2) ＋ 再エネの固定価格買取制度に関連して二酸化炭素排出量を調整した量(t-CO_2) − GHG削減クレジットなどによりカーボン・オフセットした二酸化炭素排出量(t-CO_2)} ÷ 販売した電力量(kWh)で計算される値。

③ 脱炭素を実現するための目標・行動計画

「電気事業低炭素社会協議会の低炭素社会実行計画」フェーズⅡ (2021年度～2030年度)[11] においては、**表5.1**の通り、

①国内の企業活動における2030年の削減目標
②主体間連携[9]の強化
③国際貢献の推進
④革新的技術の開発

の4つの項目に対して、目標や行動計画が掲げられている。したがって、電力分野の取り組みは以下のように分類できる。

①電源側の取り組み	原子力発電の活用、再エネ電源の活用、火力発電の高効率化、環境負荷を低減する火力技術(A-USC、IGCC、CCSなど)の活用
②系統側の取り組み	再エネ大量導入への対応として、火力発電プラントの負荷追従性向上[10]、基幹・配電系統の安定化
③需要側の取り組み	高効率電気機器などの導入、電気使用の効率化

---

2 旧一電および電源開発、海外電気事業者の戦略・取り組み方針

次に、カーボンニュートラルの達成に向けた各社の取り組みを紹介する。

① 旧一電と電源開発の取り組み

旧一電10社の取り組みは、おおむね同様の方針であり、「①電源側の取り組み」として、安全を最優先とした原子力発電所の安定的・効率的な運用や、再エネの開発拡大・導入、火力発電所のゼロカーボン燃料(水素・アンモニアなど)を使用した発電への移行や高効率化が挙げられている。

次に、「②系統側の取り組み」として、系統制御技術の高度化や、送電容量の拡大、蓄電池・水素の利活用が挙げられている。最後に「③需要側の取り組み」として、電化・省エネの提案・推進や、エネルギーマネジメントの高度化、CO_2

---

9 **主体間連携** 消費者、顧客、従業員、地域住民などのさまざまな主体との連携を指す。
10 **負荷追従性** 需要家の電力消費量(負荷)は時々刻々と常に変動している。負荷の変化に対して、発電量を変化させて、電力需給の同時同量を達成する能力のこと。同時同量が大きく崩れると、安定的に電力を供給できなくなり、最悪の場合は広範囲の停電に至る。詳細は3節にて解説する。負荷追従を行うための火力発電の性能としては、立ち上げ時間が短いことや出力変化速度が速いこと、最低負荷が小さいことなどが重要。

フリーメニューの多様化が挙げられている。

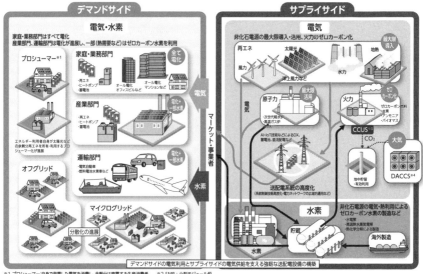

※1 プロシューマー:自身で発電した電気を消費し、余剰分は売電する生産消費者　　※2 SMR:小型モジュール炉
※3 CCUS:排ガスからCO₂を回収し、有効利用または地中などに貯留する技術　　※4 DACCS:大気中からCO₂を直接回収し、地中などに貯留する技術

図5.12　2050年のエネルギーシステム例
出典：関西電力株式会社「ゼロカーボンビジョン2050」(2021)[13]をもとに作成

表5.2　旧一電および電源開発の取り組み

発電側	系統側	供給側
・原子力発電所の運用 ・再エネの開発拡大・導入 ・水素混焼 ・アンモニア混焼 ・バイオマス混焼 ・火力発電所の効率化 ・CCUS技術の活用	・系統制御技術の高度化 ・蓄電池・水素の利活用 ・送電容量の拡大	・電化や省エネの提案・推進 ・エネルギーマネジメントの高度化 ・CO₂フリーメニューの多様化 ・温室効果ガスの削減

❷ヨーロッパの電気事業者の取り組み

　EC(欧州委員会：European Commission)は2020年3月に気候法案(Climate Law)を発表した。その中では、2050年カーボンニュートラルの法制化が提案されている。

　ドイツ、イギリス、フランスでの取り組みは**表5.3**の通りである。

表5.3 低炭素社会実行計画の目標・行動計画

	ドイツ	イギリス	フランス
主体事業者	・ドイツ連邦政府 ・電気事業者RWE (Rheinisch-Westfälisches Elektrizitätswerk AG)	・イギリス政府 ・電気事業者SSE (Scottish and Southern Energy)	・フランス政府 ・電気事業者EDF (Électricité de France)
発電側	・褐炭／石炭火力の縮小／廃止 ・再エネ比率向上 ・CCUS技術開発 ・バイオマス火力の活用 ・グリーンガス火力の活用	・原子力発電の競争力維持 ・洋上風力の拡大 ・石炭火力の廃止 ・CCUS／水素技術検討	・化石燃料の使用削減 ・再エネ比率向上 ・火力発電所の高効率化 ・原子力発電所の活用
系統側	蓄電池の活用	電力貯蔵	
供給側		・デマンドレスポンス ・EVを用いた需給調整	デジタルテクノロジーを駆使した省エネ

出典：海外電力調査会「欧州電気事業の最近の動向～カーボンニュートラル実現に向けた取り組み～」(2020)[14]を参考に作成

各国の指針として以下の中で、それぞれこの取り組みが挙げられている。

ドイツ	気候保護プログラム2030 (Klimaschutzprogramm 2030)	2019年9月採択
イギリス	クリーン成長戦略 (Clean Growth Strategy)	2017年12月制定
フランス	エネルギー移行法改正法 (Law n° 2019-1147 on Energy and the climate)	2019年11月制定
	エネルギー多年度計画 (PPE: Programmation Pluriannuelle de l'Energie)」	2020年4月制定

ドイツでは、2038年までに石炭火力発電所の廃止、イギリスでは、2025年までにCO_2削減対策なしの石炭火力発電所の廃止、フランスでは、2022年までに石炭火力発電所の廃止が決定している。

❸アメリカの電気事業者の取り組み

アメリカはトランプ政権でパリ協定から離脱したものの、バイデン政権で再びパリ協定に復帰した。トランプ政権がパリ協定から離脱した際に、ニューヨーク、カリフォルニアおよびワシントン州の各知事が共同議長を務める州政府の連合体「アメリカ気候同盟」を結成し、温暖化防止に向けた活動を積極的に進めていく方針を表明した。

アメリカ気候同盟の創立メンバーであるカリフォルニア州およびニューヨーク州における取り組みは**表5.4**の通りである。

表5.4 アメリカの電気事業者の取り組みまとめ

表5.4 アメリカの電気事業者の取り組みまとめ

	カリフォルニア州	ニューヨーク州
発電側	・再エネの拡大目標の前倒し	・石炭過料の廃止 ・再エネへの積極的投資 ・水力発電資産価値強化 ・火力発電所の高効率化
系統側	・SF6[11]の排出削減	・送電網の更新

出典：E3「Achieving Carbon Neutrality in California」(2020) [15]／ニューヨーク州「Governor Cuomo Announces Green New Deal Included in 2019 Executive Budget」(2019) [16] を参考に作成

---

11 **SF6** 六フッ化硫黄。優れた絶縁性能を持ち、ガス遮断器やガス絶縁開閉装置をはじめとする電力機器に広く用いられている。京都議定書で地球温暖化防止排出抑制対象ガスの1つに指定されている。

5.3 〉 再生可能エネルギーの電力系統連系の課題

1 再生可能エネルギーの特性：変動性再生可能エネルギー

　再エネには、出力が安定した水力発電、地熱発電、バイオマス発電などと、太陽光発電、風力発電などの出力が常に変動する変動性再生可能エネルギー(変動性再エネ／VRE：Variable Renewable Energy)の2種類がある。太陽光発電と風力発電の出力が変動する一例を**図5.13**に示す。

　本節では特に断わらない限り、再エネは出力が変動する変動性再エネを示す。

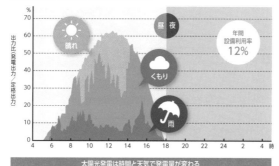

太陽光発電の出力変動例(夏季)
容量3.2kW・北緯34.4°、東経132.4°・方位角0°(真南)・傾斜角30°

太陽光発電は時間と天気で発電量が変わる

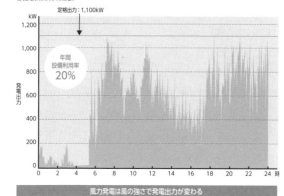

風力発電の出力変動例(冬季)
北海道電力(株)ほりかっぷ発電所

風力発電は風の強さで発電出力が変わる

図5.13　変動性再生可能エネルギーの出力変動
出典：中部電力株式会社「日本のエネルギー事情(エネルギーと原子力)」(2021)[17]をもとに作成

変動性再エネによる発電は、電力需要に対して、時間的ギャップと地域的ギャップがあることが特徴である。時間的ギャップは、**図5.13**に示すように太陽光発電は昼間しか発電できず夜間は出力ゼロとなり、夜間の電力需要は満たせない。このように、発電と需要の時間的ギャップを生じる。

地域的ギャップは、大型の太陽光発電所や風力発電所は、広い敷地の確保、風況条件などにより、大電力需要地である都市から遠隔な場所に建設されることが多く、送電線容量の制約や送電ロスを生じる。

2　変動性再生可能エネルギーを電力系統に連系した場合の影響

出力が安定した電源とは異なり、変動性再エネを電力系統に連系する際は、以下に示す電力品質に対する影響を考慮する必要がある。

①電圧
②周波数
③系統の安定性

電圧や周波数が不安定な場合は、

・電気製品が正常に動作しない
・照明がちらつく
・生産機械が正常に動作しない

などの影響を生じる。系統の安定性については5章4節4項の「課題3：電力系統の安定性の確保」で説明する。

電力系統への影響は、局所的影響と広域的影響の2つのケースがある。局所的影響は、配電線に太陽光発電が大量に連系された場合、**図5.14**に示すように通常の配電用変電所から片方向の電気の流れ（➡️）が、➡️で示すように逆向きに流れることにより電圧を適正範囲に保つことが難しくなる事例などがある。

電力系統では発電機の脱落や負荷の急増などにより、ある地点で発生した周波数変動は瞬時に系統全域に影響するため、周波数の影響は広域的問題となる。

【電圧上昇のイメージ】

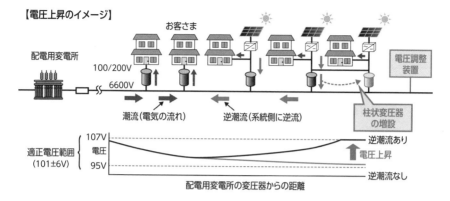

図5.14 太陽光発電による配電線の電圧上昇
出典：経済産業省　資源エネルギー庁「再生可能エネルギーを巡る現状と課題」(2014)[18]をもとに作成

3　再生可能エネルギーを電力系統へ大量導入する際の課題

　政府の2030年における再エネの導入目標は、22%〜24%(2021年3月現在)であり、検討が進められている第6次エネルギー基本計画の素案（2021年7月公開）では、2050年度のカーボンニュートラル達成に向けて約36〜38%程度とさらに高い導入目標が提示されている。

　政府が2020年12月に公表した「2050年カーボンニュートラルに伴うグリーン成長戦略」[19]では、再エネの導入目標について以下のように示している。

> 「全ての電力需要を100%再エネで賄うことは困難と考えることが現実的。多様な専門家間の意見を踏まえ、2050年には発電量の約50〜60%を再エネで賄うことを、議論を深めて行くに当たっての1つの参考値とし、今後の議論を進める。」

　表5.5に再エネを電力系統に大量に導入する際の課題を示す。①〜③は電力工学的課題、④は立地・自然制約の課題、⑤はコスト負担の課題である。

表5.5 再エネの電力系統への大量導入に際しての課題整理

課題	問題点
①再エネの送電容量の確保	再エネのポテンシャルの大きい地域(風力は北海道、東北など)と大規模需要地が離れているため、十分な送電容量が確保できない場合がある。再エネ導入量の拡大にともない、送電線の空き容量不足(系統制約)が顕在化してきた。
②再エネの出力変動への対応(調整力の確保)	電力の需要と供給は常にバランスを取る必要がある。現在は調整電源として火力・揚水に依存している。再エネの増加にともなう調整力が適切に確保できないと、再エネを出力制御する必要が生じて、再エネの事業収支への影響が懸念される。
③系統の安定性の確保(慣性力の確保)	電力系統の事故の際、周波数を維持して大規模停電を避けるためには、系統全体で一定の慣性力(火力発電所のタービンが回転し続ける力)の確保が必要である。太陽光・風力は慣性力を有していないため、その割合が増加すると、系統の安定性を維持できない可能性がある。
④自然・社会的制約	再エネは日射や風況などの気象や立地条件により、発電量が大きく左右される。太陽光は適地が少なくなっている。また、周辺の地域状況や環境規制など、景観・環境への配慮を含む地域調整が必要である。
⑤コスト負担	再エネの建設には、立地が限定されるとともに大規模な投資が必要である。FIT制度による太陽光発電の増加にともない、再エネ賦課金の負担が大きくなっている。コスト負担への社会的受容性をどのように考えるかの議論が必要である。

出典：経済産業省 資源エネルギー庁「今後の再生可能エネルギー政策について」(2021)[20]をもとに作成

5.4 > 再生可能エネルギーの大量導入への課題

1 日本の電力系統の基本構成

❶電力系統のエリア構成

　日本の電力系統[21～23]は、**図5.15**に示すように、10のエリアから構成されている[24]。

　静岡県の富士川と新潟県の糸魚川市を境に、東側の3エリア(北海道、東北、東京)の周波数は50Hz、西側の7エリア(中部、北陸、関西、中国、四国、九州、沖縄)の周波数は60Hz系統となっている。これは、1880年代から1890年代にかけての日本の電気事業の創設期において、東京電力の前身の東京電灯がドイツ製の50Hzの発電機を導入し、関西電力の前身の大阪電灯がアメリカ製の60Hzの発電機を導入したことに由来して周波数が統一されないまま現在に至っている。

　この10エリアは、旧一般電気事業者(東京電力など)および現在の一般送配電事業者(東京電力パワーグリッドなど)の事業エリアと一致している。

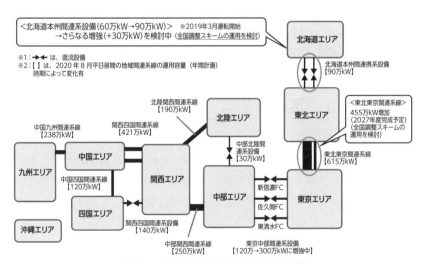

図5.15 日本の電力系統の基本構成と地域間連系線

出典：経済産業省　資源エネルギー庁「電力ネットワークの形成及び負担の在り方について」(2019)[25]をもとに作成

❷送電線の特徴

　電圧が高いほど大容量の電力を安定して送れるため、送電系統は、500kVの超々高圧送電線、275kVまたは220kVの超高圧送電線から構成される基幹系統を核として、電源立地、需要場所、地形的制約、系統の安定性などを考慮して構成されてきた。各エリアは**図5.15**に示すように隣接エリアと連系線にて繋がっているが、沖縄エリアは本土との連系線がない独立系統である。送電線は、基幹系統に加えて地域供給系統(154kV、77kV、66kV、33kV、22kVなど)がある。

　送電線は、電圧の昇圧および降圧が容易にできることから一般的には交流送電線を用いるが、北海道と東北エリアを結ぶ海底送電線などの長距離ケーブルを用いる場合などは直流送電線を用いる。これは、交流では、静電容量[12]および誘電体による損失が大きくなり効率が悪くなる、送電線両端の電圧位相差が大きくなり系統の安定性が低下するなどのため、直流送電線を用いる。ヨーロッパで急速に建設が進む洋上風力発電所にも直流送電線が多く採用されている。

　東京と中部エリアの異なる周波数の連系には周波数変換設備が用いられ、それぞれの周波数の電力を直流に変換したあと異なる周波数に変換する。

　日本の電力系統は、欧米と比較して以下の特徴がある。

①首都圏などの大需要地が密集
②火力・原子力の大型電源が沿岸に立地
③エリア間の連系線が弱い

2　課題1：再生可能エネルギーの送電容量の確保

　再エネは立地ポテンシャルの大きい地域(風力は北海道、東北など)と大規模需要地(首都圏など)が離れているため、十分な送電容量が確保できない場合には電力を需要地に送電することができない。再エネの導入量が少ない当初においては局所的な配電線レベルの問題であったが、FIT制度による再エネ導入の急速

12　**静電容量**　コンデンサのように絶縁された導体間に蓄えられる電荷量のことである。架空送電線と比べて、ケーブルは導体間の距離が小さく静電容量が大きい。長距離ケーブルは、同軸状のコンデンサと同じ構造で高い静電容量を持つ。交流の場合は、ケーブル(コンデンサ)を充電するため常時負荷電流を余計に流す必要があり大きな損失を生じる。一方、直流の場合は、ケーブル(コンデンサ)は最初の通電時のみ充電されるが、定常状態での追加電流は不要で静電容量による損失は極めて小さい。

な拡大にともない、送電線の空き容量不足(系統制約)が顕在化してきた。

再エネの送電容量を確保するためには、「既存系統の効率的活用」および「系統の増強(新設、増設)」の2つの方策がある。

❶送電線の空き容量の基本的な考え方

日本の送電線は2回線構成を標準としている。これは同じ送電線のルートに電圧が同じ送電線を2組敷設して、片方の送電線が事故などで使用できなくなった場合でももう片方の送電線で支障なく電力を送ることを可能とする「N-1(エヌ マイナス イチ)基準」とよばれる考え方に基づいており、日本だけでなく欧米など国際的にも広く採用されている考え方である。そのため、**図5.16**に示すように、常時の送電線稼働率は50%以下に設定される。

また、送電線には多種の電源が接続されており、すべての電源が最大の発電量となった場合でも送電線の容量に支障がないように運用している。そのため、実際の送電線の利用率は最大でも50%よりも小さくなる。さらに、送電線の利用の公平性や透明性を保つため、すべての電源に対して申し込み順に系統容量を確保する「先着優先」の考え方がとられてきた。

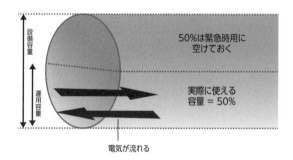

図5.16 2回線送電線の利用イメージ
出典:経済産業省 資源エネルギー庁「送電線「空き容量ゼロ」は本当に「ゼロ」なのか?
〜再エネ大量導入に向けた取り組み」(2017) [26] をもとに作成

❷日本版コネクト&マネージ:既存系統の効率的活用

送電線の建設には、多額の建設費用と長期間(再エネの既存系統へのアクセス線で5年間程度、基幹送電線の場合は10年間以上)が必要である。再エネの導入を短期間かつ低コストで実現するためには系統増強を減らす必要があり、ヨーロッパのコネクト&マネージの考え方を参考にして、**図5.17**に示す「日本版コネクト&マネージ」[27] [28] として既存の送電線を効率的に活用する仕組みが整備されてきた。

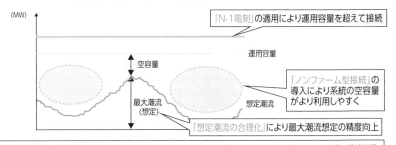

日本版コネクト&マネージの潮流イメージ

（MW）

「N-1電制」の適用により運用容量を超えて接続

運用容量

空容量

「ノンファーム型接続」の導入により系統の空容量がより利用しやすく

最大潮流
（想定）

想定潮流

「想定潮流の合理化」により最大潮流想定の精度向上

想定潮流の合理化：	エリア全体の需給バランス、長期休止電源や自然変動電源の均し効果などから電源の稼働の蓋然性評価等を実施。需要と出力の差が最大となる断面（最大潮流の断面）で評価することで生じる容量を活用。
N-1 電制：	系統の信頼性の観点から、N-1故障（単一設備故障）発生時でも、安定的に送電可能な容量を確保。故障時に瞬時に発電を制限（電源制限＝電制）することで、この容量を活用。
ノンファーム型接続：	系統に空きがあるときには発電することができる新たな電源接続の考え方。

図5.17 日本版コネクト&マネージによる送電線の効率的活用
出典：電力広域的運営推進機関「広域機関における「日本版コネクト&マネージ」の
検討について」（2018）[27]をもとに作成

すでに、想定潮流の合理化により約590万kWの空き容量の拡大、Ｎ－１電制により約4,040万kWの接続可能容量の拡大が確認された。[29]

さらに、送電線利用ルールの見直しとして、基幹送電線は先着優先からメリットオーダー[13]へ転換することを基本方針とし、2022年中にメリットオーダーで調整電源を活用する再給電方式[14]が開始予定である。

❸ 系統の増強

再エネの大量導入に対応するためには、既存系統の効率的活用に加えて、送電線の新設や送電容量の増加などがもっとも有効な手段の1つである。特に、地域エリア内の再エネポテンシャルと需要の乖離への対応として、地域エリア間の電力融通を行う連系線を増強する必要がある[30]。

図5.15で示したように、各エリア間の連系線の建設が進められている。2019年3月には、北海道と東北エリアを連系する海底送電線の容量が30万kW増強され、2021年4月には東京と中部エリアの異周波数の連系を行う送電線が90万kW増強された。北海道エリアは、2018年9月に北海道胆振東部地震により全域が停電するブラックアウトが発生したため連系線の増強が急務となっていた。

---

13 **メリットオーダー** さまざまな種類の発電所を追加で1kWhを発電するのに必要な限界費用の低いものから順番に並べたもの。太陽光や風力発電など燃料が不要なものは、限界費用が極めて低く優先順位が高くなる。

14 **再給電方式** 一般送配電会社の指令により、混雑している系統内の発電所の出力を制御し、制御した同量の電力を、送電できなかった先のエリアにおいて、別の発電所から再び給電する方式。

このような、全国大での広域連系系統の整備および更新に関する方向性を整理した長期方針として、電力広域的運営推進機関(広域機関)が広域系統長期方針の策定を進めている。さらに、広域機関は、電源のポテンシャルを考慮して計画的に対応する「プッシュ型」の考え方に基づき、広域系統長期方針や広域系統整備計画を合わせた「マスタープラン」[31]を策定することとなった。マスタープランは、日本の電力系統を、レジリエンスを強化しつつ、再エネの大量導入に対応した次世代型ネットワークへ転換させることをおもな目的としており、2022年度中の完成を目指している。これに合わせて、系統の増強費用を全国で支える仕組み(全国調整スキーム)を整備することとなった[29]。

3 課題2:再生可能エネルギーの出力変動への対応:調整力の確保

❶電力の需給バランス

電力系統では、**図5.18**に示すように常に発電された電力と需要を一致する必要がある。これが達成されないと周波数が変動し、電力供給を安定して行うことが不可能になる。

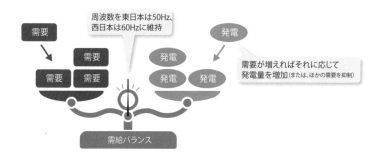

図5.18 電力の需給バランス
出典:経済産業省 資源エネルギー庁「2月13日、なぜ東京エリアで停電が起こったのか?
〜震源地からはなれたエリアが停電したワケ」(2021) [32] をもとに作成

❷需給バランスの制御方式

電力需要は、1日単位で見ても昼間と夜間の大きな変動に加えて、**図5.19**に示すように短時間でも変動する。この需要変動は、微少変動分、短周期成分、長周期成分の3つに分解することができ、それぞれをガバナフリー(GF)、負荷周波数制御(LFC)、経済負荷配分制御(EDC)により制御することで需要と供給を一致することができる。各制御方式の概要を**表5.6**に示す。

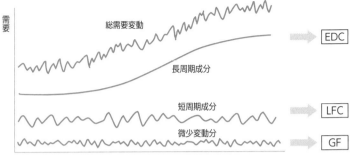

図5.19 電力需要の時間的変化
国立研究開発法人新エネルギー・産業技術総合開発機構(NEDO)
「再生可能エネルギー技術白書」[33]をもとに作成

表5.6 運転制御方式の概要

制御方式	対応時間	概要
ガバナフリー (GF：Governor-Free)	数秒以内	LFCで追従できない短時間の負荷変動に対応するため、発電機が回転数の変動を検知して調速機により発電出力を自動的に制御。
負荷周波数制御 (LFC：Load Frequency Control)	数分～十数分	需要予測が困難な負荷変動(数分から十数分程度)や需給ミスマッチへ対応するため、給電システムから自動的に発電出力を制御。
経済負荷配分制御 (EDC：Economic load Dispatching Control)	十数分～数時間	比較的長時間の負荷変動(十数分から数時間程度)に対応するため、給電指令所で、発電機の経済性を考慮して発電出力を制御。

国立研究開発法人新エネルギー・産業技術総合開発機構(NEDO)「再生可能エネルギー技術白書」[17]／
電力広域的運営推進機関「GFおよびLFC運用の現状について」[18]をもとに作成

　電力需要は刻一刻と変化するため、発電所の運転に際しては、需要変動に対する応答速度、発電機の機械的特性や経済性を考慮して最適な組み合わせを選定する必要がある。

　需給バランスのためのGF(ガバナフリー)およびLFC(負荷周波数制御)制御は、おもに火力発電所が担っている。なお、出力が安定して低コストの原子力および自流式水力は、一定出力のベース電源として運転する。

　再エネが系統に連系される以前は、発電所出力は給電所の指令に合わせた制御を行っていたが、出力の予測と制御が困難な太陽光や風力などの再エネを系統に大量連系するには固有の対策も必要となってきた。

❸再生可能エネルギー特有の制御方式：出力制御

　再エネの大量導入が進むと既存の調整力を活用しても安定した運用ができない場合が生じる。

図5.20は、太陽光の導入が急速に進んだ九州エリアの2018年5月3日(大型連休中は、工場の生産活動が停止するとともに空調の稼働が少ないため、1年のうちでももっとも需要が少ない時期)の電力需給を示す。日射条件が良い昼間は太陽光発電の比率が高くなり、12時の断面では再エネ比率が需要の9割を超えている。

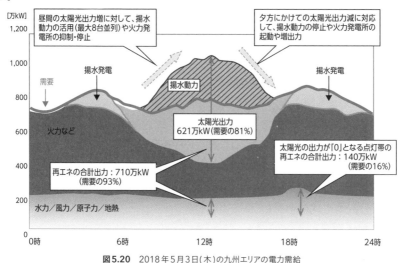

図5.20　2018年5月3日(木)の九州エリアの電力需給
出典：九州電力株式会社「再エネ出力制御に向けた対応状況について」(2018)[35]をもとに作成

　このように、供給力が電力需要を上回る状況となった場合には、あらかじめ定められた国の優先給電ルールにより、すべての火力発電所の出力を可能な限り下げるとともに、揚水発電所の活用による蓄電(Column4参照)、連系線を活用した他エリアへの送電などの運用上の対応を行うが、上記の対策を行っても、供給力が電力需要を上回る場合は、やむを得ず太陽光、風力発電の出力制御を実施する場合がある[35]。

　九州エリアでは、2019年度に再エネの出力制御は延べ74日実施された。出力制御は再エネ発電事業者の収益性を損なうので、出力制御の公平性を担保するためのルールが整備されている。

❹電力の3つの価値

　調整力に関係して、ここで電力の持つ3つの価値[36](特徴)を説明する。3つの価値とは、**表5.7**の通りである。

表5.7 電力の3つの価値

価値	概要
①電力量(kWh)	発電される電力エネルギーの合計
②容量(kW)	発電することができる能力
③調整力(ΔkW)	発電出力を負荷に合わせて調整する能力

❺需給調整市場の概要

調整力の確保のため、電力系統の運用者である一般送配電事業者は調整力を公募しているが、2021年4月に設立された需給調整市場の5つの分類の1つである三次調整力②の運用が送配電網協議会により開始された。

需給調整市場の概要を**図5.21**に示す。今後、5つの分類別に順次導入される予定である。需給調整を行う一般送配電事業者は、必要な電力の種別毎に各調整市場から調達(当面の間、調整力は公募との併用)する。

なお、電力取引市場は、調整力(ΔkW)を扱う需給調整市場に加えて、電力量(kWh)を扱う卸電力市場[15](JEPXが運営)、発電容量(kW)を扱う容量市場(広域機関が運用)から成り立っている。

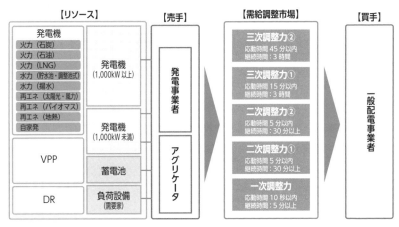

図5.21 需給調整市場の概要
出典:経済産業省　資源エネルギー庁「需給調整市場について」(2020)[37]をもとに作成

---

15 **卸電力市場**　発電事業者と小売事業者が電力(kWh)を取引する市場で、日本卸電力取引所(JEPX)が運営する。卸電力市場には、実需給の前日に取引を行う「前日市場(スポット市場)」、当日の発電不調や発電・需要調整の場として実需給の1時間前までに取引を行う「当日市場(時間前市場)」、将来の一定期間(1年間、1か月、1週間)に受け渡しを取引する「先渡市場」がある。

❻ 新たな調整力

電力需給の調整力として、これまで述べた供給側(発電側)の対応に加えて、需要側のさまざまなエネルギー資源(蓄電池、自家発電、EVなど)を活用し、IoT技術により発電所と同じような効果を発揮する取り組みが進んでいる。**表5.8**に事例を示す。今後は、このような需給一体の視点からの対応が一層求められる。

表5.8 新たな調整力

調整力	概要
DR(デマンドレスポンス)	需要家側の資源を制御することにより、電力需要パターンを変化させること。電気料金設定によるものとインセンティブ型の2つに区分がある。また、需要制御パターンにより、需要を減らす「下げDR」と需要を増やす「上げDR」の2つの区分がある。
VPP(バーチャルパワープラント)	需要家側のエネルギー資源、分散型発電設備、蓄電設備などを集約して制御することで、仮想的に大型発電所と同等の機能を提供するもの。

出典:経済産業省　資源エネルギー庁「VPP・DRとは」(2021)[38] ほかをもとに作成

4 | 課題3：電力系統の安定性の確保

❶ 慣性力と同期化力

電力系統を安定して運用するためには、「課題2」で述べた調整力の確保に加えて、系統の安定性を保つ必要がある[39][40]。

電力系統は交流で、日本では東地域が50Hz、西地域が60Hzに分かれている。各地域内では、火力・原子力・水力などの大型発電所に使われる同期発電機は、**図5.22**に示すように系統周波数に合わせた同じ回転速度で同期運転している。

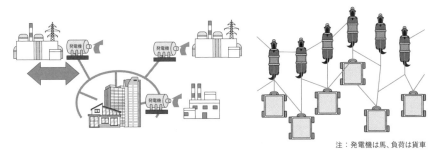

注：発電機は馬、負荷は貨車

図5.22 発電所の同期運転のイメージ
出典：一般財団法人 電力中央研究所「電力自由化時代の安定供給技術」[39] ／
一般社団法人　電気学会「電気学会誌」(1984)[40]をもとに作成

同期発電機は、タービンを回して得られる力学的エネルギー(Pm)を電気的エネルギー(Pe)に変換し、常時はPmとPeがバランスしている。電力系統に送電線の事故などにより擾乱が生じた際はPmとPeのバランスが崩れるが、同期発電機の回転体であるタービンは大きな慣性力(回転数を一定に維持しようとする力)を有しバランスを保とうとする。この同期運転のバランスを保つ力(同期化力)が各発電機に働き、電力系統はあたかも1つの大きな発電機と見なすことができる。

❷再生可能エネルギー特有の課題：慣性力・同期化力の不足

太陽光発電の出力は直流であるため、電力を直流から交流に変換するパワーコンディショナを介して系統に連系する。また、風力発電は小規模なものを除いて同期発電機を用いるが、風況により出力が変動するため、発電機出力をコンバータで交流を直流に変換したあと、インバータで直流から安定した交流に再変換して系統に連系する。

同期発電機を用いない再エネは非同期電源であり、慣性力がないため同期化力が働かず、大量に導入すると系統全体の安定性が低下する問題を生じる。

非同期電源の割合をどこまで高められるかについては、電力系統構成などにより異なるが、非同期電源の比率が50％を超えると大規模発電所が緊急停止(電源脱落)した場合に、慣性力不足から広範囲の停電リスクが増大する可能性があるとの分析[41][42]がある。

❸慣性力・同期化力不足への対策

非同期電源である再エネの導入を進めるため、以下に示す対策の検討が進められているが、現状は技術的にも制度的にも確立された状況にはない。経済産業省資源エネルギー庁、電力広域的運営推進機関、国立研究開発法人新エネルギー・産業技術総合開発機構(NEDO)、電力会社、メーカーなどにより鋭意検討が進められており、今後の成果が期待される。

従来からの対策	・同期調相器の設置 ・系統インピーダンスの減少
新たな制度・技術	・日本版グリッドコード(発電機を系統に連系する際のルール)の策定 ・変動性再エネ電源により同期発電機を動作して系統に連系 ・変動性再エネに疑似的な慣性力を持たせる ・蓄電池に疑似的な慣性力を持たせる

5.5 〉 再生可能エネルギー大量導入時代の電力システムの課題

本節では、地域の再エネの活用、エネルギーの地産地消などで注目を集めているエネルギーの自立・分散化について説明する。さらに、電力自由化および電力システム改革にともない電力システムが直面する課題を整理する。

1 電力システムの自立・分散化

従来の電力系統は、火力、原子力、水力などの大規模発電所の電力を送電線にて需要地に送り、典型的な規模の経済が働くシステムとして発展してきた。

FIT制度にともなう再エネなどの分散型電源の普及拡大により電力の流れは双方向に変化し、地域の再エネ(太陽光、風力、バイオマス、小水力、地熱など)の資源を活用してエネルギーの地産地消を目指す機運が、地方自治体および地域新電力により高まってきた。

このような動向を踏まえ、**図5.23**に「2050年の電力供給システムのイメージ」を示す。エネルギーの地産地消により電気料金の地域外へのキャッシュアウトを減少するとともに自立・分散化により大規模災害時のレジリエンス向上も期待される。

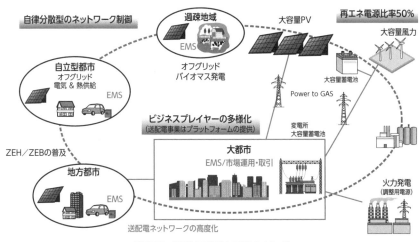

図5.23 2050年の電力システムのイメージ

電力システムを完全に自立・分散化した場合は、供給信頼度の低下を招く恐れもあり、電力系統からのバックアップ、災害時の対応をどのように行うかなどの課題もある。経済産業省が進めている「地域マイクログリッド構築支援事業」などにより、課題解決のための取り組みも進んでいる。

2 電力システム改革の進展にともなう課題

電力自由化から始まった一連の電力システム改革は現在も進行中であるが、それにともない課題も浮かび上がってきた[43]。以下に課題の事例を示す。

❶FIT制度の再生可能エネルギー賦課金による需要家の負担増

「再生可能エネルギーの固定価格買取制度(FIT制度)」は、再エネで発電した電気を、電力会社(一般送配電事業者)が一定価格で一定期間買い取ることを国が約束する制度で2012年7月に開始した。電力会社(一般送配電事業者)が買取る費用の一部は、すべての需要家が賦課金という形で負担する。

これにより、事業者は発電設備の建設費の回収見通しが立てやすくなり、再エネの普及が促進された。その反面、再エネ(特に太陽光)の普及が急速に進み、需要家が負担する賦課金は年々増加して、2019年度には合計2.4兆円に達した。一般家庭の電気料金では、1kWhあたり2.95円で電気料金の約11%を占め、平均的な家庭(毎月の平均電力が300kWhの場合)では年間約1万円の負担となっておりさらに負担は増加する見込みである[44]。

今後は、太陽光発電の自家消費拡大や買取価格が市場価格に連動するフィードインプレミアム（FIP：Feed in Premium)制度の導入など、賦課金を減らしつつ再エネ導入を促進する方策が求められる。

❷安定供給の確保

社会および経済を支える基盤インフラである電気事業において、安定供給の確保はもっとも重要な使命である。

電力システム改革においても、以下の3点が改革の柱となっている。

①安定供給の確保
②電気料金の最大限抑制
③需要家の選択肢や事業者の事業機会の拡大

②と③については、700社以上の新電力の出現により、需要家の料金・サービスの選択肢が広がるとともに電気料金も低下して一定の成果があった。

一方、①の安定供給の確保については、2021年1月に発生した全国的な需給逼迫により安定供給の確保が危機的な状況に陥った事例がある。

③2021年冬の電力需給逼迫

2020年の年末から2021年1月にかけて全国的に長期間にわたり寒波が到来して電力需要が急増したが、発電の供給力は火力のLNG燃料の不足、悪天候による太陽光発電の出力減少、原子力が2基しか稼働していなかったことなどから低下した[45]。電力の供給力不足は、1月上旬から中旬にかけて続き、1月12日には電気の使用率[16]が99%に達するエリアもあり需給が極めて厳しい綱渡りの状況になった。また、発電力の不足により電力取引市場価格の高騰が長期間続き、一時期、200円/kWhになるなど、市場への依存率が高い新電力は、経営に大きな打撃を与えた。

従来の電気事業者は、発電・送配電・小売の垂直統合型であるとともに地域独占であったため、需要予測、中長期的視点からの燃料確保、需給調整を一貫して行うことで高い供給信頼度を確保していた。

電力システム改革にともなう発電事業者、送配電事業者、小売事業者の事業者数の増加とともに、各事業者間の安定供給に関する情報格差、連携不足などが、今冬の発電量不足の原因となった。今回の特徴として、発電可能な発電設備(kW)は足りていたものの、燃料不足により主力であるLNG火力の稼働が抑制されて電力量(kWh)が不足したことが挙げられる。

④カーボンニュートラル達成に向けた電力システムの将来に向けて

これまで説明したように、再エネを大量に導入するためには、電力システム全体の柔軟性と強靭性、その手段として、バランスのとれた電源構成、送電系統の強化、需要側の対策が必要である。

調整力としての適切な発電設備および燃料の安定的確保とともに、電力系の新増設および安定性の確保などには膨大な設備投資が必要になるが、日本の送電系統は電力需要が急増した1970年代に建設されたものが約3割を占め、すでに建設から40〜50年間が経過し老朽化が進んでいる。大型台風の相次ぐ上陸など

---

16 **電気の使用率** 電気の供給力に対する需要の割合で、数値が高いほど発電余力が少ないことを示す。

甚大化する自然災害に対するレジリエンス強化の観点からも設備の適切な更新が必要である。

また、IoT・デジタル技術の飛躍的進歩により、電力系統の運用および設備の維持・管理も大きく変化しており、次世代の電力システムへの転換が不可欠になっている。

大型の発電所および送電線の建設には、計画から完成まで10年を超える時間が必要である。中長期的な視野に立ち必要な設備投資を行うためには、電気事業が健全で持続可能な発展を可能とする仕組みが必要である。一方では、電力自由化と電力システム改革の進展、人口減少による電力需要の減少などにより、電気事業者が中長期的な視野に立つ設備投資や電源の多様性を進めることが難しくなってきている。

必要な投資が確保できなくなれば、電力の供給信頼度が低下するとともに、再エネの導入が進まない懸念がある。

一度低下した供給信頼度を元に戻すことは容易ではない。今後の電力システムに関する制度設計においては、社会・経済の基盤インフラを支える電気事業者の健全な投資意欲を引き出す制度の工夫とともに、社会全体で電力の供給信頼度とそれに見合ったコストをどのように負担していくかの議論が求められる。

Column 4

役割が大きく変わった 揚水式水力発電

山中 俊幸

本編5章4節の3項「再生可能エネルギーの出力変動への対応：調整力の確保」として、再エネの出力変動への対応策に調整力の確保の重要性が述べられ、**図5.20**として需給バランスを保つため揚水式発電所の揚水動力を活用するグラフが示されている。揚水式発電の説明は第2章に記載の通りで、ここではイメージ図を紹介する。

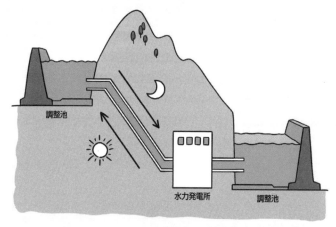

コラム図5.1
出典：電気事業連合会「発電のしくみ　揚水式水力発電」をもとに作成[46]

この揚水式発電、計画時と現在では運用が異なるケースが現れているのだが、その経緯について触れてみたい。

計画では、昼間の電力需要の多いときに左上の池から右下の池に向かって水が流れ落ち、中央の水力発電所で発電を行い、夜間はコスト的にメリットがある電力を使って右下の池に溜まった水を左上の池に揚げることを基本スタイルとした。このような方式が必要になった理由のひとつが年間負荷形状の先鋭化である。おもに夏場などの昼間、需要が極めて高い時間帯が発生する。電力を供給する側は、それだけの発電設備を用意しなければならないが、必要とされる時間は限られるため、設備利用率の観点から好ましくない。そこで需要がピークの時間に活躍する位置づけで揚水発電所が活用されるようになった。

年号が昭和の時代、電力需要は伸び続け、そして大規模な揚水式発電所が続々と運開した。発電設備全体に占める揚水の割合 (kW) は昭和50年代後半から10%程度を維持しているが、発電量 (kWh) でみると1%前後に過ぎず、重要な局面でピンポイント的に活躍していたことを物語る[47]。

　図5.20に戻ろう。このグラフからは、揚水式発電の発電が夜明け前と日没後に行われ、揚水が正午を中心にかなり長時間行われていることがわかる。計画時とは真逆である。

　特に九州エリアは太陽光発電の容量が大きいため、太陽光出力が大きくなり需要を超過する昼間は、需要の一環として揚水を行い、需給のバランスを保っている。このような役割は蓄電池でも可能ではある。2019年1月に公表された「日本における蓄電池システムとしての揚水発電のポテンシャルとコスト」(JST低炭素社会戦略センター)[48] などをもとに比較すると、総合的な効率では揚水式発電が70%程度に対し、NAS電池を例に取ると蓄電池が90%程度と蓄電池の方が優れている。入出力変化速度も蓄電池が速いが、蓄電の容量、設備耐用年、技術の成熟度、発電機慣性の面で揚水式発電が活躍している。

　夜間、安い電気で揚水し、ピーク時間帯に発電することを基本としていた揚水式発電は、コストメリットをもたらしていた電源の稼働が難しく、またピーク需要の伸びが期待できないこともあり、当初の目的とは異なり再エネ導入という新たな役割を期待されているといえる。

　呼応するかのように、国際水力発電協会が2020年11月、信頼性の高い蓄電システムとして揚水式発電を拡充するプロジェクトを立ち上げた。世界的な観点で揚水式発電の規模を2050年までに現在の2倍にするための具体的な推進策を議論することになっている。

第 6 章

水素エネルギーへの
期待と見通し

　二次エネルギーである水素はさまざまな一次エネルギー資源から製造でき、圧縮・液化などの状態変化や化学変化により輸送・貯蔵可能な状態・物質に変換できる。また、水素は電力に比べて大容量・長期間の貯蔵が容易である。

　したがって、水素は、さまざまな脱炭素の一次エネルギー資源と多様なエネルギー需要技術を結ぶ媒体として、エネルギーシステムのカーボンニュートラルの達成に寄与する。

　本章では、エネルギーシステムにおける水素の役割、水素の製造、輸送・貯蔵、利用について解説する。

6.1 〉水素エネルギーの特徴と現状

1 エネルギーキャリアとしての水素

❶水素の基本的な物性

　水素分子は、水素原子が2つ結合した状態で、気体の中でもっとも分子量の小さな気体である。水素原子は、地球上では、分子やほかの元素との化合物の状態で存在し、原子のままで存在することはあまりない。水素の密度は、温度273.15K(0℃)、圧力0.1013MPaA[1](常圧)において0.089860kg／m³である。水素の液化温度と密度は、常圧において20.368K(-252.8℃)、70.849kg／m³[2]である。水素は、燃焼しても水を生ずるのみでCO_2を発生せず、その燃焼熱は、119.83MJ／kg(低位発熱量基準)である。水素は、都市ガスの主成分であるメタンと比較して着火しやすい、燃焼範囲が広い、燃焼した場合の燃焼速度が大きい、という特徴があり、これらを踏まえて利用や安全対策が行われる。

❷カーボンニュートラルへの水素の貢献

　カーボンニュートラルへの水素の寄与を一言で表現すると、「水素が持つエネルギーの輸送・貯蔵の性質により、エネルギー分野、産業分野のさまざまな需要を直接・間接に脱炭素する」となる。

　カーボンニュートラルを目指し、エネルギー利用に起因するCO_2排出を削減するには、エネルギーのサプライチェーン全体で発生するCO_2を削減する必要がある。水素は利用時にCO_2を排出しないため、製造・輸送時にCO_2を排出しないようにすることによりサプライチェーン全体でCO_2を排出しないようにすることができる[3]。

　<u>図6.1</u>で示すように水素のサプライチェーンは、一次エネルギー、水素製造技術、貯蔵輸送技術、利用技術、輸送規模を組み合わせることで、新規なエネルギー

1　**MPaA**　Aは絶対圧力であることを示す。

2　**水素の物性値**　冷媒熱物性データベースREFPROPによる。

3　**CO_2の排出削減**　CO_2を利用して炭化水素系の合成燃料を製造・利用する場合を除く(**図6.15**も参照)。水素のサプライチェーンを構成する機器の製造・廃棄にともなうライフサイクルのCO_2排出を考慮することも必要であるが、社会全体のCO_2排出量が低下することでこのようなCO_2排出も低減できる。

のサプライチェーンを創出、または、現在のエネルギーのサプライチェーンを代替できる可能性がある。

　例えば、MW級の再生可能エネルギー(再エネ)電力と水電解、メタン合成、都市ガスパイプラインを組み合わせるとPower to gas (PtG)システムとなる。また、低炭素の一次エネルギー源(CCSを備えた褐炭ガス化)、液化水素による長距離輸送、日本での大規模利用を組み合わせると、オーストラリアから日本に水素を輸送するプロジェクトを実施している技術研究組合CO_2フリー水素サプライチェーン推進機構(HySTRA)が実証しているような、水素の国際輸送チェーンとなる(6章2節3項を参照)。

　カーボンニュートラルの目標にともなう水素への期待の高まりは、さまざまな分野を脱炭素できる多様性にも起因していると考えられる。一方、この多様性のため、技術オプションの組み合わせの自由度が高く、関係するステークホルダー(利害関係者)も多様であるため、水素導入を詳細に検討する場合は、すぐに導入ができる技術と社会実装までに時間が必要な技術を分けて考える必要がある。この点が水素に対する期待と不安が交錯している一因であると考えられる。本章では、水素のサプライチェーンの段階ごとにその特徴を解説し、続いて、サプライチェーン全体に影響する日本と世界の政策と取り組みについて解説する。

　なお、水素エネルギーという言葉について、水素は二次エネルギーで一次エネルギー資源から変換するため、水素エネルギーという言葉は適切ではないと指摘される場合もある。ここでは水素のサプライチェーンがエネルギーを輸送・貯蔵するエネルギーシステムであると考え、水素エネルギーという言葉を使うことにする。

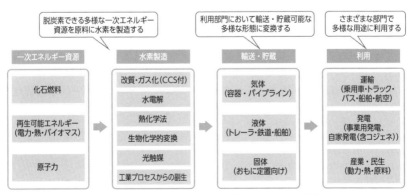

図6.1　水素サプライチェーンとそのカーボンニュートラルへの貢献

2 現在の水素の利用状況

　社会実装という観点では、水素はすでに産業部門で原料として大量に用いられている実績がある。**図6.2**では、目的生産のためのエネルギー需要は、Mtoe(百万石油換算トン)、水素は、重量(Mt、百万トン)で表されていることに留意されたい。また、石炭・石油・電力などの同量が損失しているように見えるが、この損失は、目的生産の投入エネルギーである天然ガス、石炭、石油、電力ほかの損失の合計である。

　現在、年間約1億2000万トンの水素需給がある。天然ガス、石炭が水素製造原料の大半を占めており、残りの40%は、食塩電解プロセスなどからの副生水素である(6章2節2項を参照)。需要の60%は石油精製とアンモニア用途であり、現状、石油精製を除くとエネルギー向け用途は極めて少ない。なお、アンモニア製造プラントでは、アンモニアの原料である水素を天然ガスから製造するため、現在のアンモニア向け水素需要の多くは、実質的には天然ガス需要である。

図6.2　世界の水素の製造・消費

出典：International Energy Agency(IEA)「The future of Hydrogen」(2019) [1] をもとに作成

6.2 > 水素の製造技術

1　水素エネルギーを生成する製造技術

❶ 多様な原料から製造できる水素

　図6.1でも示したように、水素は、石炭、石油、天然ガスなどの化石資源、水力、風力、太陽光などの再エネからの電力を用いた電気分解、発酵などによる生物化学的な水素製造、集光型の太陽熱や高温ガス炉という方式の原子炉からの熱を用いた熱化学法、太陽光と光触媒を用いて水を分解するなどさまざまな一次エネルギーから製造可能である。

　また、製品を生産する過程において、製品とは別に水素が発生する場合があり、これらを副生水素と呼んでいる。代表的な副生水素発生源は、水酸化ナトリウム(苛性ソーダ)の製造工程や、製鉄所のコークス製造工程である。副生水素の経済的な競争力は高い一方、副生品であるため、製造量は主製品の生産量に依存する。したがって、普及初期は、新規の設備導入が不要な副生水素や既存設備の設備利用率を上げるなどにより、水素を製造することが経済的に有効と考えられる。中長期的には、カーボンニュートラル達成の要求からCO_2排出量制約や水素需要の増大が見込まれ、CCSを備えた化石燃料由来の水素(ブルー水素とも呼ばれる)、再エネ由来の水素(グリーン水素とも呼ばれる)への移行が必要である(グリーン水素、ブルー水素については、本章Column5を参照)。

❷ 技術によって成熟度に差がある

　図6.3にさまざまな水素製造技術の成熟度評価(TRL：Technology Readiness Level)を示す。TRLは、アメリカ航空宇宙局(NASA)などが技術開発時に用いる指標として開発されたもので、実環境で利用できる技術レベルをTRL9として、TRL1〜9の9段階で表示することが多い。ここでは、普及も含めて11段階で整理した例を示している。

　天然ガスの水蒸気改質や石炭ガス化による水素製造は、成熟技術であるが、CCSを備えた場合は実証から普及初期という評価になっている。また、アルカリ水電解は、産業分野では成熟技術であるが、エネルギー向けには大型化や低コスト化が必要ということから普及初期という評価をしていると思われる。

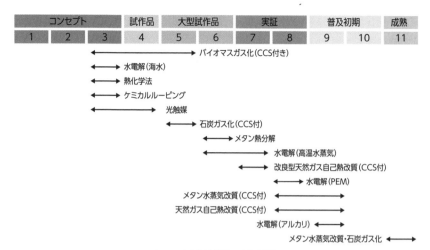

コンセプト			試作品	大型試作品		実証		普及初期		成熟
1	2	3	4	5	6	7	8	9	10	11

バイオマスガス化(CCS付き)

水電解(海水)

熱化学法

ケミカルルーピング

光触媒

石炭ガス化(CCS付)

メタン熱分解

水電解(高温水蒸気)

改良型天然ガス自己熱改質(CCS付)

水電解(PEM)

メタン水蒸気改質(CCS付)

天然ガス自己熱改質(CCS付)

水電解(アルカリ)

メタン水蒸気改質・石炭ガス化

図6.3 水素製造技術の成熟度評価

出典：International Energy Agency(IEA)「ETP Clean Energy Technology Guide」(2020)[2]をもとに作成

2 副生水素とは

本項では、副生水素の代表的な発生源である、水酸化ナトリウムの製造工程、製鉄所のコークス製造工程、製油所、石油化学の水素発生過程について解説する。

❶ソーダ電解で水素を製造する

水酸化ナトリウムおよびこれを原料に化学品を製造する産業をソーダ産業と呼ぶ。**図6.4** で示すように、食塩電解は食塩水から水酸化ナトリウムを製造する際に、水素ガス、塩素ガスが副生する。

食塩電解からの副生水素の量は、水酸化ナトリウムの生産量に依存するが、現状では国内で年産9万トン(10億m^3N／年)である。食塩電解の反応式は下記の通りである。

陽極　$2\,NaCl \rightarrow Cl_2 + 2Na^+ + 2e^-$

陰極　$2\,H_2O + 2e^- \rightarrow H_2 + 2OH^-$

全体　$2\,NaCl + 2\,H_2O \rightarrow 2\,NaOH + H_2 + Cl_2$

運転温度は85〜90℃であり、水酸化ナトリウム1トン当たり2,100kWhの電力が必要で、水素280m^3N、塩素0.89トンが副生する。この工程にて副生する水

素は、同伴する水分を除くと水素純度は、99.99％以上となり、高純度水素として出荷できる。

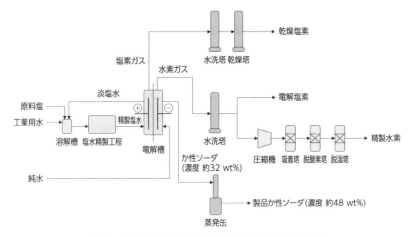

図6.4　食塩電解の副生水素を原料とする精製水素製造工程の概略
出典：水素・燃料電池ハンドブック編集委員会「水素・燃料電池ハンドブック」(2006)[3]をもとに作成

❷製鉄所で発生する副生水素

　製鉄所では、鉄鉱石を還元するためのコークスを製造する過程でコークス炉ガス(COG：Coke Oven Gas)が発生するが、水素を50〜60％程度含むので、副生水素として利用が可能である。コークスは、原料炭[4]を1000〜1200℃において乾留することで製造される。COGは、乾留時に発生する石炭中の揮発分由来のガスである。**表6.1**で示すように、COGの主成分は、水素、メタンであり、後段の需要技術に応じて精製が必要となる場合がある。

　現状では、COGは、共同火力などへ外販する分を除いて熱源、発電用燃料など製鉄所内で自家消費されており、さらに外販する場合には代替燃料を確保する必要がある。この他、高炉ガス(BFG：Blast Furnace Gas)、転炉ガス(LDG：Linz-Donawitz converter Gas)にも水素が含まれるが、水素の濃度や体積あたりの熱量はCOGよりも低い。国内製鉄所のCOG発生量と水素濃度、PSA[5]による回収を想定した製鉄所の副生水素発生量の推定値は、32.8億m³N／年となっている[4]。

4　**原料炭**　製鉄所で用いる石炭を原料炭、発電所で用いる石炭を一般炭と呼ぶ。
5　**PSA**　Pressure Swing Adsorptionの略、圧力スイング吸着法。ゼオライトなどの吸着剤は圧力が高いと気体の吸着量が増す性質を利用した水素精製装置。

表6.1　コークス炉ガスの組成

ガス種	水素 (H_2)	メタン (CH_4)	炭化炭素 (C_nH_m)	一酸化炭素 (CO)	二酸化炭素 (CO_2)	窒素 (N_2)
体積%	50〜60	25〜30	2〜4	5〜8	2〜5	3〜7

出典：一般社団法人水素エネルギー協会(HESS)「水素エネルギーの事典」(2019)[5]をもとに作成

❸製油所と石油化学産業で製造される水素

　製油所では、接触改質装置において、ナフサ[6]を環化脱水素[7]することで、芳香族に富むガソリン基材を製造する際に水素が副生する。一方、製油所では、脱硫や水素化分解のために水素を消費している。副生する水素量よりも水素消費量のほうが多いため、不足する分を天然ガス、LPGやオフガスから製造しており、製油所全体では、水素の需要家である。一般財団法人石油産業活性化センター[6]によれば、副生水素85億m³N／年、目的生産用の設備容量が104億m³N／年であり、一方、水素需要は、124億m³N／年であることから、目的生産用設備の水素製造余力が64億m³N／年あるとされている[8]。

　石油化学における副生水素は、ポリスチレンなどのプラスチックやゴム・塗料の原料となるスチレンモノマーを製造するためのエチルベンゼンの脱水素反応やエチレンなどの製造のためにナフサを熱分解した際に発生する。

　水素の純度は製造方法に依存し、また、需要側の設備により水素純度や不純物の種類や濃度が異なるため、必要に応じてメタネーション、CO_2回収(4章2節を参照)やPSAなどにより精製され、水素を使用する設備に送られる。ナフサの熱分解によるエチレンを1トン製造する場合の副生水素量は、321m³Nとされており、この値と設備能力、設備利用率、PSAでの回収を仮定し、エチレン生産による水素の副生量は、13.7億m³N／年と推定されている[4]。

3　化石燃料の改質とガス化によって水素を製造

❶天然ガス水蒸気改質で水素を製造

　化石燃料から水素を製造する方法のうち、代表的な技術は、天然ガスの水蒸気改質と石炭のガス化である。天然ガス(メタンが主成分)を原料に用いるものを

6　**ナフサ**　原油を分留して得られる沸点が30〜230℃の留分で、粗製ガソリンとも呼ばれる。

7　**環化脱水素**　ナフサなどに含まれるパラフィンなどから水素を抜くことで芳香族の化合物、例えばベンゼンやキシレンなどを製造すること。このための装置を接触改質装置と呼ぶ。

8　**水素消費量の数値**　製造能力、消費・余力の合計が一致しないのは、小数点以下の端数処理のためと考えられる。

水蒸気メタン改質(SMR：Steam Methane Reforming)と呼び、下式の反応で量論比において、メタン1molから水素4molが製造でき、1molのCO_2が生成される（**図6.5**）。

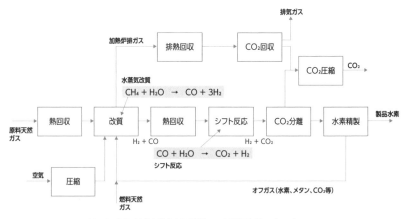

図6.5 CO_2回収を備えた天然ガスの水蒸気改質のブロックフロー
出典：National Energy technology Laboratories (NETL)「Assessment of Hydrogen Production with CO_2 Capture Volume 1: Baseline State-of-the-Art Plants」(2010) [7]をもとに作成

改質反応(吸熱)：$CH_4 + H_2O \rightarrow CO + 3H_2$
シフト反応(発熱)：$CO + H_2O \rightarrow CO_2 + H_2$

　この改質反応は吸熱反応で、800℃程度の温度が必要である。通常は製油所内の燃料ガスや原料の一部をバーナで燃焼して必要な熱量を供給している。反応上はメタンと水の比率は1：1であるが、実際には炭素の析出を防ぐためにメタン：水蒸気を1：3程度にしている。生じたCO に対してはさらに水と反応させ、水素とCO_2を得る。この反応はシフト反応と呼ばれる。製造された水素の純度を高めるために、PSAを用いることが多い。原料の天然ガスに含まれる硫黄分や都市ガスの付臭剤を除去するために、脱硫装置が設備の前段に設置されている。

❷石炭ガス化で水素を製造

　次に石炭ガス化による水素製造について述べる。瀝青炭[9]からの石炭ガス化は

9　**瀝青炭(れきせいたん)**　石炭化度の高い石炭で、コークスやボイラー燃料などとして用いられる。石炭化度の高い順に無煙炭、瀝青炭、亜瀝青炭、褐炭となる。石炭化度は石炭の原料になる植物が、どの程度炭化し石炭になっているかを示す度合い。

成熟した技術であり、アンモニアプラントなどの化学プラントにおいて合成ガス（COとH$_2$の混合ガス）や水素の製造のために利用されている。石炭ガス化の反応の過程では、石炭中の炭素とガス化剤である水蒸気、酸素が反応し、合成ガスが生成される。脱硫装置を経て合成ガスはシフト反応により水素濃度が増加し、その後CO$_2$を分離して、製品水素を得る（**図6.6**）。

　瀝青炭を用いた石炭ガス化技術は商用技術であるが、低い発熱量や高い水分含有率のため炭田近傍の発電所で用いられていた褐炭を利用するためのプロジェクトが進められている。川崎重工業株式会社などが参加する技術研究組合CO$_2$フリー水素サプライチェーン推進機構（HySTRA）では、オーストラリアにおいて褐炭処理量1t／d（乾燥炭ベース）、ガス化圧力2.5 MPaの実証機を2020年度から運転している[8]。

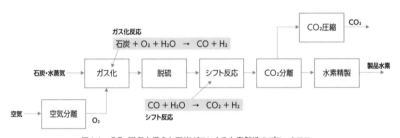

図6.6　CO$_2$回収を備えた石炭ガスによる水素製造のブロックフロー
出典：原田道昭他「石炭からの水素製造技術」(2010)[9]をもとに作成

4　水電解技術を利用した水素製造

❶ 水電解の仕組み

　水電解（水の電気分解）は、原理としてはよく知られており、商用技術としてはアルカリ水電解と固体高分子形（PEM: Polymer Electrolyte Membrane）水電解がある。電解槽は、電極と電解質（電解質が液体の場合は発生ガスが混合しないための隔壁）などから構成される。電極間に1.8V程度の電圧を加えると陽極、陰極にそれぞれ酸素と水素が発生する。製造された水素はドライヤーで水分が除去され、99％以上の純度で次の工程に送られる。必要に応じてさらに高純度化の処理を行う。

　図6.7で示すように、アルカリ水電解法は、水酸化カリウムなどの強アルカリ溶液を用いて水電解を行う。この技術は、水素製造法として工業分野で実績がある。PEM形水電解法は、電解質にスルホン酸基を持つフッ素系化合物の高分子膜（ナ

フィオン膜など）を用い、水電解を行う。オンサイトの水素供給向けに小型の装置が実用化されているが、近年1MW級の設備が実証事業で用いられている。**表6.2**で示す電解方式のほかに、高温でイオン電導性を持つセラミックを用いた高温水蒸気分解(SOEC：Solid Oxide Electrolysis Cell／固体酸化物型水電解)も開発が進められている。

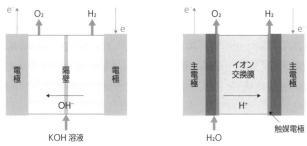

図6.7 アルカリ水電解及びPEM形水電解の概略図
国立研究開発法人新エネルギー・産業技術総合開発機構(NEDO)「水素エネルギー白書」(2015)[10]をもとに作成

表6.2 電解方式の概要

	アルカリ水電解	PEM形水電解
フィード	KOH溶液、NaOH溶液	純水
必要電力	4.5〜6.5 kWh／m³N	5.0〜6.0 kWh／m³N
システム規模	大型化可能(2MW／ユニット)	1MW／ユニット
水素純度 ※精製プロセス含む	99.99%	99.99%

国立研究開発法人新エネルギー・産業技術総合開発機構(NEDO)「水素エネルギー白書」(2015)[10]をもとに作成

アルカリ水電解とPEM形水電解設備の主要メーカーは以下の通りである。

表6.3 アルカリ水電解とPEM形水電解設備　主要メーカー

方式	企業	国名
アルカリ水電解	ハイドロジェニックス社(Hydrogenics) ※カミンズ社(Cummins)の一部門	カナダ
	ネル社(Nel)	ノルウェー
	ティッセン・クルップ社(ThyssenKrupp)	ドイツ
	旭化成株式会社	日本
PEM形水電解設備	ハイドロジェニックス社(Hydrogenics) ※カミンズ社(Cummins)の一部門	カナダ
	ネル社(Nel ASA) ※プロトン・オンサイト(Proton Onsite)を買収	ノルウェー
	シーメンス社(Siemens AG)	ドイツ
	ITMパワー社(ITM Power Plc)	イギリス
	株式会社神鋼環境ソリューション	日本
	日立造船株式会社	日本

単位水素製造量当たりの電力消費量は、開発による改善が見込まれている。FCH-JU [11] によると、スタック、変換損失、乾燥などが含まれて、99.4％の純度で出荷できる状態において、徐々に電力消費量が低減するとされている。現状では、中央値はアルカリ形で現状4.9 kWh／m³Nから2030年に4.5 kWh／m³N、と劇的な改善は見込まれていない。PEM形では、現状5.1 kWh／m³Nから2030年に4.2 kWh／m³Nと、現状はアルカリ形よりも原単位が高いものの、将来的にはアルカリ形を超える性能があると見込まれる。しかしながら、水電解の水素製造の消費電力の理論値は3.54kWh／m³Nであり、劇的な改善が期待できるわけではない。

5 熱化学法の反応で水素を製造

外部からの熱エネルギーのみで水を分解するには4000℃以上が必要であるといわれている。このために、高温の確保が必要であり、高温に耐えられる材料も限定される。また、生成物の水素と酸素の分離も課題である。熱による1段の水分解は上記のような課題が多くあるため、数段の化学反応に分割した熱化学サイクルを用いるのが熱化学法である。これまで数百のサイクルが提案されたが、本節で述べるISプロセス(Iodine Sulfurプロセス)のような硫黄系のサイクルが有望視されている。

ここでは、日本原子力研究開発機構(JAEA：Japan Atomic Energy Agency)で研究開発が行われているISプロセスについて述べる。本プロセスは、アメリカのジェネラル・アトミックス社(General Atomics)によって提案され、ISプロセスの名称は、サイクル物質の構成元素の頭文字から名付けられた。ISプロセスは下記の3つの反応（**表6.4**）を連成して行い、水を水素と酸素に分解する反応である。

表6.4 IS法の要素反応

反応式	反応温度	解説
$SO_2 + I_2 + 2H_2O \rightarrow 2HI + H_2SO_4$	100℃	水とヨウ素の混合物によって二酸化硫黄ガスを吸収し、ヨウ化水素と硫酸を得る反応(ブンゼン反応)
$2HI \rightarrow H_2 + I_2$	400〜500℃	ヨウ化水素の熱分解により水素を製造する反応
$H_2SO_4 \rightarrow H_2O + SO_2 + 0.5O_2$	800〜900℃	硫酸を分解し、酸素を製造する反応

反応式からわかるように水以外の硫黄およびヨウ素の化合物はプロセス内で繰り返し使用される。本プロセスは、すべての反応物質が気体または液体状態で取

り扱われる全流体プロセスであり、プロセス中で固体を用いるプロセスに比べて大規模化に適しているといわれている。

1997年に実験室規模で水素製造を実証して以来、現在は工業材料を用いた設備において、30L／hで連続150時間の水素製造に成功している。要素反応および反応生成物の分離方法に関する検討に加えて、硫酸やヨウ素などは腐食性が強く、大型プラントの装置材料には優れた耐食性が要求されるため、耐食材料についても工業材料を用いるなど材料面での研究開発が実施されている。

6 生物化学的変換プロセスを利用した水素製造

❶生物の発酵による水素製造

生物化学的変換プロセスは、生物の代謝を利用した水素製造法で、メタン発酵経由するもの[10]、水素発酵、光合成などがある。また、直接生物の代謝による水素製造ではなく、熱化学的変換に分類されるが、バイオマスを原料として高温のガス化反応により水素を製造する技術もある。

メタン発酵は、バイオマスを常温で嫌気的に発酵させ、メタンと二酸化炭素を主成分とするガスを得る生物化学的なプロセスである。水素を得るためにはメタンを水蒸気改質し、需要先の燃料仕様に応じて精製が必要である。原料は、下水汚泥、ビール工場排水、食品廃棄物、畜産排泄物である。この技術は、安価かつ容易なガス化技術であり、技術的には確立している。発酵時間がかかること、完全にはガス化処理ができず、ある程度有機物が残るため、残渣ならびに排水の処理コストを考えると経済的に成立しにくいことが課題である。

水素発酵は、バイオマスの常温における嫌気性発酵の条件を制御することによって水素とCO_2を主成分とするガスを得るプロセスである（**図6.8**）。原料は、パン工場廃棄物、砂糖工場廃棄物、その他食品廃棄物、下水汚泥、畜産排泄物などである。副生する有機酸の処理が必要である。水素発酵をメタン発酵の前処理として用い、水素-メタン二段発酵とするプロセスが検討されている。

---

10 **メタン発酵経由** 発酵で発生したメタンを改質して水素を得る方法。

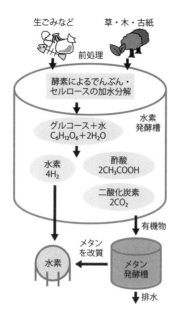

図6.8　水素発酵システムの概要

出典：一般社団法人水素エネルギー協会(HESS)「水素エネルギーの事典」(2019)[12]をもとに作成

❷光合成による水素製造

　光合成は、緑藻類やシアノバクテリアの代謝を利用して、水素を生産する方法である。シアノバクテリアの例を**図6.9**に示す。シアノバクテリアの一般的な大きさは1〜10マイクロメートルで、水素製造のための原料は、CO_2、無機塩類と光である。技術開発段階は、実験室における基礎研究である。

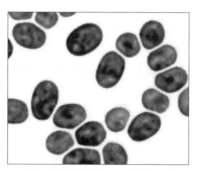

図6.9　水素を製造するシアノバクテリアの例

出典：Katharine Sanderson「Hydrogen production comes naturally to ocean microbe」(2010)[13]より転載

バイオマス高温ガス化技術は、バイオマスを800～1000℃に加熱し、熱化学的に分解、ガス化して合成ガスを得るもので、石炭ガス化技術と同様の技術である。原料は、木質バイオマス、草本系バイオマスが用いられる。合成ガスの精製などの後処理を経済的に行う技術の確立が求められる。

7　光触媒による水分解で水素を製造

光触媒による水分解は、酸化物や窒化物などの半導体を利用し、光によって水を直接分解する技術である（**図6.10**）。

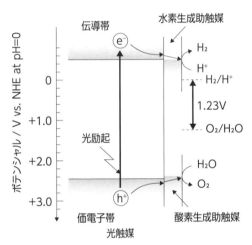

図6.10　光触媒による水の分解の原理

出典：久保田 純、堂免 一成「可視光応答型光触媒を用いた水の全分解による水素製造」(2012) [14]をもとに作成

固体の伝導帯の下端と価電子帯の上端のエネルギーの差であるバンドギャップ以上のエネルギーを持つ光を照射すると、価電子帯と伝導帯の間でバンド間遷移が起こり、光を吸収する。伝導帯下端には光励起された電子、価電子帯上端には生成した正孔が生じる。これらがそれぞれ水素と酸素を生成する。光触媒を用いて水を分解するには、バンドギャップのポテンシャルの上端と下端の間に水素生成、酸素精製のポテンシャルが含まれている必要がある。水を分解できる光触媒は、以下の**表6.5**のようなものがある。

表6.5 光触媒の種類

物質名	化学式
酸化チタン	TiO_2
六ニオブ酸カリウム	$K_4Nb_6O_{17}$
チタン酸カリウムランタン	$K_2La_2Ti_3O_{10}$
チタン酸ランタン	$La_2Ti_2O_7$
タンタル酸ナトリウム	$NaTaO_3$
酸窒化タンタル	$TaON$

　可視光利用を目指すのは、エネルギーの高い紫外光を利用しても、太陽光から水素へのエネルギー変換効率(水素／太陽光のエネルギー)は最大2%程度であり、より長波長のエネルギーも利用できるとその効率を向上できるためである。太陽光発電と水電解を組み合わせた効率($0.2 \times 0.75 = 0.15$)程度が、目指す効率のベンチマークの1つと考えられる。実用化に向けては効率向上に加えて、触媒寿命の増加や水素生成速度の増加といった技術的な観点に加えて、水素製造システムとしての経済性の確立などが求められる。

8 水素キャリアとしてのアンモニア

❶現在のアンモニア製造技術

　2050年にカーボンニュートラルを達成するためのグリーン成長戦略(6章5節1項参照)で大きく取り上げられたように、燃料や水素キャリアとしてのアンモニアに注目が集まっている。アンモニアが注目される理由は、化学品として国際貿易を含んだ製造から利用までのサプライチェーンが存在し、取り扱いの規制などが整備されているためである。さらに、サプライチェーンがあることにより、エネルギー向け需要の立ち上がり時期の初期投資を抑えられる点も魅力があると考えられる。

　アンモニアは水素そのものではないが、合成に水素を必要とするため、ここで解説する。

　アンモニアの合成反応式は、以下の式で表される[15]。窒素0.5分子と水素1.5分子からアンモニア1分子が生成される発熱反応である。

$$0.5N_2 + 1.5H_2 \Leftrightarrow NH_3 \quad \Delta H_{298} = -46.22 \text{ kJ／mol (発熱反応)}$$

現在、アンモニアはおもに天然ガスを改質した水素から製造されている。**図6.11** で示すように、水素製造は天然ガスの水蒸気改質と同様だが（6章2節3項参照）、後段のアンモニア合成に必要な窒素を供給するため、アンモニア合成反応器に入る際に水素／窒素比が3：1になるように空気を導入して改質が行われる。

アンモニア合成工程では、水素と窒素の混合ガスは、圧縮機によって昇圧され、鉄系触媒を充填した反応器によって10〜20MPa、350〜500℃の高温・高圧下で反応（ハーバーボッシュ法と呼ぶ）が進む。1回の反応の収率が低いため、反応器の出口では、アンモニア、水素、窒素などが混合した状態である。冷凍機において、反応生成物のアンモニアは冷却・液化され分離される。未反応のガスはリサイクルガスとして再びアンモニア合成工程に送られる。CO_2 除去工程の後、残留した一酸化炭素(CO)、CO_2 などがアンモニア合成触媒の性能を劣化させるため、メタネーション工程でメタンに変換する。空気中のアルゴンやメタネーション工程で生成されたメタンは反応に寄与しない成分であり、系内に蓄積するため、リサイクルガスの一部を系外に取り出してメタンの蓄積を防いでいる。この工程をパージと呼ぶ。パージガスにはメタンや水素の燃料成分が含まれるため、燃焼による熱回収や、水素分離膜による水素回収(例：エア・プロダクツ社(Air products)の PRISM membrane)が行われる。

図6.11 アンモニア合成プラントのブロックフロー

❷ アンモニア製造技術の今後の方向性

アンモニア製造技術開発の今後の方向性は、再エネの利用と低圧・低温化である。また、アンモニア製造能力あたりの投資額を低減するための大型化について述べる。

アンモニアの原料である水素が過去、水力発電による電力を用いて製造されていたことから、アンモニア合成における再エネの利用は、実績のある技術である。一方、太陽光や風力など、変動する電力を用いて水素を製造する場合は、水素製造量が時間とともに変動する。一般に化学プラントは、反応の制御や経済性の観点から定常的な運転が望ましいとされ、電力の変動対策が必要となる。変動を緩和し、水素を安定して製造・供給するためには、水電解における系統電力の併用、蓄電池や水素のバッファータンクを用いることが考えられる。ノルウェーの肥料

製造会社であるヤラ・インターナショナル社 (YARA International) は、西オーストラリアのピルバラ (Pilbara) の工場において、太陽光発電電力を用いて製造した水素をアンモニア合成の原料の一部とするプロジェクトを実施している。

アンモニア合成反応を低圧化・低温化することは、配管などの薄肉化や利用可能材料が広がることから、プラントの建設費が安価となることが期待されている。アンモニア合成は、発熱反応であるため温度を下げると平衡はアンモニア生成側へ移動する。しかし、化学反応速度論的にはアンモニアの生成速度が小さくなり、1回の反応でのアンモニア生成量が小さくなることでリサイクルガスの分量が増加し、コンプレッサーの動力が増加する。また、低圧化することでガスの体積が増え、プラントの体積が大きくなると設備費が増加する可能性がある。アンモニアの小口配送のコストは比較的高いため、小規模分散型のプラントを需要地近くに設置することで大規模集中型のプラントと比べて配送コストを安価にすることができる。このように、アンモニア合成の低温低圧化を狙う場合は、小規模分散型のプラントとして、小型化による設備費のスケールデメリットを材料の選択や配送コストの低下などによるコスト低減と組み合わせて、総合的に経済性的な競争力を得る方策をとると考えられる。

一般的なアンモニア合成プラントの製造能力は 1,200〜2,000t／d である。アンモニア合成プラントの大型化については、アンモニア合成プラントのライセンサー 3 社 (ハルダ・トプソ社、KBR社、ティッセン・クルップ社) が各社の技術に基づく 5,000〜6,000t／d のプラントをそれぞれ提案している。

Column 5 | 水素にはいろいろな色がある

石本 祐樹

　水素に色をつける検討が各国・地域で進められている。もちろん気体の水素に着色しようとしているのではなく、制度上の話題である。**コラム表6.1**に、文献やヨーロッパで低炭素水素を定義しているCertifHyの色分けを参考に作成した水素の色分けの例を示す。グリーン、ブルー、グレーまでは、水素に携わる者はよく目にする色分けであるが、それ以外にもさまざまな色がある。表によると水素の色は、使用する一次エネルギー資源と水素製造技術の組み合わせでおおむね決まっているようである。

コラム表6.1　水素の色分けの例

水素の色	一次エネルギー資源	水素製造技術
グリーン	再生可能エネルギー	電力の場合は水電解、バイオマスの場合はガス化・発酵、熱の場合は熱化学法など
ブルー	化石燃料	CCSを用いた改質・ガス化技術
グレー／ブラック	化石燃料	CCSを用いない改質・ガス化技術
ターコイズ	メタン	熱分解（固体炭素を生成し、CO_2は発生しない）
イエロー	系統電力	水電解（CO_2排出量は系統電力の電源ミックスに依存する）
ホワイト	化石燃料を用いることが多い	工業プロセスによる副生
ピンク／レッド	原子力	水電解または熱化学法
ブラウン	石炭	ガス化技術

出典：The North American Council for Freight Efficiency [16]、CertifHy [17]をもとに作成

　水素の色分けの意図は、特定の原料や製造法の水素を市場で優遇もしくは排斥するためと考えられる。現在、色分けは、CertifHyのように、水素製造あたりのCO_2排出量で行われることが多い。しかし、CO_2排出を計上する範囲と閾値には任意性があり、それぞれの水素製造技術の評価や普及におよぼす影響を注視することが重要である。

　水素をCO_2排出量削減のために利用する場合、CO_2排出量を尺度とした水素の色による評価は、水素普及を促す方策の第一歩として評価できる。しかし、評価指標は、環境性、経済性、社会性をバランスよく含む必要があり、水素の「よさ」をCO_2排出量に基づく色だけで評価するのはミスリードの可能性がある。

　水素を含んだエネルギー利用技術全体について、温室効果ガスの排出量やその他の環境負荷を含む環境性、経済性、労働や健康といった社会性を含む総合的な評価が求められる。

6.3 〉 水素を貯蔵・輸送する技術

　水素の輸送・貯蔵技術は、輸送距離や経路、輸送・貯蔵量、貯蔵期間、輸送先の需要技術により、適切な選択を行う必要がある。

　図6.12で示す輸送範囲は、輸送方法の特性や経済性を考慮しているが、条件によっては、範囲外での適用も可能な場合もあろう。陸上では、トラック、鉄道、パイプラインによる輸送が、海上では、船舶(内航船、外航船)とパイプラインによる輸送が可能である。一般財団法人エネルギー総合工学研究所の分析[18]によれば、輸送距離の増加とともに経済的な輸送手段が、トレーラー、鉄道、船舶の順に変化していく結果を得ている。

　トレーラーと鉄道では、圧縮水素、液体の水素キャリアの輸送が可能であり、トレーラーでは非常に近い距離から数百キロメートルまでの輸送に適している。鉄道は、約100kmから約1,000km程度、陸上のパイプラインは、都市内の配送から国家間の長距離輸送までをカバーできる。海上輸送の場合、国内の港の間を輸送する内航船から、海外と日本の港の間を航行する外航船まで数百kmから10,000km超までの輸送が可能である。

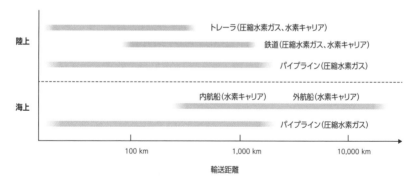

図6.12　モード別の水素および水素キャリアの輸送範囲

　次に水素を輸送・貯蔵するための媒体の特性について述べる。まず、輸送・貯蔵技術の関係を把握するために、あらためて**図6.13**（**図4.18再掲**）の「各種物質のエネルギー密度」を参照されたい。

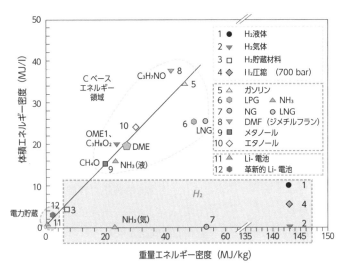

図6.13 各種物質のエネルギー密度
出典：Gabriele Centi et al.「CO₂-based energy vectors for the storage of solar energy」(2011)[19]を
もとに作成

　図の右上の領域は、重量密度も質量密度も高く、燃料として優れている領域である。左上の領域は、体積エネルギー密度は高いが重量エネルギー密度が低く、同じエネルギーを得るには「比較的重い」燃料である。右下の領域は体積エネルギー密度が低く、重量エネルギー密度が高い同じエネルギーを得るにはかさばる「比較的軽い、かさ高い」燃料である。水素の例では、700気圧の水素に比べ液化水素は2倍弱の体積密度を持ち、液化することで体積密度が向上することがわかる。燃料としての取り扱いを考慮するとエネルギー密度だけではなく、その物質の状態、温度、圧力やタンクなどの重量も考慮する必要がある。

1 | 高圧ガスにして輸送・貯蔵する技術

❶鋼製容器に水素を貯槽して輸送・貯蔵

　水素ガスを圧縮して耐圧の容器に貯槽して輸送・貯蔵を行う技術である。**表6.6**に示すように高圧水素の輸送方式は、単体容器、集合容器(カードル)、トレーラーなどがある。単体容器では、クロムモリブデン鋼などを用いた継ぎ目無し容器が一般的に用いられている。

　集合容器は、単体容器を10〜30本フレームに固定したもので、単体容器に比べより多くの水素が供給できる。複数の単体容器をまとめて取り扱える利点があ

る一方、重量があるため防爆仕様の受け入れ設備・機器(クレーンなど)が必要になる。さらに輸送容量が増える場合は、トレーラーやローダが用いられる。トレーラーは、複数の長尺容器とフレームが車両に固定されており、トラクタ(牽引車)によって牽引される。供給先では、トレーラーを切り離して納入する。以上の容器はすべて鋼製が主流であり、成熟した輸送方法ではあるものの輸送重量のうち水素の割合は数%に過ぎない。複合容器（後述）を用いた45MPaで水素を輸送できるトレーラーも開発されており、軽量化による輸送効率向上と複合材料容器そのものの低コスト化が課題である。

表6.6 圧縮水素の容器の例

名称	輸送容量	説明	
単体容器 (ボンベ)	$7 \sim 10 m^3 N$	鋼製の継ぎ目なしの容器	
集合容器 (カードル)	$70 \sim 300 m^3 N$	10〜30 本をフレームに固定したもの	
トレーラー	$2,000 \sim$ $3,200 \ m^3 N$	複数の長尺容器とフレームが車両に固定されており、トラクタ(牽引車)によって牽引される	

出典：岩谷産業株式会社「水素エネルギーハンドブック第6版」(2020)[20] をもとに作成

❷複合容器に水素を貯蔵して輸送

　水素の貯蔵容器には、ガスの閉じ込めと耐圧の2つの機能を1つの材料で担保する継ぎ目なし容器と、ガスの閉じ込めは金属または樹脂製のライナーによって、耐圧を炭素繊維強化プラスチック(CFRP：Carbon Fiber Reinforced Plastic)によって担保する複合容器の2種類に大きく分けられる。材料やCFRPの巻き方による水素貯蔵容器の分類を**図6.14**に示す。燃料電池自動車(FCV: Fuel Cell Vehicle もしくは FCEV:Fuel Cell Electric Vehicle)など車載容器は軽量であることが優先されるため、Type3, 4の容器が用いられる。水素ステーション用の貯蔵容器は、車載用に比べて重量に対する要求が厳しくないため、当初はType 1の容器を用いる例が多かったが、現在では技術開発や規制の適正化が進み、スペースや貯蔵量などから容器の種類が選択される。また、初期投資や検査費用などの費用面や運用面も容器の選択の際に考慮される。

Type1 容器：金属ライナー

Type2 容器：金属ライナー ＋ CFRP（フープラップ）

Type3 容器：金属ライナー ＋ CFRP（フルラップ）

Type4 容器：樹脂製ライナー ＋ CFRP（フルラップ）

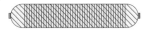

図6.14 水素貯蔵容器の分類
国立研究開発法人新エネルギー・産業技術総合開発機構(NEDO)ニュースリリース(2015)[21]をもとに作成

2 輸送するための水素キャリア技術

　一般に物質を大量に輸送する場合、重量密度や体積密度の高い状態で輸送する方が経済的である。水素を輸送する場合、圧縮することが簡便であるが、高い圧力では、気体の性質が理想気体から外れていくため、圧力の増加分ほど密度が増加しなくなる。また、圧力に耐えるため、タンクの肉厚が増加し、輸送の効率は徐々に低下する。そこで、水素の密度を高め、移送などのハンドリングが容易になるなどの利点があるため、水素を冷却や化学反応により液体にする輸送方法が開発された。このような水素を輸送するための担体を水素キャリアと呼ぶ。

　一方、液化や化学反応のための電力や熱の供給、設備が必要となり、用いる水素キャリアによって輸送システムの特性は異なる。現在液体の水素キャリアとして研究や実証が進められているのは、**表6.7**で示すように、液化水素、メチルシクロヘキサン(MCH)などの有機ハイドライド、アンモニア、メタン(合成メタン)などである。液化水素やアンモニアは、おもに産業分野でローリーやトレーラーによる輸送が商業ベースで用いられている。そのほかメタノールやDME(ジメチルエーテル)、ギ酸などさまざまな物質が水素キャリアとして考えられている。

　メタンのようにCO_2を原料とする水素キャリアを用いる場合、CO_2排出削減のためには、一度、火力発電で排出され回収したCO_2や、バイオマス由来、大気などから回収されたCO_2を原料として用いる必要があり、大量の原料CO_2を調達することが必要となる。また、**図6.15**で示すように、大気へのCO_2の収支を評価するには、原料の水素がカーボンニュートラルであることに加え、利用後のCO_2をどのように処理するかを考慮する必要がある。

表6.7 代表的な水素キャリアの特徴

物質	性質	実績	技術課題	開発動向
液化水素 H——H	・重量当たりエネルギー密度が高く、高純度水素が供給可能	・産業用の水素の配送やロケット燃料としての利用の実績	・液化機の大型化や高断熱の貯蔵タンク、タンカーの開発、低コスト化が必要 ・一般的に大型化により能力あたりのコストは低下する	・技術研究組合 CO₂フリー水素サプライチェーン推進機構(HySTRA)の実証事業にて、2021年度にオーストラリアで製造した液化水素が日本へ到着見込み
有機ハイドライド(メチルシクロヘキサン)	・常温、常圧で液体で、貯蔵・輸送に既存の石油インフラが使用可能	・トルエンなどの芳香族化合物に水素を添加してメチルシクロヘキサンなどを製造するプロセスは商業的に確立	・脱水素プロセスが吸熱反応のため、低反応温度化、安価な熱源の探索	・次世代水素エネルギーチェーン技術研究組合(AHEAD)がブルネイで製造したメチルシクロヘキサン(MCH)をコンテナ船に積載して日本へ輸送、脱水素して製油所内の発電所で利用する実証事業を実施
アンモニア H N H H	・毒性があるが、化学物質として管理されたプラント内では取り扱いの手段確立	・さまざまな化学品の原料となる国際貿易されている基礎化学品 ・製造から輸送までの大きな技術的課題はない	・吸熱反応で分解して水素を取りだす際の効率低下やコスト上昇 ・アンモニア分解炉の大型化 ・アンモニア燃焼器など直接利用技術の開発	・大量の需要が見込める分野として、株式会社JERAが石炭火力への混焼を発表 ・海外では再生可能エネルギー由来のアンモニア製造プロジェクトが計画
メタン H H H H	・CO₂と水素からサバティエ反応で合成	・天然ガスの主成分であり、既存インフラや機器で利用できる	・CO₂の調達、メタネーション技術の大型化、制度設計などが課題	・国内で国際石油開発帝石株式会社(INPEX)などが実証試験を実施

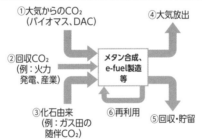

		原料CO₂		
		①大気からのCO₂ (例:バイオマス、DAC)	②回収CO₂ (例:火力発電、産業からのCO₂)	③化石由来 (例:ガス田の随伴CO₂)
利用後のCO₂処理	④大気放出	ニュートラル	ポジティブ(回収CO₂の供給側がCO₂排出しないとする場合)	ポジティブ
	⑤回収・貯留	ネガティブ	ニュートラル(回収CO₂の供給側がCO₂排出しないとする場合)	ニュートラル
	⑥再利用	ネガティブ(以降、再利用を続ける分はニュートラル)	ニュートラル	ニュートラル

図6.15 CO₂を原料とする水素キャリアの原料CO₂と利用後のCO₂処理方法による大気へのCO₂収支の考え方

図6.16に水素キャリアの経済性評価の例を示す。おもな分析条件は、日本への輸入水素量、25億m³N／年、設備利用率、90％、輸送距離、10,000km、日本側貯蔵日数を使用量の36日分、プラント寿命、30年、割引率、5％、2030年時点を想定している。図に示すように日本輸送時の水素コストに大きな差はなく、キャリアそれぞれにコストに寄与する部分が異なる。そのため、**表6.6**の技術課題に示したように、重点的にコスト低減を検討する技術分野が異なることがわかる。また、**図6.16**では、海外で製造する水素は、約9円／m³Nと安価な水準を想定しているが、さらなる水素コストの低減も日本到着時のコスト低減につながる。

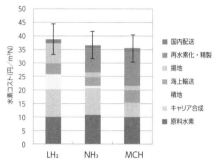

注：図中の誤差棒は、エネルギーキャリアのコストが2割変動した場合の変化量を示す

図6.16　水素キャリアの経済性評価の例

出典：水野有智 他「国際水素エネルギーキャリアチェーンの経済性分析」エネルギー・資源学会論文誌(2017)[22] をもとに作成

3　水素貯蔵材料に水素を吸蔵して輸送・貯蔵

❶水素吸蔵材料の特徴

　固体の水素貯蔵材料の一種である水素吸蔵合金は、水素と金属が反応して水素化物を作ることに着目し、利用しやすい温度圧力で水素を吸蔵・放出できるように開発された。一部の材料は、二次電池のニッケル水素電池として利用されており、すでに社会で広く利用されている。一般に、金属と水素の反応は、次のように示される。ここでMは金属・合金、MHは金属Mの水素化物である。

$$M + x/2\ H_2 \Leftrightarrow MHx$$

❷水素吸蔵材料を用いた水素貯蔵システムの例

　日本製鋼所は、圧縮水素容器のほか、水素吸蔵合金を用いた水素貯蔵容器、水素貯蔵システムの開発・販売を行っている代表的な国内メーカーである。水素吸

蔵合金を利用した水素貯蔵システムは、消防法上の非危険物に該当し指定数量の制限を受けない、また、高圧ガス保安法による規制を受けない低圧力（1MPa未満で運用する場合）で水素を貯蔵可能という特徴がある。水素吸蔵合金の量で貯蔵量を変えることができるため、**図6.17**に示すような小型ボンベから大型システム（1,000m³N）までがラインナップされている[23]。東北大学他が国立研究開発法人新エネルギー・産業技術総合開発機構（NEDO）から委託された水素社会構築技術開発事業「電力・水素複合エネルギー貯蔵システム」の水素貯蔵設備として、240m³Nの容量の水素吸蔵合金を用いた水素貯蔵システムが採用され、2017年8月に実証運転を開始した。

小型ボンベ　　　　　　　　　　　　大型（1,000m³N）

図6.17　水素貯蔵合金を用いた水素貯蔵システム
出典：株式会社日本製鋼所「大型MHタンクシステム」[23]

4　パイプラインを利用して水素を輸送

　日本国内の水素パイプラインは、工場敷地内、コンビナート内のほか、数例の実証事業において、低圧、短距離の水素輸送の実績がある。

　海外では、国や州の間を結ぶパイプラインが1940年代から運用されている[24]。**図6.18**で示すように、アメリカが全体の6割弱を占め、北米とヨーロッパで世界の水素パイプラインのほとんどを占めていることがわかる。またアメリカでは、メキシコ湾岸の製油所や化学プラントで、水素が用役として共通に用いられているため、テキサス州とルイジアナ州にアメリカ内の水素パイプラインが集中している。おもな事業者は、エア・プロダクツ社（Air Products）、プラックスエアー社（Praxair）、エア・リキッド社（Air Liquide）である。また、現在の水素の利用用途は、

エネルギーではなく、原料ガスである。

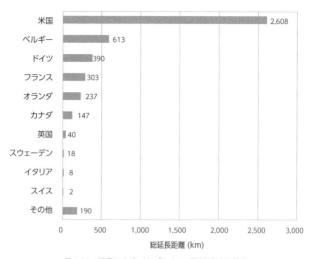

図6.18 世界の水素パイプラインの国別総延長距離
出典：HyARC「Hydrogen Pipelines」(2016)[25]をもとに作成

表6.8に日本、アメリカ、ヨーロッパのパイプラインの特徴を比較して示す。日本は実証事業を除いて、工場敷地内・コンビナート内における短距離の配管に限れられる一方、アメリカやヨーロッパでは、長距離の輸送が行われていることがわかる。材料は、天然ガスのパイプライン輸送用の鋼管材料を用いている点は共通である。

すでに水素パイプラインは、産業部門では、大量に水素を輸送する手段として用いられる商用技術である。ほかの輸送手段に比べて供給地と需要地を変更できない弱点はあるものの、長期に安定した需要が見込まれる場合、選択されると考えられる。

表6.8 日米欧のパイプラインの特徴の比較

国名	日本	アメリカ	ヨーロッパ
利用場所	工場敷地内、コンビナート内※	製油所、化学プラント テキサス州、ルイジアナ州が中心	製油所、化学プラント ドイツや、フランス〜オランダ周辺
輸送距離	短距離	数百km	数百km
材料	天然ガス輸送用のパイプラインの 鋼管材料	同左	同左
設置	ラックを用いた開放系※	地中埋設	－

※北九州水素タウンの実証事業では、1.2kmの埋設配管が用いられている。

出典：株式会社三菱総合研究所「平成16年度成果報告書，水素供給パイプラインの現状等に関する調査」(2005)[26]
をもとに作成

6.4 〉 水素の利用技術

1 水素利用技術の市場

まず水素がどのような分野の技術で利用できるかを俯瞰する。**図6.19**で示すように、それぞれの円の大きさが量的ポテンシャルを、横軸がその分野での潜在的な市場シェアを示している。

水素の需要量が大きいものは、発電、トラック、乗用車(小型・中大型)、業務用車両(バンなど)の燃料、高温の熱利用、ガス導管への注入、CCUとの組み合わせによるメタノールなどの製造、製油所、アンモニア・メタノール製造である。高い市場シェアが期待されるのは、アンモニア・メタノール製造、製油所、フォークリフト、業務用車両(バンなど)である。

このように多くの需要技術での利用が期待される一方、原料として水素を用いる場合を除いて、水素は動力・熱に変換して用いるため、バッテリーや代替燃料との競合が生じる。したがって、貯蔵量や輸送距離、需要技術の効率など、それぞれの特性により水素または競合技術が選択される。

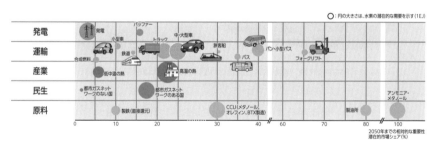

図6.19 世界全体の水素利用技術の量的ポテンシャルと市場シェアの分析例
出典：Hydrogen Council「Hydrogen, Scaling Up」(2017)[27]をもとに作成

2 運輸部門での水素利用

❶移動体での需要

運輸部門では、乗用車、トラック、バス、航空機、船舶、フォークリフトなどさまざまな移動体(移動手段)における水素の利用が期待されている。**図6.19**でも示したように、2050年の潜在的なシェアの小さな順に小型車、鉄道、トラック、

中大型車、旅客船、バス、業務用自動車、フォークリフトの順になっており、工場や倉庫で用いられるフォークリフトを除くと絶対量で見た場合、中・大型の移動体への導入が多く見込まれていることがわかる。この理由は、トラックを例にとると、バッテリーによる車両重量の増加や荷室スペースの圧迫、充電時間から、燃料電池を動力源としたほうが単位輸送量当たりの輸送コストの観点で優位となると期待されているためである。

　燃料電池自動車は、水素を燃料として用い、燃料電池で発電した電力でモーターを駆動させ走行する。乗用車では、トヨタ自動車株式会社(トヨタ)が2014年にMIRAIを発売し、本田技研工業株式会社(ホンダ)は、クラリティFuel cellの個人向けリースを2020年から開始している。海外では、韓国の現代自動車株式会社(ヒュンダイ自動車／Hyundai Motor Company)がNEXOを、ドイツのメルセデス・ベンツ社(Mercedes-Benz)がGLC F-CELLをヨーロッパと日本でリース販売している。国内では、2019年度末で約3700台、アメリカのカリフォルニア州を中心に9000台が普及しているが、乗用車全体の保有台数から考えるとそのシェアはまだわずかである。

図6.20　トヨタの燃料電池自動車MIRAIとロサンゼルス港の実証事業で用いる燃料電池トラック
資料提供：トヨタ自動車株式会社[28][29]

　トラックでは、国内ではトヨタとコンビニ大手三社が配送用トラックの実証走行を2021年から開始する予定である。また、大型トラックでは、日野プロフィアをベース車とした燃料電池トラック(25tトラック)をヤマト運輸株式会社、アサヒホールディングス株式会社が2022年に実証を開始する。また、海外では、ロサンゼルス港において、2017年から大型の燃料電池商用トラックの実証が開始されている。ヨーロッパでは、水素燃料電池に関する官民パートナーシップであるFCH-JUのプロジェクトHyHaulにおいて、2019年から2024年まで、4都市で16台のFCトラックによる実証を実施している。中国は、2019年末で、約6000台の燃料電池の商用車(トラック、バス)が導入されており、その内、トラックの割合は、6割程度である。

燃料電池フォークリフトは、アメリカで35,000台がウォルマート社(Walmart Inc.)やアマゾン社(Amazon.com, Inc.)の倉庫などで導入されている。電動フォークリフトの蓄電池を燃料電池ユニットで置き換えるシステムをプラグ・パワー社(Plug Power)などが販売している。アメリカの国立再生可能エネルギー研究所(NREL：The National Renewable Energy Laboratory)の分析によれば、燃料電池を動力とする方が蓄電池よりもコスト競争力があるとされており、燃料電池の経済性が自律的な普及を後押ししていると考えられる。航空機や船舶は、特に大型の場合に電動化が難しい領域と考えられており、これらの水素利用もヨーロッパを中心に研究が進められている。また、CO_2と水素から液体燃料を合成し、航空機、船舶、自動車などで用いるe-fuelやCO_2フリー合成燃料と呼ばれる合成燃料の研究も行われている(4章5節2項参照)

❷ 水素ステーションの普及状況

　水素ステーションは、燃料電池自動車やトラック、フォークリフトなどの移動体に水素を供給するインフラである。**図6.21**で示すように、水素をステーション内で製造するものをオンサイト型、外から運搬してくるものをオフサイト型と呼ぶ。日本では、水素ステーションは、2021年4月現在で、146箇所運用されており、2025年に320か所の目標が設定されている。水素ステーションの整備には、自治体や地方のガソリンスタンド事業者との調整が欠かせない。そこで、水素ステーションの戦略的整備に向けた取り組みを推進するため、2021年8月にインフラ事業者と自動車会社が連携して日本水素ステーションネットワーク合同会社(JHyM：Japan H$_2$ Mobility)を設立し、整備を進めている。

　水素ステーションは、ガソリン車に対するガソリンスタンドに相当するが、高圧ガスの機器を使うことで、ステーション当りの整備費は約3.3億円(2019年度平均)と高額であり、コストの低減が課題である。コスト低減への取り組みとして、コスト比率の高い設備についての技術開発や新技術の採用、標準的仕様の作成・採用や法規制の整備・改革などが挙げられる。

図6.21　水素ステーションの機器構成

❶ 水素を燃料とするガスタービン

事業用発電における水素利用は、大型のガスタービンや水素キャリアであるアンモニアの石炭火力における混焼が期待されている。水素の燃焼では、燃焼速度が速く逆火しやすい、可燃範囲が広く着火しやすい、断熱火炎温度が高くNOx(窒素酸化物)が増加するなどの課題がある。

これまでは、水素を含むガスを燃料とする発電設備は、自家発電設備を中心に1980年代半ばから多く利用され始め、運転期間で30年以上の実績がある[29]。燃料に含まれる水素濃度は、燃料となるガスが副生する過程に依存し、低いもので約20%、高い場合は約90%である。従来は水素と空気をあらかじめ混合しない拡散燃焼方式を用い、蒸気噴射によるNOx低減を行っている。しかし、希釈剤を用いるため、発電効率が低下する課題がある。工場内で副生する燃料ではなく、外部から購入する燃料を用いる場合は、特に高効率の発電設備が求められることから、希釈剤を用いずに燃焼できる予混合方式の燃焼器の開発が行われてきた。現在は、大型のガスタービン向けの水素燃焼器は、三菱重工業株式会社（旧三菱日立パワーシステムズ株式会社）が水素濃度30vol%の混焼用燃焼器を2018年に完成させ、幅広い水素濃度に対応するマルチクラスタバーナーが、大崎クールジェンプロジェクトで実証中である。さらに、2025年を目標に水素専焼燃焼器の開発を進めている[31]。

❷ 発電燃料としてのアンモニア

アンモニアを用いる大型のガスタービン向けの技術は、SIP[11]のプログラム「エネルギーキャリア」において、アンモニアを直接燃焼するのではなく、コンバインドサイクル発電の蒸気タービンから抽気した蒸気の熱を利用し、アンモニアを水素と窒素に分解して水素ガスタービンで利用する方式を三菱パワー株式会社（旧三菱日立パワーシステムズ株式会社）、三菱重工エンジニアリング株式会社が検討した。

石炭火力ではCO_2排出量を削減するために、アンモニアとの混焼が検討されている。SIP「エネルギーキャリア」において、一般財団法人電力中央研究所などが石炭火力におけるアンモニアの利用を検討し、熱量ベースで20%の混焼が

---

11 **SIP** 内閣府による戦略的イノベーション創造プログラム(The Cross－ministerial Strategic Innovation Promotion Program (SIP))の略称。

可能としている。また、株式会社JERAは、2020年10月に、2030年までに碧南火力においてアンモニア混焼を開始すると発表した(10章2節2項参照)。同社は、株式会社IHIと共同で石炭火力におけるアンモニア混焼のNEDO事業において、2024年度にアンモニア20%混焼を目指す計画である。

4 産業・民生向けコジェネレーションでの水素利用

❶エネファームで水素が利用される仕組み

　家庭用の燃料電池コジェネレーション[12]は、エネファームと呼ばれる。エネファームの概要を図6.22に示す。

　エネファームでは、都市ガスやLPガスを脱硫したあと、燃料改質装置で水素とCO_2に変換し、燃料電池で発電を行う。このとき、発電で生じる排熱を回収して温水を暖房や給湯需要に供給する。したがって、燃料電池で発電する際に利用する燃料は水素であるが、エネファームは厳密には都市ガスやLPガスの需要機器である。パナソニック株式会社製のPEFC(固体高分子形燃料電池)型エネファームの発電出力は、0.2〜0.7kW、熱出力は、0.247〜0.988kWである。LHV基準では発電効率が40%[13]、熱回収効率は57.0%である。また、アイシン精機株式会社や京セラ株式会社が固体酸化物形の燃料電池を用いたエネファームを開発、ガス事業者から販売されている。

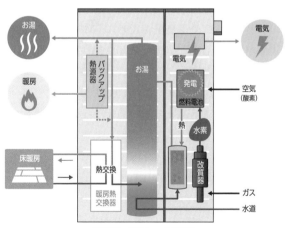

図6.22　エネファームの概要
出典：パナソニック株式会社「エネファームのしくみ」[32]をもとに作成

12　**コジェネレーション**　建物の内外の排熱を利用して動力・温熱・冷熱を取り出し、トータルでエネルギー効率を高めるためのエネルギー供給システム。
13　**LHV基準での発電効率**　都市ガスやLPガスを改質しない純水素型では、発電効率が50%台後半の製品もある。

エネファームは、2009年に発電出力1000W／機のPEFCの市場投入が開始され、家庭用の電力需要を精査した結果、現行製品では電気出力が700W／機程度となっている。固体酸化物形燃料電池(SOFC：Solid Oxide Fuel Cell)は、2012年3月に大阪ガス株式会社が市場投入したあと、東京ガス株式会社、東邦ガス株式会社などで取り扱いを行っている。

エネファームは、2021年3月までに累計約40万台が導入された。最近では、電気出力を下げた機種や集合住宅向けなど製品のラインナップが追加されている。また、自然災害などによる停電に対応するため、気象情報などから停電が見込まれる場合に発電を継続する機能を持つ機種や、蓄電池を追加できる機種も発売されている。

❷ 水素を利用した業務・産業用燃料電池

業務・産業用燃料電池は、都市ガスなどを燃料とし、工場、ビル、店舗などで電力と蒸気や温水を供給している。歴史的には、リン酸形燃料電池 (PAFC：Phosphoric Acid Fuel Cell)の導入が早く、1998年に富士電機株式会社が市場投入し、都市ガスやバイオメタンを燃料とし、病院、ホテル、下水処理場などで、電力と温水を供給している。近年では、固体酸化物形燃料電池(SOFC：Solid Oxide Fuel Cell)の開発が進み、各社がSOFCの業務・産業用燃料電池の市場投入を行っている。

大型の製品は、三菱パワー株式会社が、電気出力250kWの燃料電池とマイクロガスタービンを複合した高効率発電システム、MEGAMIE(メガミー)を開発、2018年から商用機が稼働を開始し、電気出力1MWの製品も計画中である。

小型の製品では、三浦工業株式会社が住友精密工業株式会社の発電モジュールと同社のボイラー技術を組み合わせ、出力4.2kWのSOFCを開発し、2017年より販売を開始している。また、京セラ株式会社は、3kWの業務用SOFCを2017年より販売しており、発電効率が52%、熱回収効率を含めた総合効率では90%を達成している。

❸ ガスタービンコジェネレーションの開発

産業用ガスタービンは、工場などの事業所で自家発電やコジェネレーションとして利用されており、電気出力が数MWから50MW程度の製品が多い。産業向けの水素ガスタービンコジェネでは、川崎重工業株式会社が、希釈剤を用いないドライ型の中型ガスタービン向けの燃焼器を開発している。1MWでは水素専焼

が可能であり、30MW級のガスタービンコジェネでは、体積当たり水素を最大60％までの混焼が可能としている。また、同社は、2018年に神戸市のポートアイランドに設置した1MW水素ガスタービンコジェネレーションシステムにおいて、燃料を100％水素とし、水噴射でNOxを環境基準値以下とした運転を実証している。

　ガスタービンにおけるアンモニア燃焼は、SIP「エネルギーキャリア」において、50kWのマイクロガスタービンにおけるNH₃専焼(アンモニアを用いたときの電気出力は約40kW)[33]、2MW級ガスタービンにおけるNH₃ 20％、天然ガス80％混焼(LHV熱量基準での比)[34]が行われた。

5 産業部門での水素利用

❶製油所での水素利用技術

　水素は、さまざまな産業用の原料として利用されている。6章1節で示したように、量的な観点では、石油精製、アンモニア、メタノール向けの利用が多い。製油所では、重質油などの脱硫工程と水素を添加して軽質油を製造する水素化分解工程において水素を用いている。脱硫工程では、石油留分に含まれる硫黄を硫化水素として取り除き、軽質の炭化水素に変化する際に水素が必要である。また、水素化分解工程では、重油留分などに含まれる比較的重い炭化水素をより軽質な炭化水素に分解する際に水素を用いる。コンビナートでは、電解水素を使ったさまざまな取り組みがあり、詳細は、10章1節2項を参照されたい。

❷アンモニア・メタノールの製造での水素利用

　製油所に続く水素消費者は、アンモニア、メタノール製造事業者である。現在、アンモニアは、天然ガスを改質した水素と空気中の窒素から合成されているため、製造地でCO_2が発生する[14]。アンモニア合成に用いる水素製造には、再エネを用いたり、化石燃料を用いる場合でも、CO_2を回収・貯留することで、水素製造にともなうCO_2発生を抑制することができる。

　メタノールも天然ガスを原料とするのが一般的であり、この場合、メタノール中の炭素は天然ガス由来となるため、メタノールの燃焼時に発生するCO_2は、

14　**製造地でのCO_2の発生**　CO_2はアンモニア合成触媒を被毒するため、回収し、回収したCO_2の一部は、アンモニア製造の後工程で尿素製造に利用されている。

化石燃料由来となる。そこで、一度利用したCO₂(火力発電の排ガス、バイオ、大気由来CO₂)、水素からメタノールを合成して製造・利用時のCO₂排出を抑制することが考えられている(カーボンリサイクル技術としてのメタノールについては4章6節を参照のこと)。

図6.23で示すように、アンモニア、メタノール向けの水素需要は伸びていくと見込まれるため、これらの産業向けに低炭素の水素を供給することで、これらの産業のCO₂排出量を低減することができる。

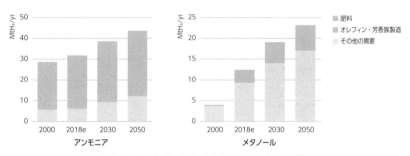

図6.23 アンモニア、メタノール向けの水素需要量の見通し
出典：International Energy Agency(IEA)「The future of Hydrogen」(2019)[1]もとに作成

❸ 製鉄時に水素を利用する技術研究

図6.24で示すように、高炉法と異なり、水素を用いる直接還元法の製鉄工程では、シャフト炉と呼ばれる鉄鉱石の還元を行う炉の上部から鉄鉱石を投入し、炉の下部から還元剤である水素を吹き込む。鉄鉱石が炉の上部から下部に移動する間に還元が進み、投入された鉄鉱石は固体のまま鉄に還元され、下部から取り出される。この工程では、水素によって酸化鉄を還元するため、発生するのは水であり、CO₂は発生しない。この方法で還元された鉄は、鉄鉱石に含まれる酸化鉄の酸素が取り除かれ、多孔質の密度の低いスポンジ鉄と呼ばれる。このようにして製造されたスポンジ鉄と鉄スクラップとを混合して、電気アーク炉で溶解し、粗鋼を生産する。水素製鉄の取り組みについては、9章4節1項と10章でも述べられている。

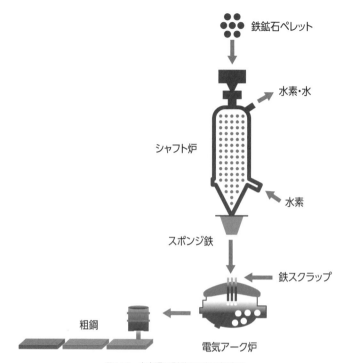

鉄鉱石ペレット

水素・水

シャフト炉

水素

スポンジ鉄

鉄スクラップ

粗鋼

電気アーク炉

図6.24 水素還元製鉄の工程の概略図
出典：HYBRIT「Fossil-free steel」[34]をもとに作成

　HYBRITプロジェクト[35]は、2016年に発表されたプロジェクトで、ルオッサヴァーラ・キルナヴァーラ社(LKAB, Luossavaara-Kiirunavaara Aktiebolag)、スウェーデン・スチール社(SSAB、Swedish Steel)、バッテンフォール社(VATTENFALL)などの企業が参加している。このプロジェクトでは、水素製造・貯蔵、水素による鉄鋼石の還元、水素による還元鉄からの製鋼、を実施している。2016年から2017年にかけてフィージビリティスタディを行い、2018年からパイロット段階に移行した。2020年8月にスウェーデンの北部の町、Luleåでパイロットプラントが稼働を始め、同年10月に実証プラント用の22百万スウェーデンクローナ[15]の予算が決定された。実証プラントの建設は2023年から開始、2025年に運転を開始する計画である。

15　**スウェーデンクローナ**　1スウェーデンクローナ(SEK)は13.2円(2021年5月31日)。

6.5 〉 日本の政策動向と取り組み

1 水素・燃料電池利用の政策動向

　日本における政府のプロジェクトによる大規模な水素・燃料電池の研究開発は、1978年のムーンライト計画とその後のWE-NETプロジェクトに始まり現在に至る。2011年の東日本大震災とそれにともなう原子力発電所の事故により、日本における水素の位置づけが大きく変化した。それまでは、燃料電池自動車を中心とした運輸部門やエネファームなど定置部門における利用がおもに想定されていたが、2014年のエネルギー基本計画において、水素を発電部門で大規模に利用することが言及された。2020年12月に発表された2050年にカーボンニュートラルを達成するためのグリーン成長戦略では、水素導入量について、2030年最大300万トン、2050年2000万トンの目標値が設定された。

　これらの一連の政策の概要を**図6.25**に示す。文書は、エネルギー政策を所管する経済産業省資源エネルギー庁の名前で作成されているものが多く、予算規模も大きいが、省庁間にまたがる内容は内閣官房、大学や研究機関の基礎研究は文

水素基本戦略：2017年12月　再生可能エネルギー・水素等関係閣僚会議（内閣官房）
・政府全体の水素に関する取り組みの戦略
・低コスト水素利用、国際水素サプライチェーン開発、国内再エネ導入拡大と地方創生、電力部門での利用、モビリティでの利用、産業利用、FC施設活用、革新的技術活用、他
・導入目標と解釈できる数値が公表

第5次エネルギー基本計画：2018年7月　（エネ庁）
・2050年に向けた日本のエネルギー需要の長期的なビジョンを示す。
・再エネの主力電源化、調整力、脱炭素化、送電ネットワークの次世代化（送電事業効率化、投資、制度改革）
・水素社会実現に向けた取り組みの抜本強化

水素・燃料電池戦略ロードマップ：2019年3月改訂　水素・燃料電池戦略協議会　（エネ庁）
・2019年3月改訂、水素・燃料電池戦略協議会による文書
・水素戦略の目標を達成するための2025年、2030年の技術性能・コスト目標を設定、そのためのアクションプランを決定。有識者WGで分野ごとのフォローアップを実施（6月）

水素燃料電池技術開発戦略：2019年9月　水素・燃料電池戦略協議会　（エネ庁）
・ロードマップの目標を達成するため、6月の課題共有ウィークの議論に基づき、重点分野を抽出

2050年カーボンニュートラルに伴うグリーン成長戦略：2020年12月
・温暖化対策を「成長の機会」と捉える時代に突入したと認識
・予算、税、規制改革・標準化、国際連系など、あらゆる政策を盛り込んだ実行計画を定めた14の重要分野に水素が含まれる
・2030年に水素導入量を最大300万トン（含むアンモニア）とすることを目指すなど高い目標

図6.25　近年の水素に関する政策の概要

部科学省、道路や船舶、建物に関連する内容は国土交通省、CO_2削減の実証事業やCO_2削減の評価手法開発などを環境省が行うなど、水素・燃料電池の政策には、さまざまな省庁が関係している。

2 水素・燃料電池利用に向けた技術プロジェクト

❶現在進行中の実証プロジェクト

日本の水素・燃料電池技術開発は、国立研究開発法人新エネルギー・産業技術総合開発機構(NEDO)が大規模なプロジェクトを継続しており、その分野は、固体高分子形燃料電池、固体酸化物形燃料電池、水素インフラの3つに分けられる。

固体高分子形燃料電池の技術開発では、燃料電池を構成する要素技術について、高性能化、高耐久化を目的とした研究が進められている。固体酸化物形燃料電池では、関連する研究機関や大学がコンソーシアムを形成し、要素技術の開発や各社の実セルスタックなどの劣化解析などを実施している。水素インフラの研究開発は水素製造から利用まで多岐にわたる。水電解装置で製造する水素の低コスト化技術開発、国際的な水素サプライチェーン構築を目的とした液化水素、有機ハイドライドによる水素の国際輸送の実証が行われている。また、水素利用では、大型ガスタービン向けの水素燃焼器開発などが行われている。また再エネ由来の水素を製造利用するいわゆるPtG技術として、福島において再エネ電力を用いた水素製造利用の実証事業が行われている。

❷プロジェクトの実証・運用例

2つの海外からの水素輸入の実証プロジェクトが実施されている。HySTRAによる日豪間実証プロジェクトは、オーストラリアのビクトリア州で製造した液化水素を日本まで輸送する実証事業である。また、AHEADは、ブルネイで製造した水素をトルエンに添加したMCHを、コンテナで日本まで輸送する実証を実施している(水素キャリアについては、6章3節2項参照)。

<u>図6.26</u>は、2020年3月開所した福島水素エネルギー研究フィールド(FH2R)の全景である。FH2Rでは、18万m^2の敷地内に設置した20MWの太陽光発電の電力を用いて、世界最大級の10MWの水素製造装置で水の電気分解を行い、定格運転時1,200 m^3N／hの水素を製造し、貯蔵・供給する[36]。水素の製造・貯蔵は、水素需要予測システムによる市場の水素需要予測に基づき行われる。また、電力系統側制御システムによる電力系統の調整ニーズにあわせて、水素製造装置の水

素製造量を調節することにより、電力系統の需給バランス調整を行う。この水素の製造・貯蔵と電力系統の需給バランス調整の最適な組み合わせを、蓄電池を用いることなく水素エネルギー運用システムにより実現することが、今回の実証運用の最大の課題とされている。このため、FH2Rでは、今後の実証運用において、それぞれの運転周期の異なる装置で、電力系統のディマンドリスポンス対応と水素需給対応を組み合わせた最適な運転制御技術を検証する。なお、FH2Rで製造した水素は、おもに圧縮水素を、トレーラーやカードルを使って輸送し、福島県や東京都などの需要先へ供給する予定となっている。

図6.26 福島水素エネルギー研究フィールド(FH2R)
出典：国立研究開発法人新エネルギー・産業技術総合開発機構(NEDO)「NEDOニュースリリース」(2020)[36]

6.6 › 世界の水素導入に向けた政策動向と取り組み

1 水素導入の政策動向

　本節では、水素の導入を計画している多くの国・地域のうち、アメリカ、EU、中国について解説する。

❶アメリカの水素導入状況

　<u>図6.27</u>で示すように、アメリカは水素・燃料電池の足元からの普及を重視している。アメリカ合衆国エネルギー省の省エネルギー・再生可能エネルギー局が定量的な目標を含む複数年計画で研究開発を計画し、その目標をトラッキングするとともに各プロジェクトの成果は、整備された評価ツールも用いて年度ごとに開催される評価会議において評価が行われる。

　普及に関しては、フォークリフト、バックアップ電源などニッチでも競争力がある機器の普及が進んでいる。また、アメリカは、水素製造に自国内の一次エネルギー資源を用い、輸入は想定していない。水素エコノミーへのロードマップ[37]は、米国燃料電池・水素エネルギー協会（FCHEA：The Fuel Cell and Hydrogen Energy

> **足元からの普及を重視**
> ・複数年計画で研究開発を実施、評価ツールの整備も実施
> ・フォークリフト、バックアップ電源などニッチでも競争力がある機器の普及が進む。
> ・自国資源による水素製造・利用（H2@Scale）

> **水素は再エネ導入のための手段**
> ・EU の HORIZON Europe で研究開発を推進
> ・再エネからの水素製造、産業・自動車以外の水素利用も盛んに検討
> ・再エネ水素の「認証」など制度面も整備

> **国主導で産業育成・導入**
> ・第13期五か年計画で水素・燃料電池技術を名言
> ・産業連盟による業界団体設立、ロードマップ作成
> ・導入分野は運輸部門（バスや商用車）が中心

図6.27　各国の政策動向ハイライト

Association)が中心となり、メーカー、エネルギー企業、研究所などのステークホルダーの意見を反映し作成されている。水素需要の将来見通しは、なりゆきのBAUケースと、産業界からのインプットに基づくAmbitious(野心的な)ケースの2つからなる。Ambitiousケースでは、2030年には、国産資源による年間17百万トンの水素需要により、1,400億USドルの経済効果、70万人の雇用創出、2050年には国産資源による63百万トンの水素需要(最終エネルギー消費の14%に相当)により7,500億USドルの経済効果で340万人の雇用創出を想定している。

❷EUの水素導入状況

EUは、水素を再エネ導入のための手段と認識している。近年、EUおよびヨーロッパ諸国は、自国の水素戦略を発表しており、水素の導入を加速しようとしている。水素・燃料電池に関連する研究開発や実証は、HORIZON Europeと呼ばれる複数年度の研究開発枠組みにおいて実施されている。FCH-JU(Fuel Cells and Hydrogen Joint Undertaking)と呼ばれる官民協力ための機関によって、研究開発プロジェクトの公募や予算配分などの管理が行われている。EUでは、再エネからの水素製造や船舶・航空など産業・自動車以外の水素利用も盛んに検討されているのが特徴である。電力部門で製造した水素をほかの部門で利用する「セクターカップリング」によるCO_2削減や、EUの産業競争力強化を目指している。また、水素のグリーン度合いを認証する制度や市場の整備も進めている。

EUの水素導入ロードマップは、FCH-JUが作成したもので、産業革命以降の気温上昇を2℃以内とする目標を達成するための水素導入の最大のポテンシャルである野心的な計画と、BAUの2ケースが考慮されている。このシナリオでは、野心的な計画において運輸、産業・民生のエネルギー、新しい原料用途での需要を見込み、2050年の最終エネルギー需要の24%を水素が担う(年間67.5百万トン相当)。

また、EU諸国は、国ごとの政策に基づく研究開発も実施している。中でもドイツ、フランス、EUを脱退したイギリスも水素の導入に熱心である。

❸中国の水素導入状況

中国は、2060年にカーボンニュートラルとすることを表明しており、水素・燃料電池についても国家主導で産業育成・導入を進めている。13期5カ年計画の国家科技創新計画、中国製造2025でも水素・燃料電池技術開発に言及しており、水素利用の目的としてエネルギーセキュリティ、大気汚染対策、再エネとの連携、

大規模貯蔵、化学用などの多様な用途、CO_2削減を挙げている。産業分野で国家能源集団(CHN Energy)が議長を務める中国気能源及燃料電池産業創新戦略連盟(China Hydrogen Alliance)が2018年2月に設立された。この連盟は、水素社会構築のため、開発の促進、水素白書の発行、連携の調整を通じて国内外の水素燃料電池のプラットフォームとなることを志向している。この連盟から、2019年6月26日、中国水素エネルギー・燃料電池産業白書が発表された。

　主な需要技術は、バスやバンなどの輸送用車両である。2020年～2030年は、大規模商用化の段階とされ、2030年の目標は百万台のFCV、1,000箇所以上の水素ステーション、2030年～2050年には、水素はエネルギーミックスで重要な位置を占めるとしている。

❹ 各国の水素利用状況の比較

　図6.28で示すように、各国の水素の利用目的は、さまざまな分野で利用できるという水素の特性を利用したCO_2対策や大気汚染対策といった環境対策、自国産業活性化や雇用創出といった産業政策、系統安定化対策、部門間の連携、統合といった再エネの導入推進およびそれにともなう課題の解決である。さらに、水素は多様な資源から製造できるため、供給国・地域が多様化でき、エネルギー安全保障に資するという効果も期待している。

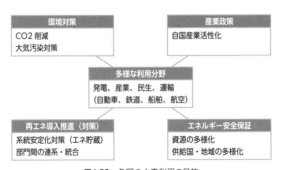

図6.28　各国の水素利用の目的

　表6.9で示すように、各国・地域の水素利用の目的はおおむね同じである。各国の優先度の高いものは、CO_2削減だが、アメリカでは、気候変動に加え、地域の大気汚染の改善も燃料電池自動車の利用の重要な効果であると述べている。

表6.9 各国の水素利用の目的・時期・想定導入部門

国	目的	時期	想定導入部門
日本	・CO$_2$削減 ・エネルギー安全保障 ・産業育成・経済成長	・2030年、将来で水素導入量や分野などの目標を設定	・大規模発電、乗用車、家庭用燃料電池が中心。水素は海外からも輸入
アメリカ	・エネルギー安全保障 ・CO$_2$削減、大気汚染対策 ・産業育成・経済成長	・時期ごとの分野別の水素導入量を業界団体が発表	・ニッチ分野から、運輸部門へ展開を基本に、国産水素のさまざまな部門における利用を検討
ヨーロッパ	・持続可能な低炭素エネルギー・運輸システム ・産業育成(雇用確保) ・エネルギーセキュリティ	・時期ごとのグリーン水素の製造量目標や技術目標を設定	・運輸(自動車、鉄道、船舶、航空など)、産業、エネルギー貯蔵(部門間のエネルギー融通)
中国	・エネルギー安全保障、大気汚染対策、再エネとの連携、大規模貯蔵、化学用などの多様な用途、CO$_2$削減	・2020年〜2030年に大規模商用化 ・2030年〜2050年にはエネルギーミックスで重要な位置を占める	・運輸部門

エネルギー安全保障については、日本は水素が多様な資源から製造できるため、利用資源や輸入先の多様化によってエネルギー安全保障を向上しようとしている。アメリカは、国産資源の利用により、エネルギー資源の輸入(特に中東からの原油)を削減しようとしている。

用途については、日本は、家庭用燃料電池や自動車など、一般の消費者に近い(産業や業務部門向けと比較して製品数の多い)製品での普及を進めているのに対し、アメリカでは、フォークリフトや、分散型電源や非常用電源などニッチでも経済性の成り立つ分野から普及を進め、並行して水素ステーションや燃料電池の低コスト化を進めている。ヨーロッパでは、自動車のほかに鉄道、船舶、航空など、運輸部門における水素利用を幅広く想定するとともに、産業利用を含めた大規模化、およびコスト低下を狙っているといえる。

2 各国の特徴的な水素関連技術の取り組み

❶アメリカの取り組み

これまでに述べたように水素の製造・輸送貯蔵・利用は多様であり、ここで述べる取り組みは全体の限られた部分である。

アメリカは、水素関連技術について、自国のエネルギー資源利用を強く意識している。図6.29に示した「H2@Scaleの概念図」は、2018年にアメリカ・エネルギー省(DOE：US Department of Energy)が政策立案のための情報提供依頼を行い立上げた比較的新しい分野である。

H2@Scaleは、エネルギー安全保障の向上、革新的技術と国内産業の成長を可能にするための多様な国内資源から製造された水素が与える、潜在的な幅広い効果に関する「概念」である。いわゆる、電力による水素製造・多様な用途を想定するPower to X[16]と同様の概念であると考えられるが、ヨーロッパのPower to Xの電力は再エネ電力変動部分を想定していることが多いのに対して、H2@Scaleでは、国産資源の安定電源(原子力、地熱など)と水電解の組み合わせも含んでいる。H2@Scaleでは、関連する要素技術開発の実施に加え、大規模化も意識した太陽光、風力、原子力の電力を用いた実証事業が予定されている。

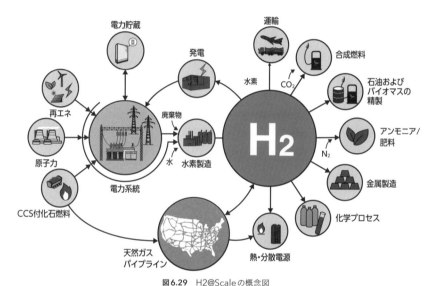

図6.29　H2@Scaleの概念図

出典：Satyapal「U.S. Department of Energy Hydrogen and Fuel Cell Technologies Office and Global Perspectives」(2021)[38]をもとに作成

❷ EUの取り組み

　上記でも述べたように、PtGは、「再エネの余剰電力による水素製造」ではなく、再エネを多く導入することを目指した「電力グリッドとガスグリッドの柔軟性の向上、市場の柔軟性の向上という"Power to X"」の概念に昇華している。一方で、個別のビジネスケースの採算性は、制度的な支援に大きく依存する。

16　**Power to X**　Power to Gasの概念を拡張し、製造した水素をさまざまな分野で多様な物質(X)として利用することからPower to Xと呼ばれている。

表6.10は、EUのPower to Gasの2025年時点でのビジネスケースの経済性検討を行ったもので、再エネの余剰地域を電力バランスの分析で特定、地域の産業と組み合わせてビジネス検討を実施している。結論は、余剰再エネのアクセス制度、免税・各種料金の減免、再エネ利用認証などが整備されれば、現状でも採算性がとれるとしている。

表6.10 Power to Gasのビジネスケースの分析結果

加重平均資本コスト5%、プロジェクト期間20年	水素ステーション (Albe, France)		食品産業 (Trige, Denmark)		製油所 (Lubeck, Germany)	
想定年	2017	2025	2017	2025	2017	2025
水素市場 (t/年)	270	950	900	900	3230	3230
平均力価格 (ユーロ/MWh)	44	45	38	47	17	26
利益 (グリッドサービス除く) (千ユーロ/kW/年)	39	71	228	248	-146	30
利益 (グリッドサービス込み) (千ユーロ/kW/年)	159	256	373	393	-13	195
利益に占めるグリッドサービスの比率 (%)	75%	72%	39%	37%	-	85%
ペイバックタイム (グリッドサービス除く) (年)	11.0	9.0	4.6	3.7	-	8.4
ペイバックタイム (グリッドサービス込み) (年)	8.0	4.5	3.4	2.7	-	3.5
重要なリスク要素	・税、系統利用料 ・水素価格 ・供給する車両の規模 (台数) ・パイプラインへの注入コスト ・グリッドサービスからの収入		・水素価格 ・税、系統利用料 ・グリッドサービスからの収入		・税、系統利用料 ・グリッドサービスからの収入 ・炭素価格	

出典：FCH-JU「Study On Early Business Cases For H_2 In Energy Storage And More Broadly Power To H_2 Applications」(2017) [39] をもとに作成

EUは、技術開発だけではなく、再エネ由来の水素が導入されるための制度設計も進めている。CertifHyは、水素製造にともなうCO_2排出量から、水素のグリーン度合いを「認証」するスキーム構築・運用のプロジェクトである。計算の範囲は、原料採掘から製造までである。グリーン水素第一号は、アルストーム社 (ALSTOM) のFC電車で利用された。スキーム構築を行うPhase1が終了、パイロット認証を行うPhase2を実施した。さらに、市場立ち上げとRED Ⅱ (再生可能エネルギー燃料指令2) に準拠した再エネ燃料の認証スキームを設計するPhase3が始まっている。CertifHyでは、物質とその環境負荷を切り離して取り扱っており、コンセプトは日本のグリーン電力の制度などに類似している。

図6.30では、BAT(Best Available Technology)である天然ガス水蒸気改質による水素製造法から、60%削減した36.4g-CO$_2$／MJを閾値として設定している。この閾値内に収まった再エネ由来の水素を、グリーン水素、化石燃料由来の水素をブルー水素と認証することにしている。なお、EUタクソノミーでは、基準となる天然ガス水蒸気改質による水素製造から73.4%削減を基準としている。[40]

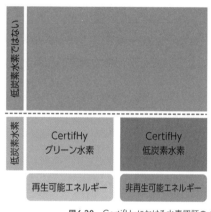

図6.30 CertifHyにおける水素認証のイメージ

❸中国の取り組み

中国では、中央政府による方針にしたがい、地方政府による水素・燃料電池関連産業の振興策も盛んに行われている。**図6.31**では、各省市の水素関連企業数[41]の上位10省市を示した。図にはないが、沿岸部の省に加え、四川省や陝西省などの内陸部でも水素燃料電池産業パークと呼ばれる産業集積を目的とした工業地区の建設が相次いでいる。

ここでは、関連企業数のもっとも多い長江デルタ地域の取り組みについて述べる。上海市は、2019年9月に上海市燃料電池自動車発展計画を掲げて、2030年までに水素ステーション50カ所、燃料電池車2万台、産業生産額3,000億元を目標にしている。2020年11月には、上海市燃料電池自動車産業イノベーション発展計画を発表し、2020年から2023年までの計画を更新している。この計画では、2023年までに水素ステーションを100カ所、FCVを1万台導入し、燃料電池自動車関連産業を1,000億元規模とする、としている。また、長江デルタエリアの広域で水素ステーションを整備するために、2019年5月に「長江デルタ水素回廊建設発展計画」が発表され、段階的にこれらの地域を結ぶ高速道路沿いに水素ステーションを配備する計画である。

図6.31 中国における水素・燃料電池産業の盛んな地域
出典：独立行政法人日本貿易振興機構 (JETRO)　ジェトロビジネス短信「新エネ車補助金は2022年まで延長、
FCV支援はサプライチェーン構築に軸足を移す (2020年5月15日)」(2020) [41] をもとに作成

第 7 章

蓄エネルギーが
重要

　再生可能エネルギー(再エネ)による主力発電の候補である太陽光発電、風力発電を安定電源として活用するためには、需要側での電力消費調整、系統強化以外に、蓄電池、蓄熱、圧縮・液化空気貯蔵、水素転換貯蔵技術に代表される蓄エネルギー技術との組合せも重要となってくる。また、電気エネルギーに戻さずに、車載用蓄電池により電気自動車で利用したり、熱需要先に供給していくこともあり得る。本章では、貯蔵したエネルギーを電気エネルギーに戻して電力システム内で利用することを主眼とし、その必要性と日本における取り組み状況を紹介する。なお、水素、電気自動車についてはそれぞれ6章、9章を参照願いたい。

1 設備利用率が低い再生可能エネルギー

❶再生可能エネルギーを蓄エネルギーとして利用する課題

　なぜ日本では再エネを主力電源化することが難しいのであろうか。立地条件の厳しさによる建設費の押し上げや出力変動によって系統が不安定になることが難しさの要因といわれている。しかし、そもそも日本における太陽光発電、風力発電については、その根本的な問題として、日本の電力消費量(kWh)をそれらで賄おうとした場合、**図7.1**に示すように発電量にピークや変動があるので、その設備利用率の低さから発電出力(kW)を現有発電設備以上に大きく設けないと必要とする電力消費量(kWh)を賄うことができないということにある。太陽光発電、風力発電の設備利用率は緯度の違い、洋上／陸上などの地勢条件により決まるものであり、変えようがない。

　具体的には、次のように説明できる。日本の電力消費量は、約1兆kWh[1]である。発電出力は夏季に約1億6,000万kW程度まで増大するが、年間平均すると約1億1,000万kW[2]である。例えば、この1兆kWhを太陽光ですべて賄うとしよう。太陽光の設備利用率は約15%なので[3]、太陽光の必要発電設備容量は、約7億6,000万kWと計算される。これは前述の必要発電出力約1億1,000万kWの7倍もの量に達する。発電出力約1億1,000万kWを越える発電量部分について、**図7.1**に示すように、蓄電、蓄熱あるいは水素転換して貯蔵するなどにより電気エネルギーの時間シフトが必要となる。

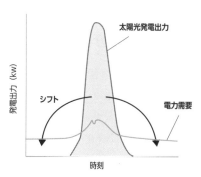

図7.1 太陽光発電の時間シフト

そのシフト量は単純に考えれば、前述約7億6,000万kWと約1億1,000万kWの差分の電力を昼間5時間分程度貯蔵する容量となろう。その時の蓄電量は次の通り計算される。

(7億6,000万kW ー1億1,000万kW)×5hr ＝ 32.5億kWh

例えば、その電気量を全国の電気自動車用蓄電池(価格：1〜5万円／kWh、容量：60kWh／台)で貯えようとすると、必要な蓄電池代と電気自動車台数は次の通り試算される。

32.5億kWh×1〜5万円／kWh ＝約32.5〜160兆円
32.5億kWh／60kWh／台 ＝5,420万台

日本の自動車保有台数8,000万台程度である。もし日本の自動車がすべて電気自動車で放電状態にあれば、その総蓄電池容量は大きく、また土建工事費などを要す定置用に比べ値段は安いことから、電気自動車の蓄電池を電気エネルギーの時間シフトや系統安定化に活用していこうとする発想はここにある。

この問題は、風力発電でも同様である。既存の火力、原子力発電に比べこれらの設備利用率の低い発電設備は、膨大な発電設備容量の整備と電気エネルギーを時間シフトさせるための蓄エネルギー設備が必要となる。そのため、地球上で太陽光発電、風力発電の設備利用率が可能な限り大きく、広大な土地を使ってこれら発電コストを安価にできる地域として、中東、北アフリカ、北海、オーストラリアなどが注目される訳である。

2 蓄エネルギー技術の分類

これら蓄エネルギー技術の分類と、各種蓄エネルギー技術における出力時間と貯蔵容量の適性範囲について**図7.2**と**図7.3**に示す。この中で、変動の激しい再エネ(電気エネルギー)を大規模に貯蔵する方法として、現在、活発に開発・市場導入が進められている技術が、蓄電池(化学エネルギー)、蓄熱(熱エネルギー)、そして水素(化学エネルギー)である。これら蓄エネルギー技術について、蓄電池は、入出力特性の良さからおもに短時間の蓄エネルギー手法であるといえよう。

蓄熱は、その安定性から数日程度までの暖房、産業プロセス用熱源としての蓄エネルギー手法として、また水素は、発電／輸送向けクリーン燃料利用として長時間貯蔵可能な蓄エネルギー手法としての活用が考えられている。いずれもエネルギーの出力時間を長く、システム出力を大きくできる、すなわち大容量にエネルギー貯蔵が可能な技術として適性に合った分野に向けて住み分けられ、開発が進められている。このように、再エネを電気エネルギー、熱エネルギー、化学エネルギーとして利用することは、「再エネの主力電源化」というより、むしろ「再エネの主力一次エネルギー源化」という表現の方が適切であろう。

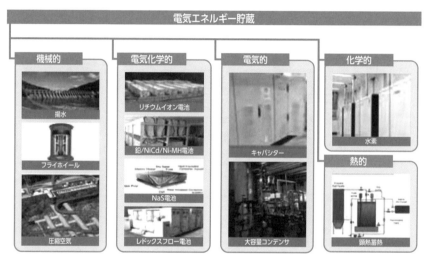

図7.2　各種蓄エネルギー方法
出典：WeMake RENEWABLE ENERGY CONSULTING「The new era of energy storage」(2020) [4]をもとに作成

なお、**図7.3**において、フライホール、キャパシター、コンデンサなどの蓄エネルギー技術も表記されているが、これらは極短時間での出力を特徴とし、用途的には電気エネルギーの時間シフトというより、電圧変動・周波数変動抑制向けの蓄エネルギー技術といえよう。

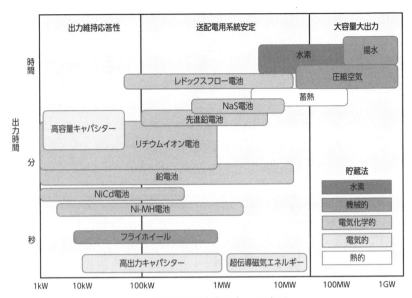

図7.3 各種蓄エネルギー技術の特性

出典：David Sprake et al.「Housing Estate Energy Storage Feasibility for a 2050 Scenario」(2017)[5]をもとに作成

7.2 〉蓄電池の技術開発

1　蓄電池の技術

　前節で解説したとおり、再エネの活用には、その不安定な出力を平準化し、時間シフトするために、蓄電池の活用は必要不可欠である。

　約10年前、この市場を目指し、国内で最初に大容量蓄電システムの開発に取り組み始めたのが三菱重工業株式会社[6]であった。それまで小型用途でしか用いられていなかったリチウムイオン電池を大型化、大容量化したことで、それ以降、リチウムイオン電池が太陽光や風力発電向けの電力貯蔵用電池として大容量蓄電システムに採用されていく切っ掛けとなった。

　このような大型の電力貯蔵用蓄電池としては、ほかにナトリウム硫黄(NaS)電池、レドックスフロー電池がある。**表7.1**にこれら電力貯蔵用蓄電池の特徴を示す。

❶ リチウムイオン電池

　リチウムイオン電池は現在もっとも普及が進んでいる蓄電池であり、高出力タイプや高容量タイプなどさまざまな特性を持つ蓄電池が電気自動車や定置用蓄電システム市場に投入されている。これらの特性は、電池電極の製造仕様や電池の直並列数の調整により決定される。ほかの蓄電池に比べ、自動車の加速のアシストやブレーキ回生用の蓄電池としても用いられるように、内部抵抗が小さいが故に電圧ロスが小さく発熱量も少ないため急速充放電特性に優れている。定置用では充放電時間が1時間から4時間程度までの充放電時間仕様で用いられることが多い。短時間対応が多いというのは、出力(kW)は大きく、放電時間(h)は短く蓄電容量(kWh)が設計されることになる。そのため、太陽光や風力発電の出力変動(系統周波数・電圧安定)対応や電力需要と供給の短時間シフト向けとして用いられる場合が多い。

　電気自動車向け蓄電池においては、ハイブリッド電気自動車(HEV：Hybrid Electric Vehicle)向けは高出力タイプで短時間充放電が可能な仕様が、バッテリー電気自動車(BEV：Battery Electric Vehicle)向けは高容量タイプで長距離走行が可能な仕様のものが選ばれる。

表7.1　大型電力貯蔵用電池の特徴

	リチウムイオン電池	ナトリウム硫黄電池	レドックスフロー電池
公称電圧(V)	3.7V	2.1V	1.4V
正極	リチウム複合酸化物	硫黄	炭素
負極	炭素	ナトリウム	炭素
電解質	非水系有機電解液	酸化アルミナ固体電解質	バナジウムイオン水溶液
特徴	常温作動で扱いやすい 軽量・コンパクト 急速充放電が可能	高温(300℃)作動 コンパクト	常温作動で扱いやすい 大容量化しやすい
充放電原理	リチウムイオンの正負極間の移動で充放電を行う	ナトリウムイオンの正負極間の移動で充放電を行う	酸化バナジウムの価数変化(水素イオンの移動)を利用し充放電を行う
反応式	正極)$Li_{1-x}CoO_2+xLi^++xe^-\leftrightarrows LiCoO_2$ 負極)$C_6Lix\leftrightarrows 6C+xLi^++xe^-$ 全体)$C_6Lix+Li_{1-x}CoO_2\leftrightarrows 6C+LiCoO_2$	正極)$xS+2Na^+\leftrightarrows Na_2Sx$ 負極)$2Na\leftrightarrows 2Na^++2e^-$ 全体)$2Na+xS\leftrightarrows Na_2Sx$	正極)$VO^{2+}+H_2O\leftrightarrows VO_2^++2H^++e^-$ 負極)$V^{3+}+e^-\leftrightarrows V^{2+}$ 全体)$VO^{2+}+H_2O+V^{3+}\leftrightarrows VO_2^++2H^++V^{2+}$
原理図			

出典：一般財団法人電力中央研究所　テクノロジー&トレンド「活用が期待される二次電池とは」(2021) [7] ／
テムズ中日株式会社　Kids環境ECOワード【エネルギー】No.17「NAS電池」ってな〜に？」(2021) [8] ／
電池の情報サイト「レドックスフロー電池の構成と反応、特徴」(2021) [9] をもとに作成

　最近、再エネ導入の著しい中国では、国産(CATL：Contemporary Amperex Technology Co. Ltd.)のリチウムイオン電池を用い、中国最大のバッテリー・エネルギー貯蔵システム複合エネルギー発電所を建設している。これは、200MW太陽光発電、50MW集光型太陽光発電(CPV[1])、400MW風力発電、100MWh蓄電システムを1つのシステムに統合し、系統に接続した中国初のプロジェクトである[10]。

1　**CPV**　Concentrator Photovoltaics、直達日射光を集めるレンズや、集めた光をエネルギーに変える発電素子などからなるモジュール構造をした太陽光発電装置。

❷ナトリウム硫黄電池

ナトリウム硫黄電池(NaS電池、**表7.1**参照)は、充放電速度が遅いため、基本的に4時間から7時間程度までの充放電時間のものが多い。前述、リチウムイオン電池で示した蓄電容量(kWh)において、蓄電容量は同じでも出力(kW)は小さく、その代わりに放電時間(h)を長くする設計となる[11]。急速充放電対応とするためには、蓄電システムにおいて並列数を増やす設計となる。したがって、仕様的にはリチウムイオン電池よりもやや大容量の長時間タイプの蓄電システムに適する。現状、NaS電池を製造供給可能なメーカーは日本ガイシ株式会社のみであるが、再エネの出力安定化、系統安定化、そして離島・地域電力マイクログリット用として世界各国に輸出されている[12]。

なお、NaS電池は高温作動(約300℃)電池のため、温度維持のために電力消費があることに注意を要する。

❸レドックスフロー電池

レドックスフロー電池(**表7.1**参照)は、バナジウム水溶液タンクの容量を大きくするのみで、出力(kW)は一定のまま放電時間(h)を長くすることが可能であり、任意に蓄電容量(kWh)を大きくすることができる。バナジウム水溶液は、正負極とも十分な水液量の循環があれば、急速充放電にも対応できるが、補機動力を要すため基本的には4時間程度以上の長時間タイプの蓄電システムといえよう。

現状、レドックスフロー電池の国内製造供給可能なメーカーは住友電気工業株式会社のみと思われるが、海外では、2010年頃からアメリカ、ヨーロッパ、中国などでも開発が進められ、ESS Inc.社、レッド・エネルギー社(RedT Energy PLC.)、レッド・フロー社(RedFlow)、プリムス・パワー社(Primus Power)、SCHMID Group社、ViZn Energy System社、ユニ・エネルギー・テクノロジー社(UniEnergy Technologies)、VRB Energy社、ビオンクス・エネルギー社(VionxEnergy)などの会社が開発を進めている。住友電気工業株式会社の実証プラントを**図7.4**に示す。

図7.4 住友電気工業株式会社　横浜製作所内の実証プラント
資料提供：住友電気工業株式会社 [13]

❹次世代蓄電池

　現在、日本では経済産業省と文部科学省のもと、定置用・自動車(車載)用蓄電池としてさまざまな次世代蓄電池の開発プロジェクトが進められている。**図7.5**に研究開発中の電池の特徴、プロジェクト名、開発目標を示す。多くのプロジェクトで「高容量」、「高出力」、「低コスト化」、「高安全性(難燃性)」、「長寿命」を目指し開発が進められている。

　以下に開発電池とプロジェクト名を整理した。

表7.2 開発電池とプロジェクト名

開発電池名	プロジェクト名(略称)
①ナノ界面制御電池(ハロゲン化物)	RISING 2[※1]
②亜鉛空気電池	RISING 2
③ナノ界面制御電池(コンバージョン)	RISING 2
④金属硫化物電池	RISING 2
⑤全固体電池	SOLiD-EV[※2]、ALCA-SPRINGほか
⑥リチウム硫黄電池	ALCA-SPRING[※3]ほか
⑦リチウム空気電池	ALCA-SPRING[※3]ほか
⑧マグネシウムイオン電池	ALCA-SPRING[※3]ほか
⑨ナトリウムイオン電池	元素戦略[※4]ほか

注)プロジェクトの正式名称は次の通り
※1 RISING 2：国立研究開発法人国立研究開発法人新エネルギー・産業技術総合開発機構(NEDO)革新型蓄電池実用化促進基盤技術開発[14]
※2 SOLiD-EV：国立研究開発法人新エネルギー・産業技術総合開発機構(NEDO)先進・革新蓄電池材料評価技術開発[15]
※3 ALCA-SPRING：科学技術振興機構(JST)事業「戦略的創造研究推進事業／ 先端的低炭素化技術開発」(ALCA)の「次世代蓄電池研究加速プロジェクト」(SPRING)[16]
※4 元素戦略：文部科学省事業「元素戦略プロジェクト〈研究拠点型〉」[17]

　この中で、亜鉛空気電池、コンバージョン(FeF$_3$)、金属硫化物(Li-S)電池では、すでに8Ah級電池セルが試作されている。これら電池は、**図7.5**に示すように、現状のリチウムイオン電池と比べ作動電圧は低いが、汎用性の高い材料で作られることに意義がある。

全固体電池は、硫化物系固体電解質が開発され高い安全性が示されているが、これも作動電圧が低いため、今後、高容量化が課題となろう。

　日本では、多種多様な蓄電池が開発され、しかも用途も多岐に渡るため、目標／目的をきちんと定め、他国に負けない蓄電池開発のためのマネジメント力が問われるところである。

　さらに、これら蓄電池は、再エネを有効に活用していくために大量に利用されていくものであり、「生産技術」や「資源確保／リサイクル」技術を確立していくことも重要であることを忘れてはならない。

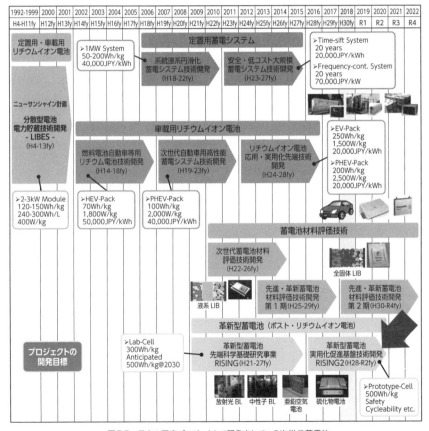

図7.5 日本の国家プロジェクトで開発されている次世代蓄電池
国立研究開発法人新エネルギー・産業技術総合開発機構（NEDO）
「革新型蓄電池実用化促進基盤技術開発（中間評価）分科会資料」（2018）[18]をもとに作成

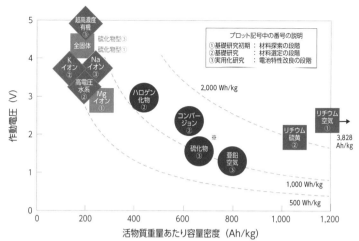

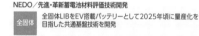

図7.6 日本の国家プロジェクトで開発されている次世代蓄電池
国立研究開発法人新エネルギー・産業技術総合開発機構（NEDO）
「革新型蓄電池実用化促進基盤技術開発（中間評価）分科会資料」(2018)[18]をもとに作成

2 各種蓄電池の国内実証例

　日本では、再エネ導入促進を目論み、2012年7月にFIT(Feed in Tariff：フィット)
制度が始まった。それにともない、太陽光や風力発電のような不安定な再エネ電
源を導入しつつ、他国と電源系統の連携がない日本において、安定的な電力供給
を行うために、蓄電池の必要性が高まった。

　安定な再エネ電力を電源系統に受け入れるために行われた蓄電池（蓄電システ
ム）を用いた系統安定化実証の例を**図7.7**に示す[19]。

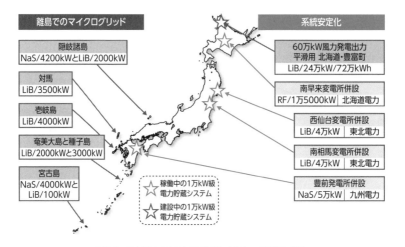

図7.7 日本国内のおもな1MW級の蓄電システム導入事例
出典：電気新聞「活用が期待される二次電池とは 第3回 再エネ大量導入」(2020) [19] をもとに作成

❶南早来変電所レドックスフロー電池による系統安定化実証

　北海道電力株式会社と住友電気工業株式会社が、当時世界最大級のレドックスフロー電池[2]を用いて、以下のような開発に取り組んでいる (**図7.8**) [20]。

①蓄電池を周波数調整用電源とみなした周波数変動抑制手法の開発
②蓄電池による、余剰電力(下げ代)対策運転手法の開発

　蓄電池種類：レドックスフロー電池
　蓄電池規模：定格出力15 MW、容量60 MWh
　実証期間：平成27年12月〜平成31年3月

2　**レドックスフロー電池**　イオン(例えば、バナジウムイオン)を含む溶液を外部タンクに備え、ポンプなどにより液通型電解セルに循環供給 (**表7.1**) して酸化還元反応を利用して充電と放電を行う二次電池。

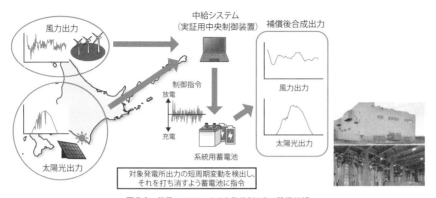

図7.8 蓄電システムによる変動抑制とその設備外観
出典：北海道電力ネットワーク株式会社プレスリリース(2015) [20]をもとに作成

❷西仙台変電所リチウムイオン電池による周波数調整力の拡大実証

　東北電力株式会社と東芝株式会社が、風力発電や太陽光発電の普及拡大にともなう、周波数変動に対する調整力の拡大効果の実証試験を行っている (**図7.9**) [21][22]。

蓄電池種類		リチウムイオン電池		
蓄電池規模	定格出力	20 MW(短時間 40 MW)	容量	20 MWh
実証期間		平成26年度～平成29年度		

図7.9 蓄電システムの設備外観
資料提供：東北電力ネットワーク株式会社プレスリリース(2015) [21]、東芝株式会社ニュースリリース(2013) [22]

❸豊前発電所NaS電池による需給バランス改善などの実証

　九州電力株式会社と日本ガイシ株式会社が、再エネの最大限受け入れに向け、需給バランスの改善、系統電圧制御、周波数調整の検証の実証試験に取り組んでいる (**図7.10**) [23][24]。

蓄電池種類	NaS 電池			
蓄電池規模	定格出力	50 MW	容量	300 MWh
実証期間	平成27年度～平成28年度			

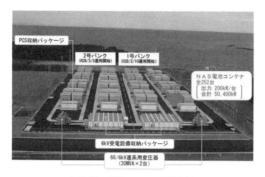

図7.10 蓄電システムの設備外観

資料提供：九州電力送配電株式会社プレスリリース(2016)[23]、日本ガイシ株式会社プレスリリース(2016)[24]

❹隠岐諸島(離島)における出力変動対策の実証

　中国電力株式会社、日本ガイシ株式会社、株式会社GSユアサが、隠岐諸島における再生可能エネルギーの導入拡大を目的とし出力変動対策の実証を2種類の蓄電池を用いて実証試験に取り組んでいる[25] [26]。

蓄電池種類	①NaS 電池			
	②リチウムイオン電池			
蓄電池規模	①定格出力	4.2 MW	容量	25.2 MWh
	②定格出力	2 MW	容量	0.7 MWh
実証期間	平成27年度～平成30年度			

3　実用化への期待

　日本は、世界に先駆けて得意の蓄電池技術力を生かし不安定な再生可能エネルギーを如何に既存の電力系統に導入していくか取り組んできた実績がある。また、車載用途としてもHEV、BEV化が進められている。しかし、それ以上に世界の再生可能エネルギーの導入速度は速く、それに合わせて蓄電池も急速にコストダウンが進んでいる。日本は蓄電池(リチウムイオン電池)技術で、2019年12月ノーベル化学賞を受賞した吉野 彰氏(旭化成株式会社名誉フェロー)を配した国でもあり、他国に遅れることなく蓄電池の実用化／事業化を推進して欲しいものである。

7.3 〉蓄熱発電システム

1 蓄熱発電システムとは

7.1節で述べた通り、再エネ電力を大規模かつ安定的に利用するためには、何らかの蓄エネルギー技術と組み合わせることが必須となる。蓄エネルギー技術としては、蓄電池や水素、揚水などのほかに、熱の形でエネルギーを蓄え、必要時に発電する「蓄熱発電システム」がある。蓄熱発電システムは、**図7.11**に示したように(**図7.3**再掲)、蓄電池に比べて、出力数10〜数100 MW(容量数100MWh〜数GWh)以上の高出力・大容量発電や、数時間から数日程度の長時間蓄エネルギーに向いている。一方、0〜100%出力にかかる時間応答性は、蓄電池が10ミリ秒以下であるのに対して、蓄熱発電システムの場合、一般的に数秒〜数10分であり、瞬時の出力変動対応には不向きとされている。

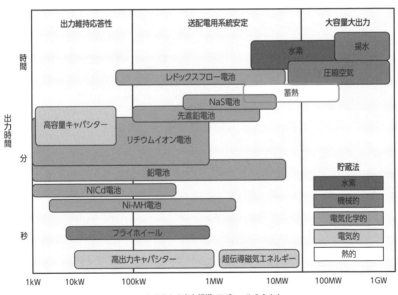

図7.11 各種蓄エネルギー技術の特性(**図7.3**再掲)
出典：David Sprake et al. 「Housing Estate Energy Storage Feasibility for a 2050 Scenario」(2017)[5]をもとに作成

蓄熱発電システムは、**図7.12**に示すように、基本的に、再エネ由来の電力を熱に変換する「電気から熱への変換部」、エネルギーを熱として蓄える「蓄熱部」、熱を電気に変換する「熱から電気への変換部」の3要素により構成される。電気から熱への変換部では、おもに電気抵抗器やヒートポンプなどを利用する。熱から電気への変換部では、通常の火力発電などで使用されるスチームタービンやガスタービンで発電するシステムが主流であり、ほかにもスターリングエンジン[3]やヒートポンプなどを用いる場合もある。蓄熱部については、蓄熱方式により「顕熱蓄熱」「潜熱蓄熱」「化学蓄熱」の3種類に大別される。

　以上のように、蓄熱発電システムは、上記3要素の出力および容量を個別に設定できるため、用途に合わせた最適なシステムが構築しやすいことと、設備コストが蓄電池に比べて安価に設計できる点が有利である。これらと冒頭で述べた特徴から、蓄電池ではカバーしきれない蓄エネルギー用途に利用すべく、現在、技術開発が進められている。

　以下にそれぞれの蓄熱方式の特徴と原理、実証・実用例を紹介する。

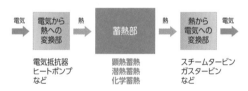

図7.12　蓄熱発電システムの基本構成

2　顕熱蓄熱

❶特徴と原理

　顕熱蓄熱は、物質(蓄熱材)の持つ比熱と温度差を利用する蓄熱で、3種類の中でもっとも技術開発が進んでおり、現在実用化されている蓄熱発電システムは、ほとんどがこの方式を採用している。蓄熱材は、熱の出し入れにおいて、相変化や化学変化をせず、固体は固体のまま、液体は液体のままである。固体の蓄熱材としては、直径数センチ程度の砕石[27]やコンクリート、目新しいところでは焼却灰をガラス化した物質[28]が使用されている。

　蓄熱する際には、電気から熱への変換部で加熱された空気などを蓄熱材に通過

3　**スターリングエンジン**　シリンダー内のガスを外部から加熱・冷却して膨張・収縮を繰り返すことで仕事をするエンジンの1つ。

させる。放熱の際には、室温程度の気体を蓄熱材に通過させることによって加熱し、その熱を利用して熱から電気への変換部で発電する。蓄熱材が液体の場合は、溶融塩[29]やオイル系のものを使うケースが多い。溶融塩で代表的なものは、硝酸ナトリウムと硝酸カリウムの混合物で、290〜560℃程度の温度域で使用できる。

　一般的には、**図7.13** に示すように、高温の液体を入れるタンクと、低温の液体を入れるタンクを用いて、蓄熱の際には低温タンクの蓄熱材をポンプで電気から熱への変換部へ送り加熱する。加熱された蓄熱材は高温タンクに貯蔵される。放熱の際には高温タンクの蓄熱材をポンプで熱から電気への変換部へ送り発電する。温度が下がった蓄熱材は低温タンクで保存される。その他、ひとつのタンクで上記と同様の機能を持つ方式についても技術開発が行われており、コストメリットや省スペースが期待されている。

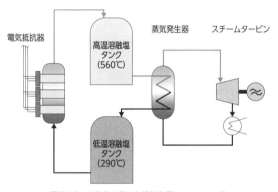

図7.13　溶融塩を用いた蓄熱発電システムの一例

❷実証・実用例

　固体の顕熱蓄熱材の事例としては、スペインのシーメンスガメサ・リニューアブル・エナジー社(Siemens-Gamesa Renewable Energy,S.A.)が、砕石を蓄熱材として、空気で熱を出し入れする方式を採用している[27]。2014年の試験運転から2019年のデモ運転を経て、2021年からの商用プラント建設を目指している。このデモプラントの場合では、蓄熱温度は最大800℃、蓄熱規模130 MWh-thと比較的大型であり、商用プラントでは更なる大型化も可能である。現時点で、大型指向の蓄熱発電システムにおけるベンチマーク的存在といえる。

　ドイツのエル・ヴェー・エー・パワー社(RWE Power：Rheinisch-Westfälisches Elektrizitätswerk AG)は、**図7.14** に示すように、石炭火力のボイラーを、再エネ電力と蓄熱システムに置き換えることで、CO_2排出量を削減する構想を発表し

ている[30]。既設の石炭火力のスチームタービンを流用し、石炭ボイラーの代わりに、溶融塩ないし砕石などを利用した顕熱蓄熱システムで熱を供給する。CO_2排出量は石炭ボイラーと蓄熱システムからの熱の供給割合に依存するが、すべての熱を蓄熱システムから供給すると、排出量は理論上ゼロとなる。

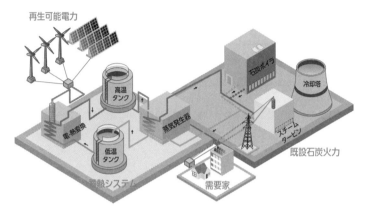

図7.14 RWE Power社の石炭火力ボイラの蓄熱システムへの置き換え構想概念図（蓄熱材が溶融塩の場合）
出典：en:former「Coal-fired power plant to be converted into heat storage facility」(2019)[30]をもとに作成

3 潜熱蓄熱

❶特徴と原理

　潜熱蓄熱は、固‐液の相変化の潜熱を利用するものであり、顕熱蓄熱に比べて、単位体積・質量あたりの蓄熱量が大きいことが特徴である。また、相変化の温度は一定なので、**図7.15**に示すように、放熱の際に一定温度の熱が取り出せる点で、使い勝手が良い。潜熱蓄熱のこうした特徴から、蓄熱材の選定においては、単位量あたりの潜熱量が大きい物質のほうが有利である。また相変化の温度が使用温度と一致する物質を蓄熱材として選ぶことも大切である。

　潜熱蓄熱材としては、パラフィン系の化合物や無機水和物塩などがあるが、蓄熱発電の用途では、高温（500℃以上程度）で相変化することが、熱から電気への変換の効率の観点から望ましいため、Al-Si合金などの金属系潜熱蓄熱材の開発が進んでいる。これは、高温利用が可能なことに加えて、潜熱量が大きく、熱伝導率も高く、熱の出し入れの際の時間応答性が良いのが特徴である[31][32][33]。この他に、潜熱量が大きく、安価な特徴を有する溶融塩系の潜熱蓄熱材もある[34][35][36]が、課題として、熱伝導率が低いことと、相変化の際の体積変化が大きい点

がある。最近では、潜熱蓄熱材をセラミックの殻で覆って、ハンドリングと性能を向上させた材料などの開発が進んでおり、実用化と普及が期待される。

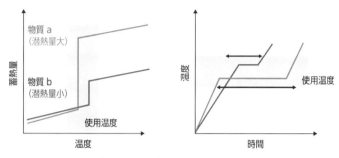

図7.15　潜熱蓄熱材の温度・潜熱量と使用温度・時間の関係

❷実証・実用例

　潜熱蓄熱は顕熱蓄熱に比べて実用化が遅れていたが、ここ数年の進展が著しい。スウェーデンのアツェッリョ社(Azelio)は、アルミニウム合金の融解潜熱を利用して、約600℃程度で蓄熱し、スターリングエンジンにより発電するシステムを開発している[37]。現在商品化されているシステムは、一台当たりの出力が13kWで、13時間の発電を可能としている。発電システムの概要を**図7.16**に示す。同社によると本システムの耐用年数は約30年とされている。また、ライフサイクル分析による単位電力量あたりのCO_2排出量は23 g-CO_2／kWhであり、Li-ion

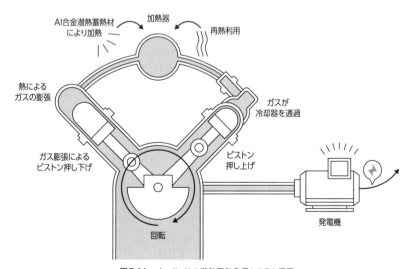

図7.16　Azelio社の潜熱蓄熱発電システム概要
出典：Azelio「Building a renewable future」[37]をもとに作成

バッテリーシステムの 32 g-CO₂ ／kWh、高効率ディーゼル発電機の 523 g-CO₂ ／kWh に比べて低いとしている。同社は、同様のシステムの設置台数を今後 4 年間で徐々に拡大し、アメリカのバイオ燃料製造会社に 120 MW、モロッコの バイオジェット燃料製造会社に 45 MW の装置を設置するとしており、それ以外 の事業も含めて、2021 年 2 月の時点で合計で出力 426 MW 超、容量 5.4GWh の MOU[4] に署名している。

北海道大学の能村貴宏准教授らは、**図7.17** に示すアルミニウム合金系の物質 を数 10 μm のセラミック製カプセルに入れた、潜熱蓄熱材を開発した[38][39]。カ プセル内部の物質を変えることで 30℃〜700℃ までの蓄熱に対応する。カプセル 状にすることで、内部の物質が融解しても形状を保つことができるほか、ペレッ トやハニカムなどのさまざまな形状に成形できる。性能を評価し、10 年後の実 用化を目指すとしている。

高温潜熱蓄熱マイクロカプセル

図7.17 高温潜熱蓄熱マイクロカプセル
出典：北海道大学　能村 貴宏「研究シーズ集　高温潜熱蓄熱マイクロカプセル」[39] をもとに作成

4 化学蓄熱

❶特徴と原理

化学蓄熱は、可逆の化学反応を利用して、熱エネルギーを化学エネルギーへ変 換し、蓄熱する方式であり、単位体積・質量あたりの蓄熱量が大きいことと、長 期間の蓄熱でも熱損失が少ないことが特徴である。また、蓄熱時の温度に対し、 より高い温度で放熱できることも、ほかの蓄熱方式にない大きな特徴である。化 学蓄熱材として用いることができる反応系としては、無機塩類とアンモニア、金

4　**MOU**　Memorandum of Understanding の略。当事者間の合意内容を書面にしたもの。契約書に比べて法的拘束力 は弱いことが多い。

属と水素、無機塩と水、金属酸化物と気体から成る系などがあるが[40]、そのうち、より高温で熱が取り出せる反応としては、下式(1)に示した、無機塩と水の系である水酸化カルシウム／酸化カルシウムの反応が挙げられる。

$$Ca(OH)_2(s) \rightleftharpoons CaO(s) + H_2O(g) \qquad \Delta_r H = 110 \text{ kJ mol}^{-1} \qquad (1)$$

図7.18に示すように、蓄熱の際には、水酸化カルシウムを400℃以上に加熱し、水を排出させるとともに酸化カルシウムを生成させる。放熱の際には酸化カルシウムを水に接触させ、水酸化カルシウムを生成させるともに、発生する熱を利用する。

一般的に、化学蓄熱材の課題は、繰り返しの蓄放熱による材料劣化で、反応速度が低下することだが、粉体の水酸化カルシウムで100サイクルの蓄放熱試験を行った結果、反応速度がほとんど低下しなかったとの報告もある[41]。

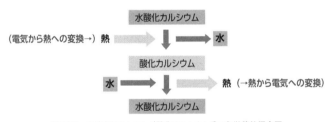

図7.18 水酸化カルシウム／酸化カルシウム系の化学蓄熱概念図

❷実証・実用例

愛知製鋼株式会社、株式会社豊田中央研究所、近江鉱業株式会社は、2019年に世界ではじめて、独自開発のカルシウム系蓄熱材を用いた工場実証に成功したと発表した[42]。石灰を主原料とする物質を高密度で成形・結着したプレート状の化学蓄熱材で、化学蓄熱材の課題である繰り返しの蓄放熱による劣化を抑え、数千回の反復利用を可能としている。実証試験では、**図7.19**に示すように、ステンレス鋼の加熱炉から発生する400℃以上の排熱を蓄熱し、放熱した熱を利用してステンレス鋼の酸洗工程の酸液を加熱するための蒸気として利用した。加熱炉を電気抵抗器などに置き換え、放熱の際の蒸気を発電に利用することで、蓄熱発電システムが成立するため、今後の応用展開が期待されている。

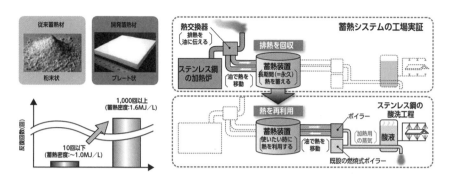

図7.19 愛知製鋼株式会社開発の化学蓄熱材および実証試験概念図
出典：愛知製鋼株式会社「地球温暖化抑制に貢献する蓄熱システム〜
世界ではじめてカルシウム系蓄熱材を用いた工場実証に成功〜」(2019)[42] をもとに作成

スウェーデンのソルトX・テクノロジー社 (SaltX Technology) は、酸化カルシウムに独自の多孔質無機コーティングを施した粒子状の化学蓄熱材を使用して、蓄熱発電システムのパイロット試験を実施している[43]。これまでにストックホルム (2018年)、ベルリン (2019年)、中国 (2020年) において実績を積み重ねており、2021年にはストックホルムのパイロット試験により、条件の最適化などを実施するとのことで、動向が注目される。

7.4 〉 圧縮・液化空気エネルギー貯蔵

　圧縮空気エネルギー貯蔵(CAES：Compressed Air Energy Storage)と液化空気エネルギー貯蔵(LAES：Liquid Air Energy Storage)は、何れも空気の膨張によりエネルギーを取り出す蓄エネルギー技術である。**図7.20**に示したように(**図7.3**再掲)、蓄電池に比べて、出力数10MW(容量数100MWh)以上の高出力・大容量発電と、数時間から数日程度の長時間蓄エネルギーに向く。また、耐用年数も、蓄電池の10〜20年に比較して、30〜50年と長いことも利点である。一方、0〜100%出力にかかる時間応答性は、蓄電池が10ミリ秒以下であるのに対して、数秒オーダーであり、瞬時の出力変動対応には不向きとされている。

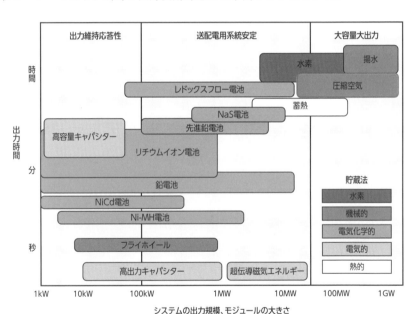

図7.20　各種蓄エネルギー技術の特性(図7.3再掲)
出典：David Sprake et al.「Housing Estate Energy Storage Feasibility for a 2050 Scenario」
(2017) [5]をもとに作成

❶圧縮空気エネルギー貯蔵：CAES

初期のCAESは、CAES-GT(Compressed Air Energy Storage-Gas Turbine)と呼ばれる方式で、**図7.21**に示すように、火力発電所でガスタービンを運転する際に必要となる圧縮空気を、夜間の安い電力で蓄えておくというやりかたである[44]。したがって、再エネの導入といったカーボンニュートラルではなく、経済的観点から開発が進められた技術といえる。その後、運転に化石燃料を使わない、断熱圧縮空気エネルギー貯蔵(A-CAES：Adiabatic-Compressed Air Energy Storage)および等温圧縮空気エネルギー貯蔵(I-CAES：Isothermal-Compressed Air Energy Storage)の技術開発が進められている。いずれも、電力により圧縮空気を作り、必要時に圧縮空気で膨張機を運転させ、電力を取り出すものである。

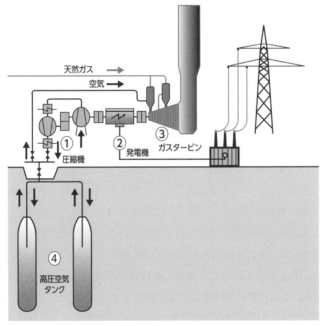

図7.21 CAES-GTの基本構成概念図
出典：F. Crotogino「Huntorf CAES: More than 20 Years of Successful Operation」[44]をもとに作成

A-CAESは、**図7.22**に示すように、空気を断熱圧縮・膨張するもので、断熱圧縮の際に発生する熱を蓄えておき、断熱膨張時にその熱を空気に与えることで温度の低下を抑える[45]。この熱の利用がA-CAESの特徴であり、充放電効率を50

～60%と高くする鍵となっている。I-CAESは、空気を等温圧縮・膨張するもので、界面活性剤によって発泡させた水を圧縮・膨張させることで、圧縮の際に生じる熱を水に蓄え、膨張の際の吸熱にその熱を利用することで、等温変化に近い状態を実現する。I-CAESの充放電効率は、「2　実証・実用例」で解説するSustainX社の実績によると55%とのことである。

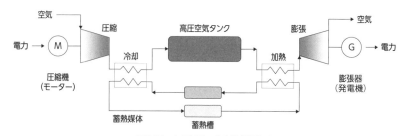

図7.22　A-CAESの基本構成概念図

出典：国立研究開発法人新エネルギー・産業技術総合開発機構(NEDO)ニュースリリース「圧縮空気エネルギー貯蔵(CAES)システムの実証試験を開始」(2017)[45]

❷液化空気エネルギー貯蔵：LAES

　LAESは、電力で空気を圧縮・液化し、必要時に液化空気を気化・膨張させることにより膨張機を運転し発電するものであり、基本構成としては、**図7.22**に示したCAESの高圧空気タンクを液化空気タンクとしたものである。そのため、CAESの一種として扱われる場合もある。空気は、圧縮すると体積が1／40〜1／70になるが、液化の場合は1／700であるため、空気の貯蔵に要する設備の容積は、LAES方が圧倒的に小さい[46]。CAESでは、圧縮空気の貯蔵に大規模な施設が必要であり、地上タンクでは高コストとなるために、地下の岩塩層の空間を利用するのが一般的である。一方、LAESの場合は、CAESに比べてコンパクトなため、設置場所の制約などがない点で有利である。ただし、液化空気中の窒素(N_2)は約－196℃、酸素(O_2)は約－183℃で蒸発するため、空気貯蔵施設には断熱を考慮する必要がある。また、空気圧縮の際に発生する熱を蓄えておき、膨張の際に利用し、気化の際に発生する冷熱は別に蓄えておき、液化の際に利用する。CAESと同様に、この蓄熱サイクルがLAESの充放電効率向上の鍵であり、蓄熱を利用しない場合の充放電効率が20〜30%程度であるのに対し、蓄熱により50〜60%まで向上できる。

　A-CAES、I-CAES、LAESともに、要素技術は存在するので、今後の本格的な実用化を見据えた場合、システムの実証、効率向上、経済性の向上が必須となる。そのためには、地下空間の利用などによる空気貯蔵の低コスト化、蓄熱利用によ

る効率向上、大規模化によるスケールメリットなどの課題について実証・検証を
進めることが重要である。

2　実証・実用例

❶圧縮空気エネルギー貯蔵

　世界初のCAES(CAES-GT)は1978年にドイツ連邦共和国のハントルフ(Huntorf)
に建設された。圧縮空気は地下の岩塩層に作られた空洞に貯蔵される。その後、
HYDROSTOR社(Hydrostor Inc.)は、A-CAESを2019年からカナダのオンタリオ
で運転開始した。これは、世界初の化石燃料を使わないCAESの商用運転である。
出力1.75 MW、容量10 MWhで、耐用年数は50年程度と非常に長い[47]。**図7.23**
に、HYDROSTOR社のA-CAESの概観を示す。

　また、中国の江蘇省では、出力60 MW、容量300 MWhの大型A-CAESが建
設中である。日本では、国立研究開発法人新エネルギー・産業技術総合開発機構
の「電力系統出力変動対応技術研究開発事業／風力発電予測・制御高度化／蓄エ
ネルギー技術を用いた出力変動制御技術の開発」(2014～2018年度)において、
一般財団法人エネルギー総合工学研究所、早稲田大学、株式会社神戸製鋼所が、
出力1 MW、容量0.5 MWhのA-CAESを静岡県賀茂郡河津町で実証した。

　I-CAESは、SustainX社がアメリカ政府の補助を受けて1.5MWの実証機を製作
し、2013年から実証運転を行った。SustainX社は2015年にGeneral Compression
社と合併してGCX Energy Storage社を設立し、I-CAESの技術は同社に引き継が
れているようである。

図7.23　HYDROSTOR社のA-CAES概観
出典：HYDROSTOR社「GODERICH A-CAES FACILITY」[47]

❷液化空気エネルギー貯蔵

　LAESに関しては、Highview Power社が、2011年イギリスのロンドンにて容量2.5 MWhのパイロット運転、2018年マンチェスター(Manchester)にて容量15 MWhの実証運転を実施してきた。2020年にはCarlton Power社とのジョイントベンチャーで、マンチェスターにて出力50 MW、容量250 MWhの商用1号機の建設を開始した。住友重機械工業株式会社は、2020年にHighview Power社に出資し、技術協力を行うとしている[48]。Highview Power社のLAES概観を、**図7.24**に示す。

　CAESとLAESは一般的に耐用年数が長い(30〜50年)といわれており、実際に、上記HuntorfのCAES-GTは40年を経過しても運転中である。

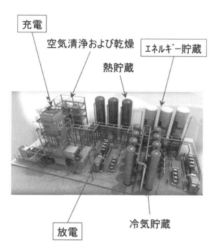

図7.24　Highview Power社のLAES概観
出典：住友重機械工業株式会社／Highview Power「英国Highview Enterprises Limitedへの出資について」
(2019)[48]

Column

6

空気だけでない！
水素も地中に貯蔵できる！

橋﨑 克雄

　蓄エネの1つとして圧縮空気を地下に貯蔵することは、7章4節で紹介したが、世界では、水素を地中に貯蔵するプロジェクトが進んでいる。ここに、アメリカとドイツの例を紹介する。

❶アメリカのプロジェクト

　三菱パワー株式会社が、アメリカ、マグナムデベロップメント(Magnum Development)社とともに、先進的クリーンエネルギー貯蔵事業(Advanced Clean Energy Storage Project)を推進している。風力発電や太陽光発電からの再エネ電力を利用して空気だけでなく、水電解して製造したグリーン水素をマグナムデベロップメント社が管理する岩塩空洞に貯蔵して、必要なときにそれを発電所などに供給し発電するというものだ。そのエネルギー貯蔵容量は、150GWhにもなるという。

　両社が手掛けるこの1GW規模の事業は、ユタ州ミラード(Millard)に構築される予定で、**コラム図7.1**に示すように、水素、圧縮空気、フロー電池、特定の種類の燃料電池の4つの異なるテクノロジーのいずれかを組み合わせて使用するという。

　マグナムデベロップメント社は、アメリカ西部で、プロパンやブタンのような液化天然ガスが蓄積されている岩塩空洞を運営している企業だ。同社は、岩塩空洞を利用して水素を貯蔵する方法や、空気を圧縮してエネルギーを貯蔵する方法の開発にも取り組んでいる。

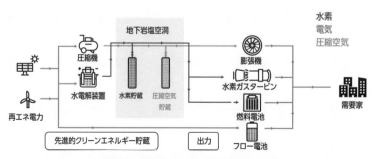

コラム図7.1　低炭素社会のための水素タービンシステム
出典：MHPS「MHPS H₂ Gas Turbine for Low Carbon Society」(2020) [49]をもとに作成

　37の塩水洞を保有するドイツのエネルギー事業者EWEも、ドイツ航空宇宙セ
ンター(DLR)と共同でベルリン近郊のリューデスドルフ(Rüdersdorf)で水素貯蔵
用の洞窟の建設を開始した。洞窟貯蔵施設の容量は500m³で、貯蔵中および洞窟
から取り出したの水素の品質を検証する。その後、1,000倍以上の洞窟に展開し、
将来的には、50万m³級の大規模な洞窟にグリーン水素貯蔵することを目指して
いるという。EWEは、天然ガスの地下貯留に関する知識を蓄積している。

コラム図7.2　EWE社のベルリン近郊の建設現地サイト
出典：「Work begins on underground hydrogen storage project in Germany」[50] ／
「EWE and DLR start a pilot project for underground hydrogen storage near Berlin」[51]

第 8 章

ネガティブ・
エミッション技術が
必要な理由

第8章　概要

　カーボンニュートラルな社会を実現する上で、大気中のCO_2を取り除く技術、つまりネガティブ・エミッション技術がどうしても必用となる。

　この章では、ネガティブ・エミッション技術が必用となる理由、その方法や実施における規模と時期について、これまでの知見をまとめてみる。

　また、研究開発への期待や実施における課題についても検討する。

ネガティブエミッションの方法

8.1 > ネガティブ・エミッション技術の重要性

1 世界で合意された長期的なゼロ排出目標

1章2節で解説したように、国連気候変動枠組条約第21回締結国会議 (COP21) においてパリ協定が採択されてから5年が経過し、カーボンニュートラルへ向けた各国の戦略表明が進みはじめている。この協定では、できる限り早期に世界の温室効果ガス (GHG) の排出量をピークアウトし、今世紀後半には人為的な GHG の排出と吸収による除去の均衡、つまり GHG 排出を正味でゼロにする[1]ことを排出削減に関する長期目標としている。

この長期的な排出削減目標は、2014年に公表された「気候変動に関する政府間パネル (IPCC) 第5次統合報告書評価報告書」[1]の科学的知見、つまり気温上昇を21世紀にわたって2℃未満に維持できる確率が66%以上である排出シナリオと整合的なものとなっている。2021年4月にアメリカ主催で開催された気候変動サミットでは、日本は長期的な正味ゼロ排出の目標に向け、2030年の早期のさらなる GHG 排出低減に向けた宣言も行っている。

2 正味ゼロを達成するネガティブ・エミッション技術

GHG 排出の正味ゼロを達成するには、特にエネルギーシステムの転換による大規模な排出削減が必要である。しかし、重工業や素材産業、信頼性の高い電力供給、航空・船舶・トラック長距離輸送などの排出削減が難しい部門[2]や、農畜産業によるメタン (CH_4) や亜酸化窒素 (N_2O) などのどうしても避けられない GHG 排出 (いわゆる残余排出) がある。そのため、可能な限りの排出削減努力とともに、大気中から CO_2 を取り除くことを追加で考慮する必要がある。

図8.1に、2℃目標に対応する GHG 排出経路とその達成に必要な大気中からの CO_2 除去量の例を示す。

---

1 **GHG 排出を正味でゼロにする**　GHG 排出量実質ゼロ (ネットゼロ) ともいう。

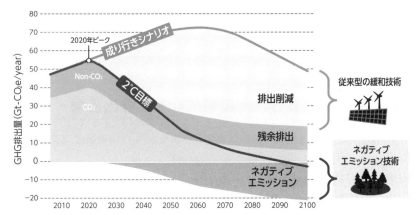

※注　GHG排出経路を実線、緩和技術によるGHG排出削減量を薄い青、残余GHG排出量のうちCO₂を下側の青およびCO₂以外を上側の濃い青、大気中からのCO₂除去量を灰色で示す

図8.1　2℃目標に対応するGHG排出経路の例
出典：国際連合環境計画(UNEP)「The Emissions Gap Report 2017」(2017)[3]をもとに作成

　こういった正味で排出ゼロを達成するために必要となる、大気中からCO_2を取り除き隔離するための技術を、ネガティブ・エミッション技術(Negative Emissions Technologies)[2] と呼ぶ。

3　1.5℃目標では早期のネガティブ・エミッション技術の導入が必要

　気温上昇を1.5℃に抑えるためのシナリオ、また、1.5℃と2℃の気温上昇が起きた場合の影響やリスクの違いを評価したIPCC1.5℃特別報告書[4]が2018年にパリ協定の締結を受け作成された。

　この報告書では、「1.5℃および2℃に気温上昇を抑えるシナリオ」において、**図8.2**で示すように、人為的なCO_2排出およびGHG排出を正味でゼロにすべき時期と、その後の正味で負としなければならない排出経路[3]に関する類型について分析がなされた。将来の社会イノベーションの度合いにより排出経路想定は大きく変わるものの、1.5℃に抑える場合には、どのような経路においても2040年前後からネガティブ・エミッション技術が使われはじめることが示された。

2　**ネガティブ・エミッション技術**　大気中からの炭素除去(Carbon Removal)技術、あるいは二酸化炭素除去(Carbon Dioxide Removal)技術とも呼ばれる。

3　**正味で負としなければならない排出経路**　つまり人為活動による世界全体の大気へのGHG排出・吸収のバランスを吸収側にしなければならない排出経路。

さらに2100年において**図8.2**のような正味CO$_2$排出量を達成するためには、以下のような大気中からのCO$_2$回収と隔離が必要となることも示された。

・エネルギー消費が非常に少ないシナリオ → 約5Gt-CO$_2$／年
・排出削減や将来の気候変化への適応といった観点から中位的なシナリオ → 約16Gt-CO$_2$／年
・1.5℃を一時的に超えてしまうが21世紀末には1.5℃に抑えるシナリオ → 25Gt-CO$_2$／年

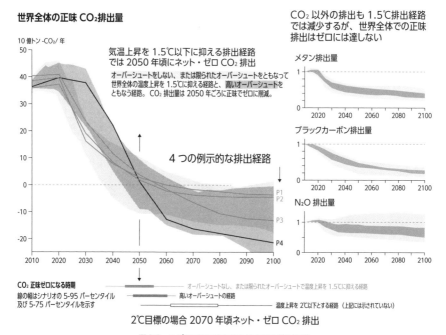

世界全体の正味 CO$_2$排出量

CO$_2$ 以外の排出も 1.5℃排出経路では減少するが、世界全体での正味排出はゼロには達しない

図8.2 1.5℃目標に整合的な代表的な排出経路
出典：気候変動に関する政府間パネル(IPCC)I「1.5℃評価報告書SPM」図3a (2018) [4]をもとに作成

また、1.5℃、2℃といった厳しい気温上昇抑制目標を実現する場合に限らず、世界全体の平均気温の上昇を安定化させるためには、将来的には人為GHG排出量が正味ゼロに向かう必要があることが、科学的な検討から明確になってきた。

さらに、高いオーバーシュートをともなう経路のように、正味ゼロの実現後に負のGHG排出量が求められることもある。そのため、ネガティブ・エミッション技術の早期の研究開発によるスケールアップと社会実装が急務となっているわけである。

8.2 〉 さまざまなネガティブ・エミッション技術

1 CO₂を除去・隔離する技術

大気中からCO_2を取り除き隔離するために、大規模実施の可能性が検討されている技術として**図8.3**に示すような方法がある。

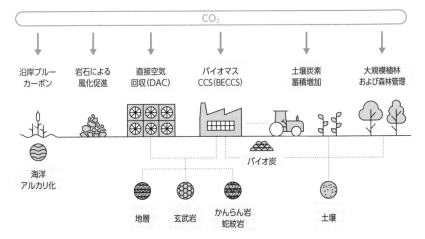

図8.3 主要なネガティブ・エミッション技術
出典：Jennifer Wilcox et al.,「Carbon Dioxide Removal Primer (CDR Primer)」(2021)[5]をもとに作成

図8.3の「大規模植林および森林管理」、「農地土壌への炭素蓄積増加」は、陸域生態系の光合成によるCO_2吸収を活用する方法であり、「バイオマスCCS（BECCS：Bioenergy with CCS）」や「バイオ炭」は、そういった陸域生態系による吸収と工業的技術の複合による隔離方法である。

さらには工業的技術による「直接空気回収によるCCS(DACCS)」、鉱物へのCO_2固定を利用した「岩石による風化促進」および「鉱物化」、沿岸湿地やマングローブなど沿岸生態系への炭素蓄積を利用した「沿岸ブルーカーボン」、海洋による化学反応を利用した「海洋アルカリ化[4]」が主要な方法として挙げられる。

---

4 **海洋アルカリ化**　酸化カルシウムなどの投入により海水のアルカリ度を高め、溶存CO_2や炭酸を重炭酸イオン(HCO_3^-)や炭酸イオン(CO_3^{2-})の形でため、海水面でのCO_2吸収を増加させる方法。

また、海洋生態系を利用した「海洋肥沃化[5]」や「海水からの直接CO_2回収」を通した技術の検討もなされている。

これらの技術は、その炭素隔離時間の違いによって、自然生態系の中へ数十年のオーダーで一時的に大気中のCO_2を移動するものと、地質・鉱物的により長い時間スケールで炭素を隔離するものに分類することができる。

前者としては、大規模植林、農地土壌への炭素蓄積増加、海洋肥沃化、沿岸ブルーカーボンがあり、後者としては、BECCS、DACCS、風化促進、海洋アルカリ化、その中間としてバイオ炭がある。

2 BECCS・DACCS技術の利用

それぞれの技術は、1.5℃や2℃目標といった場合に必要となるスケールにおいて、大気からのCO_2除去の効果以外に、環境や経済に対する影響や副作用をもたらすことに注意が必要となる。逆に、それぞれのネガティブ・エミッション技術がもたらすCO_2除去以外の共通便益を理解することは、その実施の促進において有利となり得る。

たとえば、これまでの多数の排出削減シナリオ研究においてその利用が記載されているBECCSは、バイオマスを発電に利用するとともにCO_2を回収して隔離するシステム、あるいは、バイオマスから液体燃料やガス燃料、および水素を製造するプロセスにおいてCO_2を回収し隔離するシステムである。

そのため、BECCSはネガティブ・エミッションを実現する上でエネルギーサービスも供給する共通便益が存在している。一方、バイオマス利用という点において、生産拡大による土地利用、水循環、栄養素循環、生物多様性などへの影響の把握が必須となる。

バイオ炭もバイオマスから炭を製造する上での熱供給や、バイオ炭自身の利用による土壌改良といった共通便益をもたらす可能性がある技術であるが、BECCSと同様にバイオマス生産による影響評価が必要となる。

DACCSは、土地の利用に関しては、陸域生態系を利用した技術に比較すると少ない面積で実施可能となる。一方、CO_2の分離回収のために、外部の電力・熱といったエネルギーや、CO_2吸着に必要な物質など工業的材料を大量に利用す

5　**海洋肥沃化**　海洋に鉄やリン、窒素など不足している栄養素を投入し、植物プランクトン生産を増加させ、堆積物として海底にたまる炭素を増加させる方法。

る技術となる。外部エネルギーとして風力や太陽光発電を利用し、大規模な回収を実施する場合、回収設備へのエネルギー供給の観点から土地利用面積が問題にもなりうる。風化促進については、破砕した玄武岩などのケイ酸塩岩石を農地に散布しCO_2固定させるとともに、土壌改良を通して農業生産を増加させることも可能であるといった検討もなされているが、重金属などが混入する可能性についてのリスクアセスメントも必用であろう。

8.3 〉ネガティブ・エミッション技術の課題

これらのネガティブ・エミッション技術は、その必要性とスケールは認識されているものの、技術的な成熟度はそれぞれ異なり、大規模な利用もまだなされてはいない。そのため、各技術のCO_2除去ポテンシャル、および共通便益や影響の観点から実現可能性の精査、スケールアップとコスト低下に向けた研究開発実証、さらには社会実装に向けた政策展開が、今後10年での課題となっている。

1 CO_2除去技術のポテンシャルと必要コスト

そういった認識のもと、全米アカデミーズは、2019年に「ネガティブ・エミッション技術と信頼できる隔離：研究課題」[5] と題した報告書を出版した。この報告書では、各技術による大気中CO_2の現状での除去ポテンシャルとその制約、およびコストをまとめ、知識ギャップを埋めるために必要な研究分野の特定と、スケールアップに向けた研究開発につぎ込むべきリソースに関し提言を行っている。

報告書の中で、現時点においても100US\$／t-CO_2以下で実施可能とまとめられた、各技術のポテンシャルとそのコスト範囲を**表8.1**に示す。

表8.1 100US\$／t-CO_2以下で現状可能な技術ポテンシャルと制約

技術オプション	推定コスト範囲(US\$／t-CO_2) L:20以下 M:20-100 H:100以上	100US\$／t-CO_2以下の世界ポテンシャル(Gt-CO_2／年[1])	現状での制約要因
沿岸ブルーカーボン	L	0.13	沿岸開発による土地制約、海面上昇
植林・再植林	L	1	食糧・繊維需要および生物多様性確保のための土地制約、森林管理との両立
森林管理	L	1.5	木材需要による制約、森林管理との両立
農地土壌への炭素蓄積	L〜M	3	面積あたり炭素蓄積量の限界、土壌保全との両立
BECCS	M	3.5-5.2	コスト、バイオマス利用可能性、食料競合、廃棄物系バイオマスからの炭素回収
DACCS	H	0(コスト低減可能性あり)	コスト、スケールアップ速度
鉱物化	M〜H	不明	メカニズム解明
合計		9.13-10.83	

出典：NASEM(全米アカデミーズ)「Negative Emissions Technologies and Reliable Sequestration」
TableS.1(2019)[6]をもとに作成

また、その結論は、以下となっている。

①土地利用に基づく4つのネガティブ・エミッション技術(植林、森林管理、農地土壌への炭素蓄積、BECCS)は、現時点で広範囲な実施が可能であり、緩和の戦略としてもコスト的にも見合う。

②ただし、土地利用の副作用(食料生産や生物多様性への悪影響)をもたらさないレベルでの実施が必要であり、これら4つのネガティブ・エミッション技術だけでは必要量(2050年に10Gt-CO_2／年、2100年に20Gt-CO_2／年レベル)に達しない。

③DACCSと鉱物化のCO_2除去ポテンシャルは大きく、革新的な技術となりえる。前者はコスト低下が課題、後者はメカニズムの解明も必要。

④除去ポテンシャルは他技術と比べると小さいが、沿岸生態系による炭素蓄積に好意的な評価(生態系回復、気候変動への適応の観点から実施すればコスト的に有利)。

このように、副作用をもたらさないレベルでの陸域生態系やバイオマスの早期利用と、DACCSや風化促進・鉱物化の研究開発によるスケールアップが重視されている。一方、海洋を利用したネガティブ・エミッション技術の可能性に関しては、実態の把握が遅れているため、今後も基礎的な研究の継続が必要であろう。

2 地域でみるCO_2除去量の把握

個々の技術開発や国・地球レベルでのポテンシャルの把握は進みつつあるものの、ネガティブ・エミッション技術を実施する場合、実際のCO_2除去の効果の把握にはライフサイクルでのエネルギー・環境・コスト影響分析が重要となる。

たとえば、BECCSやバイオ炭ではバイオマスの栽培や運搬、風化促進では岩石の採掘、粉砕、運搬、散布といったサプライチェーンを含むプロセスでのエネルギー・資材の利用とそれにともなう排出の考慮が必要となる。また、BECCSやDACCSのように地質的隔離と組み合わせる場合には、CO_2貯留地点の空間的な分布との関係も当然重要となる。このように、空間的な状況が結果としてCO_2除去量およびコストに影響をおよぼすため、最適な実施場所の検討に向け、地域レベルで空間詳細な研究がなされつつある。そういった例として、カリフォルニア州でのDACCSポテンシャル検討を**図8.4**に示す。

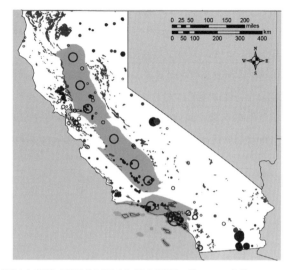

地熱（温度100℃以上）利用でのDACによるCO_2回収ポテンシャル（kt-CO_2／年）
- ● <50(13)
- ● 50 − 100(3)
- ● 100 − 500(6)
- ● 500 − 2,000(3)

地熱（温度60−100℃）利用でのDACによるCO_2回収ポテンシャル（kt-CO_2／年）
- ● <50(13)
- ● 50 − 100(1)
- ● 100 − 500(1)

地熱流体データ不足地点
- 温度100℃以上　(479)

飲料産業（kt-CO_2／年）
- ○ <1(70)
- ○ 1 − 5(45)
- ○ 5 − 15(10)

地質的CO_2貯留域
- ▨ 堆積性貯留岩
- ▮ 超苦鉄質岩

堆積盆地でのCO_2圧入性（kt-CO_2／年）
- ○ 25,000−50,000 (7)
- ○ 50,000−150,000

図8.4 カリフォルニア州での地熱およびCO_2貯留地点を組み合わせたDACCSのポテンシャル検討
出典：Sarah E. Baker et al.,「Getting to Neutral」(2020)[7]をもとに作成

3　研究開発と社会実装に向けたガバナンスの課題

研究開発の促進に向けた政策提言も活発となっている。アメリカにおいては、NGO、シンクタンクなどにおいて、2018年ごろよりDACを含む大気中のCO_2除去に関する研究開発に向けた提言がなされている[8] [9] [10]。このような中、2020年に入り、アメリカ合衆国エネルギー省(DOE：United States Department of Energy)では、DACに関する基礎および応用、革新的研究に対する予算措置が始まり[11]、化石エネルギーオフィスによる公募の1つであるFOA2188では、合計2,100万ドルの18件のDACに関する研究提案が採択されている[12]。日本においても、「2050年カーボンニュートラルに伴うグリーン成長戦略」として基金が設立され[13]、その中においてDACCS、BECCS、植林などによる大気中からの炭素除去の技術開発・実装に取り組むことが記載された。

このように研究開発は進みつつあるものの、ネガティブ・エミッション技術の社会実装においてはインセンティブが重要となる。アメリカにおいては、CCSおよびDAC実装に向けたインセンティブとして、EOR(石油増進回収：Enhanced Oil Recovery)を含むCO_2回収・貯留に関する税額控除45Qや、カリフォルニア州の低炭素燃料規制によるクレジットなど、経済的なハードルを下げる条件も整備されつつある。さらには、将来的な炭素オフセット市場の規模拡大を見

越し、ネガティブ・エミッション技術利用に関する自発的な炭素市場やクレジットも形成されつつある[14][15][16]。それを受け、DACや風化促進を利用したネガティブ・エミッション技術開発企業への民間からの資金提供も始まっている[17]。一方、ネガティブ・エミッション技術を利用したオフセットに関しては、CO_2隔離の永続性の確認、大気中からの除去量のダブルカウントを防ぐ仕組みなど、除去したCO_2量の適切なアカウンティングが必須であり、パリ協定の考え方と整合的な制度設計や標準化を早急にすすめる必要がある[18][19]。

Column 7 | CO₂を直接回収する DACシステム

加藤 悦史

8章3節1項で解説した全米アカデミーズ(NASEM)の報告書でも見たように、特定単一のネガティブ・エミッション技術、特に土地利用の制約が大きい植林やBECCSなど、陸域生態系を利用した技術に対する問題点の指摘が増加している。そのため、ネガティブ・エミッション技術のポートフォリオを広げる観点から、化学工学的に大気中のCO_2を直接回収するDAC(Direct Air Capture)技術に対する期待が高まっている。

❶ DACシステム

DACは潜水艦や国際宇宙ステーションのような特殊な特定の分野で用いられてきた技術であったが、現在は数社のベンチャー企業が、**コラム図8.1**に示すスイスのクライムワークス(Climeworks)社製のDAC商用設備のような、実証機の開発および商用化を進めている。現在、実証および商用化されているDAC技術は、カナダのカーボンエンジニアリング(Carbon Engineering)社で用いられている化学吸収液システムと、クライムワークス社で利用されている固体吸着材システムの2つに大別される。

化学吸収液システムは既存の工業プロセスがベースであり、強塩基性の水溶液を大気と接触させCO_2を回収し、さらに$Ca(OH)_2$水溶液と混合することにより炭酸カルシウムとして取り出すシステムである。そのため、年間100万t-CO_2規模に向けた大規模化が比較的容易とされる。

ただし、炭酸カルシウムからCO_2を分離するために900℃程度の高温の熱を必要する点で、大きなエネルギーが必要となる点が課題である。

※2019年5月執筆者撮影

コラム図8.1 クライムワークス(Climeworks)社製のDAC商用設備

❷ 固体吸着材システム

　一方、固体吸着材システムでは、商用化されている設備ではアミン材料が用いられているものが多いが、広範囲な材料が研究途上で、クライムワークス社の現在の実施規模では年間900t-CO_2から4000t-CO_2の回収量と、化学吸収液システムに比べ小規模となっている。

　固体吸着材システムでは、CO_2の吸着と再生に加熱・冷却を用いるものと乾燥・湿潤を用いるものがあるが、どちらも70〜100℃程度の比較的低温な熱を利用するため、システムとして排熱などが利用できるのでエネルギーコストが低い。しかし、材料開発のさらなる進展とスケールアップが課題となっている。

第 9 章

運輸・民生・産業の取り組み

第 9 章　概要

　私たちが社会生活を送る中で、比較的身近にエネルギーを感じ取ることのできるのが運輸部門、民生(家庭・業務)部門であり、それらを下支えしているのが産業部門である。

　エネルギーそのものは目に見えないが、光や熱として、確かに使っていることを感じることができる。では、各部門がどのようにエネルギーを消費し、どのくらいのCO_2を排出し、そしてどうすればカーボンニュートラルな社会を実現できるのか？　この章では、そのヒントを探ってみたい。

9.1 〉日本のエネルギー消費の現状

1 需要側のエネルギーはどのように使われているのか?

　ではまず、各部門のエネルギーの使われ方を見てみることにする。日本のエネルギーフローは**図1.6**に示した通りであるが、各部門の消費エネルギーの内訳は**図9.1**のようになっている。

　運輸部門ではエネルギー消費の実に約97%が石油であり、電力は約2%、バイオ燃料などは約0.6%に過ぎない。民生部門は比較的に電化率が高く、全体の約52%が電力であり、石油約27%、天然ガス約18%となっている。そして産業部門は、さまざまな業種があるため、エネルギー源はさまざまであり、全体としては電力約36%、石炭約25%、石油約21%、天然ガス約14%となっている。

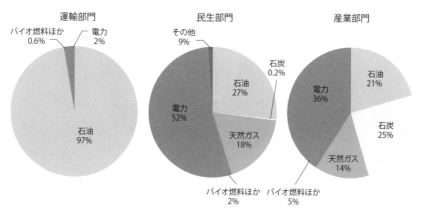

図9.1　運輸部門・民生部門・産業部門におけるエネルギー消費の内訳(2018年)
出典：国際エネルギー機関(IEA)「Sanky diagram」(2020)[1]をもとに作成

2 各部門のCO₂排出量の削減に向けて

　各部門からのCO_2排出量は、**図9.2**の通りである。日本のCO_2排出量は年間約11億3,800万トンであるのに対して、運輸部門からは約18.5%の年間約2.1億トン(電力や熱の配分後)、民生部門は約32%の年間約3.6億トン(同上)、産業部門は約35%の年間約4億トン(同上)となっている。ちなみに発電所などからのCO_2排出量は年間約4.6億トン(電力や熱の配分前の直接排出量)である。

カーボンニュートラル社会の実現に向けて、発電所などからの電力供給に対する脱炭素化(再エネの主力電源化)の声はよく耳にする。しかし、実際は一次エネルギーに占める化石燃料の割合をどのように減らすかが重要であって、電源の脱炭素化だけが解答ではない。

図9.2の電力・熱の分配前後のCO_2排出量を見ても、運輸や民生、産業からのCO_2排出量が相当量存在していることが確認できるだろう。つまり、2050年までにカーボンニュートラル社会を実現するには、運輸や民生、産業の取り組みも非常に大きな役割を果たすことになる。

そこで次節からは、これらの部門でのエネルギーの使われ方や脱炭素に向けた取り組みなどを紹介していく。

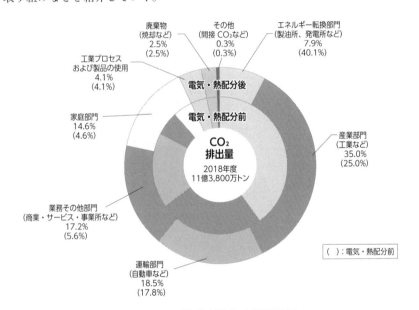

図9.2 日本のCO_2排出量とその内訳(2018年)

出典：国立研究開発法人国立環境研究所「日本の温室効果ガス排出量データ(1990〜2018年度)確報値」(2020)[2]をもとに作成

9.2 > 運輸部門で消費される エネルギーの特徴

　国内の運輸部門で消費されているエネルギー量は、最終エネルギー消費量 (11,847PJ[1][1])の約24%に相当する(**図9.3**左側)。CO_2排出量は運輸部門で年間約2.1億トンを記録しており、その約86%は自動車(旅客、貨物)に由来している (**図9.3**右側)。また、運輸部門の消費エネルギーの約97%が石油で占められていることは(**図9.1**参照)、自動車や飛行機、船舶などがガソリン、軽油、ジェット燃料、C重油などに依存していることから想像することは容易い。

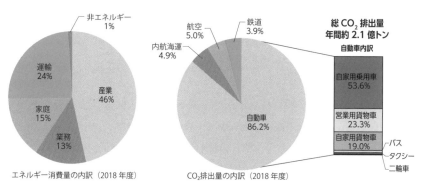

図9.3　日本の最終エネルギー消費量の内訳(左)と運輸部門のCO_2排出量の内訳(右)(2018年度)
出典:(左)図1.6をもとに作成／(右)大聖泰弘「運輸部門におけるCO_2排出削減技術の現状と今後の展望」(2021)[3]をもとに作成

　運輸部門でカーボンニュートラルを実現する難しさは、燃料が個々の移動体に分散して供給され、CO_2も分散して排出されてしまうことにある。これらすべてを回収することはとても難しいため、たとえば自動車の分野では、バッテリー式電気自動車(BEV:Battery Electric Vehicle)や燃料電池自動車(FCV:Fuel Cell Vehicle もしくはFCEV:Fuel Cell Electric Vehicle)などの開発に加え、水素などの炭素源を含まない燃料や、バイオ燃料などの燃料開発が活発に行われている。なお、一般に電気自動車を表すEV(Electric Vehicle)は、ハイブリッド車(HEV:Hybrid Electric Vehicle)やFCV、プラグインハイブリッド車(PHEV:Plug-in Hybrid Electric Vehicle)を含めた電動車両全てを指すことが多い。

1　**PJ**　Peta Joule の略。「J」(ジュール)は国際単位系におけるエネルギーの単位で、1J≒0.24calに相当。接頭語の「P」(ペタ)は10の15乗を表す。

ただ、移動体を構成する材料や機器(金属、プラスチック、複合材料、電池、半導体、情報機器類など)の製造時やメンテナンス、廃棄時にもCO_2が排出されてしまうため、たとえ走行中のCO_2排出量がゼロであっても、全体としてはゼロエミッション(脱炭素)にはならない。ゆえに、製造や輸送・走行、廃棄などに発生するCO_2を含めて解析するLCA[2]やカーボンリサイクルのような個々のシステムを組み合わせたトータルエネルギーシステムを見る視野の広さが求められる。

図9.4 自動車のライフサイクルから見たCO_2排出量
出典：トヨタ紡織株式会社ウェブページ「ライフサイクルCO_2排出量ゼロにチャレンジ」(2021)[4]をもとに作成

次項から、運輸部門を[1]自動車、[2]船舶・飛行機・鉄道、[3]それらを支える技術(ITS：Intelligent Transport Systems、ロジスティクス、インフラなど)の3つに分けて、それぞれのエネルギーの使われ方やCO_2排出量削減のための取り組みなどを紹介する。

1 自動車のCO_2排出削減計画

❶CO_2排出量を抑えた自動車の開発

国内の運輸部門のCO_2排出量のほとんどは自動車から排出されているが、この状況は世界でも似た傾向にあり、世界全体のCO_2排出量の約23％が運輸部門から排出され、そのうち陸上輸送(旅客・貨物自動車とトラック)が約7割を占めている。これまで、ガソリン車などの内燃機関自動車(ICV：Internal Combustion Vehicle)の環境対策は、排ガス規制を発端とする燃費改善が主流であったが、今は電動化にシフトしている。

---

2 **LCA** Life Cycle Assessmentの略。ある製品やサービスのライフサイクル全体(資源採取〜原料生産〜製品生産〜流通・消費〜廃棄・リサイクル)、またはその特定の範囲における環境負荷を定量的に評価する手法。

日本では内燃機関とモータを動力源に持つHEVやPHEVが先行して開発されてきたが、どちらも内燃機関を持つため、ガソリンを燃焼すればCO_2は排出される。ゆえに、**表9.1**のように各国がガソリン車などに対する政策を打ち出している。

表9.1 各国の自動車に対する政策

目標年	概要	対象国
2025年	ガソリン車・ディーゼル車の販売禁止	ノルウェー
2030年	〃	イギリス、デンマーク、スウェーデン、オランダ、ドイツ、アイルランド、アイスランド
2035年	ガソリン車販売禁止	カナダ・ケベック州
	HEV販売禁止	イギリス
	ガソリン車・ディーゼル車の販売禁止	アメリカ・カリフォルニア州
2035年目途	新車販売をEVのみ(検討中)	中国
2030年半ば	ガソリン車の販売禁止(検討中)	日本
2040年	ガソリン車・ディーゼル車の販売禁止	スペイン、フランス

出典:各種資料やニュースをもとに整理

一方、HEVやPHEV、FCVやBEVには、それぞれの性能を活かせる領域がある。たとえば車両サイズと移動距離で、各車種が得意とする領域をマッピングすると**図9.5**のようになる。現状、BEVは短距離移動を得意とし、FCVは中長距離移動が得意である。またFCVは大型車にも対応できる。HEVやPHEVは、BEVとFCVの橋渡し役を担っているが、各車種の技術開発は飛躍的に進んでおり、航続距離の向上などから得意領域の融合も進んでいる。

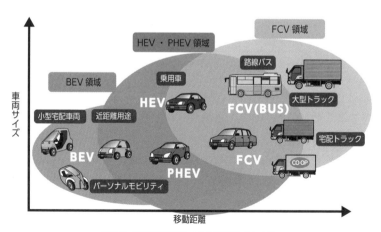

図9.5 次世代自動車のすみ分け(普及イメージ)
出典:経済産業省 第6回エネルギー情勢懇談会「モビリティーのイノベーションについて(トヨタ自動車資料)」
(2018)[5]をもとに作成

❷ 燃料電池自動車(FCV)

　水素を燃料にするFCVは走行中にCO_2が発生しない。今や中国や韓国でも製造・販売を伸ばしている。水素の充填にかかる時間が3分程度とBEVの充電より圧倒的に時間が短く、航続距離も800kmに迫るなど、長距離走行に対して充実した性能を誇っている。

　ところが、世界の普及台数は数千台、国内でも販売数が707台(2019年度)、保有台数は3,695台(2019年度)、水素ステーション数は137カ所(2020年12月現在)と少ない[6]。日本では、2030年までにFCVを80万台を導入し、水素ステーションを900カ所設置する目標を掲げているが、目標達成には未だ程遠い[7][8]。このことは、新しい技術の導入やインフラ整備には、コストと時間がかかることを物語っている。

　FCVには、常に水素の供給問題がつきまとう。この技術は将来の脱炭素化には欠かせないが、燃料[3]の供給体制については未だ明快な解決策は明示されていない。**表9.2**は、現在の日本のガソリン車および軽油車(バス、トラックを含む)の総燃料消費量と総走行距離を示す。この表をもとに、ガソリン車および軽油車がすべてFCVに入れ換わった場合の水素の必要量(規模感)を考察してみる。

表9.2　国内のガソリン車と軽油車の燃料消費量と走行距離(2019年)

ガソリン車			軽油車		
用途車種	燃料消費量(kL)	走行距離 (千km)	用途車種	燃料消費量(kL)	走行距離 (千km)
営業車	808,912	8,521,371	営業車	16,701,026	63,116,383
自家用車	48,689,960	610,623,341	自家用車	8,746,660	55,746,935
計	49,498,872	619,144,712	計	25,447,686	118,863,318

出典：総務省統計局・独立行政法人統計センター／政府統計の総合窓口(e-Stat)「自動車燃料消費量調査」(2020)[9]をもとに作成

　FCVの燃費を150km／kg-H_2、車載水素タンクへの最大充填量を5kgと仮定して、ガソリン車および軽油車がすべてFCVに代わった場合、単純計算で水素は約490万トン(約550億m^3N)必要になる(**図9.6**の左側)。

　この水素量を水電解で得るためには、年間約2,735億kWh(約984PJ)の電力量が必要になるが、太陽光発電でその電力を供給するなら、約260GWの出力が必要になる。もはやメガソーラーではなくギガソーラーの規模である。

3　**燃料**　ここでの燃料はFCVのための水素を指しているが、水素の供給源は水素そのものだけでなく、アンモニアや有機ハイドライドなどのエネルギーキャリアからも供給が可能である。よって広義にはエネルギーキャリアも含む。

そして、国内の太陽光発電の導入可能量[4]は最大で約538PJ[10][11]といわれているので、もはや国内で調達することはできず、日本政府が考えている水素の国際サプライチェーンの構築などを考えていく必要がある(**図9.6**の右側)。

図9.6 FCVに必要な水素量(左)と水電解のための電力量(右)

❸ バッテリー電気自動車(BEV)

では、BEVの電力供給についても考えてみる。**表9.2**の総走行距離に対して、BEVの燃費(電費)を7km／kWhと仮定した場合、年間約1,054億kWh(約379PJ)のエネルギー(電力)が必要となる。この値は国内の太陽光の導入可能量(約538PJ)の範疇にあるので、家庭やオフィスビルに設置する太陽光などと連携すれば、電力供給は可能である。

一方、車に搭載する蓄電池について考えてみると、BEV一台に車載されている蓄電池の容量は約60kWhであるから、前述の年間約1,054億kWhの電力供給量はBEVの充電回数に換算すると、延べ約17億回分に相当する。国内の自動車数は約8,000万台なので、BEV一台に対しては年間約20回充電するイメージである。そして蓄電池の市場は、蓄電池の単価が1〜10万円／kWhとすれば、約50〜500兆円になる。

10章2節4項でも紹介するが、走行中にCO_2の排出がなくても、供給する電力源はもちろん、車体を構成する材料や機器の製造に多くのCO_2が排出されるため、LCA評価が欠かせない。たとえばBEVの場合、蓄電池の製造にはガソリン車のエンジン製造時の数倍のCO_2が排出されるともいわれている[12]。また、国によってICVの燃費や供給電力の構成(もしくはCO_2排出原単位[5])に違いがあるため、日本のようにICVの燃費がよく、火力発電に依存している場合、同じBEVでも欧米の倍近い走行距離を実現しなければ、BEV導入によるCO_2排出量がICVとバランスが取れないともいわれている。

---

4 **導入可能量** 環境省の定義では、事業採算性に関する特定の条件を設定した場合に具現化することが期待されるエネルギー資源量。事業採算性については、建設単価等を設定した上で事業収支シミュレーションを行い、税引前のプロジェクト内部収益率(IRRなど)が一定値以上となるものを集計したもの。
5 **CO_2排出原単位** 1kWhの電力を供給する時に発生するCO_2排出量。

船舶や航空の消費エネルギーはすべて石油系燃料であるが、鉄道は約90％が電力である。この分野からのCO_2排出量は、それぞれ年間約800〜1,000万トンとなっている[2]。

❶船舶でのCO_2排出削減策

消費エネルギーのほぼ100％を化石燃料で占める船舶では、燃料の脱炭素化が重要になる。もちろん、船体の軽量化や輸送効率[6]の向上、モーダルシフト[7]なども有効な手段である。

国際海事機関(IMO：International Maritime Organization)は、2030年までに平均燃費[8]を40％削減、2050年までに総GHG排出量を50％削減し、今世紀中のなるべく早い時期に、国際海運からのGHG排出量をゼロにすると宣言した。国内でも国際海運GHGゼロエミッションプロジェクトが立ち上がり、2050年に向けた次世代の低炭素燃料への代替や船上CO_2回収などの技術ロードマップを発表している（**図9.7**）。

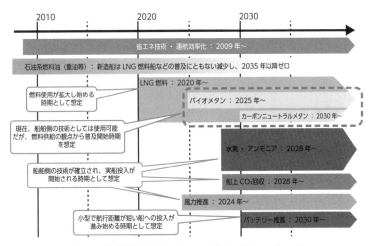

図9.7　国際海運GHGゼロエミッションプロジェクトのロードマップ
出典：国土交通省「国際海運のゼロエミッションに向けたロードマップ」(2020)[13]をもとに作成

6　**輸送効率**　ここでは、輸送単位（人・kmもしくはトン・km）当たりの運行エネルギー消費量を指す。
7　**モーダルシフト**　トラックなどの自動車で行われている貨物輸送を環境負荷の小さい鉄道や船舶による輸送に転換すること。
8　**平均燃費**　ここでは単位輸送当たりのGHG排出量と定義されている。単位輸送とは、旅客の場合は人・km、貨物の場合はトン・kmを指す。

燃料中に炭素を含むLNGやメタノールなどは、船舶上で燃焼すればCO_2が排出される。船上でのCO_2回収技術などが実現できれば、CO_2排出の課題は解決できるが、CO_2の分離・回収や液化に必要なエネルギーの確保、各種装置や貯蔵タンクなどによるスペース効率の低下、回収したCO_2の貯留先や用途、全体的なコスト増加など、別途検討すべきことは多い。

　ちなみに国内の船舶で消費されているエネルギー量は年間約132PJ(2019年)[11]で、これをたとえばLNG、メタノール、水素、アンモニアに代替すると、それぞれ年間約240万トン、約580万トン、約90万トン(約100億m^3N)、約590万トン必要になる[9]。メタノールやアンモニアの現在の国内消費量がそれぞれ年間約200万トンと約100万トンなので、これらの規模の大きさを実感することができる。ちなみにメタノール代替量(年間約580万トン)は、100万kW級の石炭火力発電所が一年間に排出するCO_2から合成できるメタノール量にほぼ匹敵する。

❷ 航空でのCO_2排出削減策

　航空業界では、国際民間航空機関(ICAO：International Civil Aviation Organization)が、2021年以降、国際航空機からのGHGは増加させないとしている。国際航空運送協会(IATA：International Air Transport Association)も2050年までに2005年度比でGHG排出量を半減すると発表した。

　航空分野も船舶と同様に、消費エネルギーのほぼ100％を化石燃料が占めているため、燃料の脱炭素化が重要となる。現在、検討されているのは、ジェット燃料代替として、バイオジェット燃料、水素燃料、合成燃料の導入と、バッテリーを搭載した電動航空機への転換である。

　バイオジェット燃料は、微細藻類や廃食用油といった油分を改質したり、バイオマスガス化FT合成[10]、ATJ[11]などによって製造することができるが、既存のジェット燃料の価格(100円台／L)に対して約10倍と高く、低コスト化が課題である。また、発電所や工場などからのCO_2を原料として製造したジェット燃料もあるが、機上で燃料を燃焼する限りCO_2排出は避けられない。よってこの場合、自動車と同様にLCA評価が重要になる。

9　**代替必要量**　試算には燃料効率を考慮していない。

10　**バイオマスガス化FT合成**　木くずなどの有機物を蒸し焼き(ガス化)にして、フィッシャー・トロプシュ法(FT：Fischer-Tropsch Process)によって液体燃料を合成する方法。

11　**ATJ**　Alcohol to Jetの略。バイオエタノールなどのアルコールからジェット燃料を製造する方法。

水素燃料については、エアバスが2035年までに水素航空機の市場導入を目指すと公表し、日本企業もエンジンを含む主要関連部品の開発を手掛けている。水素は体積エネルギー密度が非常に小さく、機上スペースのほとんどを水素タンクが占めることから、液体水素を搭載しなければならず[12]、軽量で安定・安全なタンクの開発が必要になる。そしてなにより、水素供給のためのインフラや国際的なサプライチェーンの構築が欠かせない。ちなみに航空分野で年間に消費されているエネルギー量148PJをすべて液体水素で代替するならば、約104万トン（約116億 m^3N）の水素が必要になる。

航空機の電動化については、**図9.8**のように現状と目標との間には未だ技術的な乖離がある。現在のバッテリー技術では、大型で長距離飛行に対応する技術は無く、小型機(20人以下)かつ短距離飛行(1,000km以下)にしか対応できない。よって将来、リージョナル機(100人以下)までの全電動化が開発されたとしても、大型機にはハイブリッド電動化[13]が有力な選択肢となるであろう。

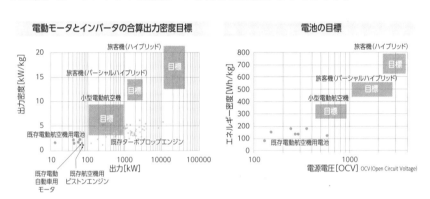

図9.8 電動モータや電池の現状と開発目標
出典：国立研究開発法人宇宙航空研究開発機構(JAXA)航空技術部門／航空機電動化(ECLAIR)
コンソーシアム「航空機電動化将来ビジョン」(2018)[14]をもとに作成

❸鉄道でのCO₂排出削減策

鉄道は運輸部門でもっとも電化が進んでいる。したがって、供給電力のCO_2フリー化と、電力供給網の乏しい地域でのディーゼル車両への対策が求められる。**図9.9**に鉄道車両の駆動方法の違いを示すが、ディーゼル車両対策として、

12　**航空機に搭載する場合の水素**　高圧水素ではなく、液体水素が推奨されている。
13　**ハイブリッド電動化**　導入初期は従来のジェットエンジン(Tube&Wing)と蓄電池の組み合わせ、将来的・理想的には液体水素／燃料電池と蓄電池の組み合わせを指す。

ディーゼルハイブリッド車両や、架線蓄電池ハイブリッド車両はすでに商用化している。前者はディーゼル燃焼の機能を残しているため、CO_2排出が避けられないが、後者は完全電動化ゆえに、走行中にCO_2は排出されない。加えて燃料電池鉄道車両の開発も進んでいる。鉄道は軌道走行であるため、燃料電池車両に対して水素供給地（駅など）で多少時間をかけた水素充填も可能であるため、大量貯蔵やインフラが整えば、自動車用の水素ステーションよりは利便性が高い。ちなみに現在、国内の鉄道用ディーゼル燃料の消費量は年間約7PJで、これを水素に代替した場合、約2.8万トン（約3億m^3N）の水素が必要となる[14]。

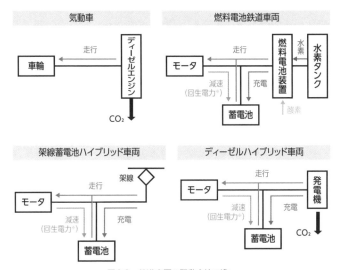

図9.9 鉄道車両の駆動方法の違い
出典：経済産業省「2050年カーボンニュートラルの実現に向けた検討」(2021)[15]をもとに作成

3 運輸を支える技術

　運輸部門でカーボンニュートラルなシステムを実現するには、個々の技術やシステムだけでは完結せず、近年のIT化技術、物流に関する供給プロセスを一元管理するロジスティクス、そしてインフラなどへの対策も必要になる。ここではそうした運輸部門を支える技術について簡単に紹介する。

14　**水素量の計算基準**　ディーゼルエンジンの効率を20%、燃料電池の発電効率を35%とした。

❶ 高度道路交通システム(ITS)の活用

　移動体の電動化によって、走行や交通に関する情報はすべてデジタル化されるため、それらを正確に制御することが可能になる。たとえば、高度道路交通システム(ITS：Intelligent Transport System)を車載すると、車両運行を制御したり、周囲の車両との協調を図ったりしながら加減速の動作を最小化できるため、効率的に省エネルギー(燃費向上)が図れる。また、ETC[15]やVICS[16]で交通流を制御すれば、渋滞が緩和できる。昨今では完全自動運転を目指した開発が進み、走行支援システムも高度化が図られている(自動車会社の取り組みについては10章2節4項を参照)。これによって、通信量が激増することが容易に想像できる。たとえば、NTTの電力使用量は年間87.4億kWhであり、日本の年間電力消費量の約1%を占めている。つまり、今後は電力のCO_2フリー化がますます重要となる。

❷ 効率的な物流を実現するロジスティクス

　インターネット通販などの電子商取引(EC：Electric Commerce)の市場が拡大する中、人材(労働力)不足が深刻化している。限られた人員で、多様な荷物を、緻密なスケジュールの中、正確・安全に輸送するという、非常に高度な物流、スマート物流が求められている。

　スマート物流は、業界、企業・メーカー、人(消費者)のデータを一元管理し、商品の流れや情報を「見える化」する。そして荷物や運送車両などの動きをIoT[17]によってネット上で可視化し、ビッグデータを基に配送スケジュールをAI[18]で分析する(**図9.10**)。

　政府はSIP(戦略的イノベーション創造プログラム)において、スマート物流の実現と30%の生産性向上という高度なロジスティックスの実現を目標にかかげている[16]。ここでもデータ通信量の増加に対する懸念と電力のCO_2フリー化の重要性は変わらない。

15　**ETC**　Electronic Toll Collection Systemの略。車載機器と料金所ゲートを無線通信でつなぎ、車を停止させることなく通行料金を支払える仕組みですでに実用化されている。

16　**VICS**　Vehicle Information and Communication Systemの略。渋滞や交通規制などの道路交通情報を、リアルタイムにカーナビに届けるシステム。

17　**IoT**　Internet of Thingsの略。さまざまなものがネットワークを通じてサーバやクラウドサービスに接続され、相互に情報交換する仕組みのこと。

18　**AI**　Artificial Intelligenceの略。人工知能。

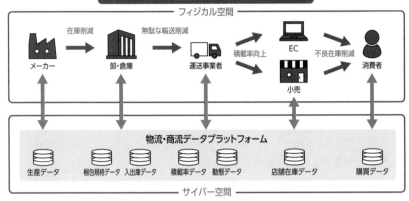

図9.10 スマート物流サービスのコンセプト

出典：インターストック「内閣府主導のSIPスマート物流サービスの戦略について探る」[17]をもとに作成

❸ インフラの整備と構築

　新しいエネルギーシステムを導入すれば、新しいインフラを構築する必要がある。それにはコストと時間が掛かるが、避けて通れない壁である。しかし、自動車や船舶、鉄道などの移動体の償却年数（寿命）は、インフラ、産業設備、発電所などに比べると非常に短い。このことは、新技術を導入するチャンスが多く、早期に脱炭素を指向できることを意味する。だからこそ、運輸部門では、脱炭素に向けた新たな電力や燃料の必要性がさまざまな場面で取り上げられている。2050年まで残された時間は限られているため、既存の技術やインフラを活かす最適な手段（方法）を第一優先に考えていかなければならない。

9.3 〉 民生部門で消費される
エネルギーの特徴

　民生部門は、家庭部門と業務部門(ビル、ホテル、百貨店、サービス業など)からなる。たとえばエアコンや照明機器は、室内環境を快適に保つため、家庭でも商業施設でも常に利用されていて、大量の電力を消費している。こうした生活の利便性や快適性の追求は、エネルギー消費量を増加させるため、消費電力が少ない機器に変更するなどの対策が有効になる。

　実際、民生部門で消費されているエネルギー量は、最終エネルギー消費量(約11,847PJ)の約34%に相当している(**図1.6**参照)。この部門でのCO_2排出量は年間約3.6億トンにも上っており、何らかの対策が必要である。ただ、民生部門の消費エネルギーの約52%は電力であり、エネルギー需要側の部門の中ではもっとも電化が進んでいる。つまり、民生部門でのポイントは、さらなる電化を進めて、石油や天然ガスの消費量を一層削減することと、いかに電力をCO_2フリーにしながら電力消費量を下げ、さらなる省エネルギー化を実現すること、そして社会生活を営む上で、いかに多くの利便性を保てるかにある。

　ここでは、民生部門の代表的な技術であるZEBとZEHについて紹介し、その他、民生部門を支えるさまざまな技術について紹介する。

1 省エネ建築物ZEBとZEH

❶省エネを実現するZEBとZEH

　ZEBはネット・ゼロ・エネルギー・ビルディング(net Zero Energy Building)の略で、

> 「先進的な建築設計によるエネルギー負荷の抑制やパッシブ技術の採用による自然エネルギーの積極的な活用、高効率な設備システムの導入などにより、室内環境の質を維持しつつ大幅な省エネルギー化を実現した上で、再エネを導入することにより、エネルギー自立度を極力高め、年間の一次エネルギー消費量の収支をゼロとすることを目指した建築物」[18]

と定義されている。同じくZEHはネット・ゼロ・エネルギー・ハウス(net Zero Energy House)の略で、

> 「外皮の断熱性能等を大幅に向上させるとともに、高効率な設備システムの導入により、室内環境の質を維持しつつ大幅な省エネルギーを実現した上で、再エネを導入することにより、年間の一次エネルギー消費量の収支がゼロとすることを目指した住宅」[19]

と定義されている。

図9.11にZEBおよびZEHのイメージ図を示す。

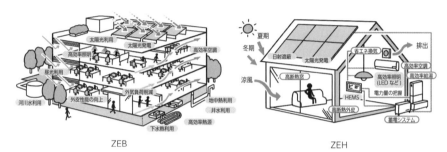

図9.11 ZEB(左)およびZEH(右)のイメージ
出典：経済産業省ウェブページ「省エネポータルサイト」[18] [19]より作成

　ZEBやZEHを実現するためには、高断熱化・日射遮蔽などにより室内環境の維持に必要なエネルギー量を削減し、高効率な機器によって少ないエネルギーで必要な室内環境を実現し、太陽光発電などによりエネルギーを創る、という3つの方法を組み合わせる必要がある。ZEB、ZEHは建物の建築や改修の際に、これらの技術を適用した上で、第三者機関[19]による認定を受けることによって名乗ることができる。

　ZEB、ZEHのメリットとして、省エネで光熱費が安く、経済的であると同時に「快適」であることが挙げられる。断熱性が高い建物は室内環境の変化が少なく、日本の住宅にありがちな居室は暖かい／涼しい一方で、廊下や浴室が寒い／暑いといったことが起こらない。このことは、入浴時のヒートショックの抑制や窓や壁の結露によるカビの発生を防げることから、居住者・利用者の健康にも貢献する。また、住宅に太陽光発電設備などを備えることで、災害などでライフラインが途絶する状況にも強くなる。

19　**第三者機関**　公正・中立な専門家によって構成され、ZEB／ZEHの調査、評価、提言などを行う機関のこと。詳細は、たとえば住宅性能評価・表示協会などのホームページ[20]などを参照されたい。

デメリットとしては、用いられる部材や設備が既存のものよりも高価であるため、ビルや住宅の施主の予算を超えてしまう可能性がある。また高層建築物は敷地面積に対してフロアが多数積み重なる関係上、単位面積あたりのエネルギー消費量が住宅に比べて大きくなるため、高層のZEBは設計・建築が難しくなる。

❷ZEB／ZEHの認定条件と種別

　ZEB／ZEHのようなエネルギー消費を極力必要としない建築物については、欧米を中心にそれぞれ定義付けや認定が行われている[21] [22]。ここでは日本における ZEB／ZEHの認定基準を紹介する。

　日本における ZEBの種別は、基準の達成状況に合わせて**図9.12**に示すような4段構えになっている。

①ZEB Oriented	事務所、学校、工場などで60％以上、ホテル、病院、百貨店、飲食店、集会所などで70％以上の省エネを達成した延べ面積 10,000m² 以上の建物
②ZEB Ready	省エネルギー基準[20] に基づく一次エネルギー消費量よりも50％以上の省エネを設計時点で満たしている建物
③Nearly ZEB	ZEB Readyの基準を満たした上で建物の敷地内でエネルギーを創ること[21]で、正味で75％以上の省エネを達成した建物
④ZEB	ZEB Readyの基準を満たした上で建物の敷地内でエネルギーを創ること[21]で、正味で100％以上の省エネを達成した建物

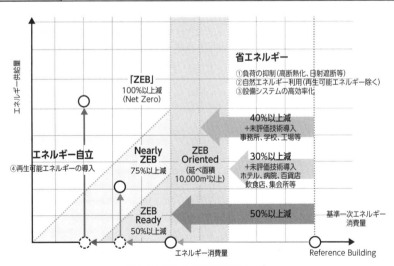

図9.12　日本におけるZEBの認定基準
出典：経済産業省「平成 30 年度 ZEB ロードマップフォローアップ委員会」[23]をもとに作成

20　**省エネルギー基準**　この基準は、空調・給湯・換気・照明・昇降機設備などの一次エネルギー消費量のみを考慮し、再エネは除く。

21　**敷地内でエネルギーを創る**　建物で創エネする、すなわち再エネを含むことを意味する。

そして、日本におけるZEHの認定は**図9.13**のようになっており、認定は設計段階で評価され、戸建住宅でも集合住宅でも認定を受けることができる。集合住宅の場合は、全住戸および共用部を含む住棟全体で基準を満たす必要がある。

①ZEH Oriented	必要条件1および2を満たす省エネルギー設備を備えている。
②Nearly ZEH	省エネと太陽光発電などによる創エネで正味75%以上の省エネを実現している。
③ZEH	同100%以上の省エネを実現している。

　上表の①ZEH Orientedの条件に記載されている必要条件1および2とは以下のとおりである。

①必要条件1	住宅の躯体が断熱性、平均日射熱取得率、気密・防露性の躯体基準[22]を満たす。
②必要条件2	住宅躯体の性能と高効率な住宅設備の組み合せで、省エネルギー基準[20]よりも20%以上の省エネを実現する。

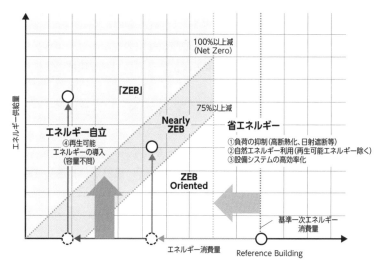

図9.13　日本におけるZEHの認定基準
出典：経済産業省「ZEHの定義（改定版）＜戸建住宅＞」(2019)[24]をもとに作成

22　**住宅躯体の基準**　ここでの基準とは、2016年1月に国土交通省公布（2020年9月4日最終改正）の「建築物エネルギー消費性能基準等を定める省令」に基づく平成28年省エネルギー基準のことを指し、具体的には外皮平均熱貫流率などの基準値が存在する。

❸ ZEB／ZEH 実現のための技術

　ICEF（Innovation for Cool Earth Forum）ZEB／ZEH ロードマップ[25]に基づくと、ZEB/ZEHを実現するためには下表の（あるいは以下の）4つの技術を組み合わせて用いることが求められる。ただし、世界にはさまざまな土地や気候が存在し、防音性や防火性、耐震性など建物に求められる性能も変わるため、適切な設計と技術を選ぶ必要がある。

①パッシブ技術	快適な室内環境の維持に必要なエネルギーを削減する技術(壁や屋根の断熱材、複層ガラス、金属と樹脂を組み合わせた高断熱窓サッシなど)
②アクティブ技術	高効率な空調、給湯、換気、照明、昇降機などの設備(高効率エアコン、潜熱回収型ボイラー、熱交換換気システム、LED照明など)
③創エネ技術	再エネを生み出す設備(住宅用太陽光発電設備、住宅用風力発電設備、地中熱・排水熱回収設備)
④エネルギーマネジメント技術	上記3つの技術を制御し、建物全体のエネルギー消費を減少させる技術

❹ カーボンニュートラルを目指したZEB／ZEH

　ZEB／ZEHを実現するためのさまざまな技術(高効率な空調、給湯、照明など)を、既存の建物に対してリフォームなどの際に採用することで、エネルギー消費量を削減できると同時に、建物の利用者に快適な生活や職場環境を提供することができる。

　一方で、ZEB／ZEHは最終的なエネルギー消費量にのみ着目しており、建物が消費するエネルギー源が低炭素化されているかについては言及されていない。たとえば、高効率なガス給湯器は、エネルギーを効率的に利用するための技術(アクティブ技術)の1つとして挙げられているが、その燃料が化石燃料であっても評価は変わらない。今後、省エネルギーだけでなくカーボンニュートラルも目指すのであれば、たとえば燃料として供給される都市ガスをCO_2フリーなガスに切り替えるなどの対策も必要である。

　したがって、ZEB／ZEHでカーボンニュートラルを目指すには、ZEB／ZEH実現のための各種技術を広範に普及させ、利用者の快適性を維持もしくは向上させつつ、存在するすべての建物のエネルギー効率を底上げする必要がある。それに加えて、ZEB／ZEHに供給されるエネルギー源(燃料や電力)にも目を向け、1つのシステムとしてカーボンニュートラルに資するかどうかを評価できる仕組みをつくる必要がある。

　日本の世帯の61％は持ち家だが、37％は借家である。新築物件に対する新しい技術の導入は、それほど大きな障壁にはならないが、賃貸物件や中古物件の増改築に対しては、技術導入のインセンティブが働きにくい。よって、すべての建

物がZEB／ZEHに転換できるようなインセンティブを確保できる仕組みづくり
も今後は重要になるだろう。

2 民生部門を支える最先端技術

　民生部門を支えている技術には、ヒートポンプやパワーエレクトロニクス技術、
エネルギーマネジメント技術、情報機器などがある。ここでは、これらについて
簡単に紹介しておく。

❶熱を循環させるヒートポンプの活用

　ヒートポンプは、低温部分から高温部分へ熱を移動させる技術の総称で、外部
からの取り込む熱を6、電力を1、得られる熱量が7のバランスで稼働でき、そ
の結果、投入エネルギー1（電力）からエネルギー7を取り出すことができる[26]。
空調、給湯、冷凍冷蔵、乾燥などさまざまな熱需要への適用が拡大しているほか、
再エネの出力変動を吸収する補助的な役割も果たすことができる。当然、産業部
門の熱利用技術としても非常に重要である。ヒートポンプの動力は電力であるた
め、カーボンニュートラルには電力のCO_2フリー化が求められる。

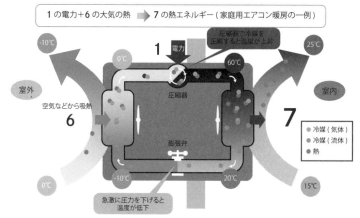

図9.14 ヒートポンプの仕組み
出典：ヒートポンプ・蓄熱センター「ヒートポンプとは」[26]をもとに作成

❷ 最適な電力に変換するパワーエレクトロニクス技術

　パワーエレクトロニクス技術（パワエレ）とは、適切な種類の電流（交流や直流）を適切な電圧で供給するために電力を変換する技術の総称である。そしてこの変換機のことをインバータもしくはコンバータと呼ぶ。次世代のパワエレ材料である炭化ケイ素(SiC)、窒化ガリウム(GaN)、酸化ガリウム(Ga_2O_3)、ダイヤモンド(C)などは、再エネの大量導入に向けて、電力需給調整のニーズや、高効率で高速・高精度な電力制御への要求の高まりから、そして自動車などの電化などから開発が加速している。

　この技術単体でカーボンニュートラルを実現することはできないが、再エネの大量導入とエネルギー需要側のさまざまな要求とのバランスには、パワエレは非常に重要な役割を果たす。

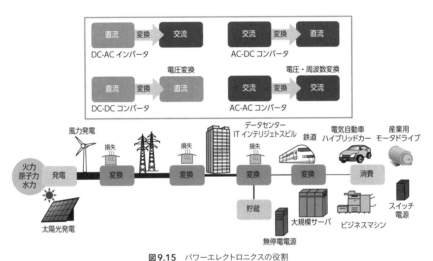

図9.15　パワーエレクトロニクスの役割
出典：日本パワーエレクトロニクス協会「パワーエレクトロニクスとは(初心者向け)」[27]／
産総研先進パワーエレクトロニクス研究センター「電力エネルギーの流れとパワーエレクトロニクス」[28]をもとに作成

❸ エネルギーマネジメント技術の導入

　工場、ビル、住宅などにおけるエネルギーの使用状況を把握したり、高効率な設備を導入して設備を最適な条件で運転したり、エネルギーを合理的に利用するシステムのことをエネルギーマネジメントシステム（EMS：Energy Management System）という。EMSの対象が住宅、ビル、工場、店舗、地域などによって、HEMS（Home Energy Management System）、BEMS（Building and Energy Management System）、FEMS（Factory Energy Management System）、SEMS（Store Energy Management

System)、CEMS（Community Energy Management System）と呼び、総称して xEMSを呼ぶこともある（**図9.16**）。

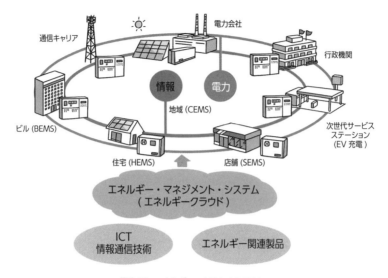

図9.16　エネルギーマネジメントシステム
出典：日本電気株式会社 (NEC Corporation)「エネルギーマネジメントシステム(xEMS)」[29]をもとに作成

EMSを実施する上で重要なことは、次のとおりである。

①電気などのエネルギーの使用状況を「見える化」する
②「見える化」したエネルギーの使用状況を分析する
③エネルギーが削減できる箇所を見つけて経費削減や環境負荷軽減につなげる

　最小単位である HEMS、BEMS、SEMS と、これらを包含する FEMS、CEMS とは、IoT技術で繋がることができる。エネルギーの見える化やAI／IoTによる需要予測などは、未だ手探りな状況ではあるが、住宅メーカーや建設大手、電機メーカーを中心に製品化が進む。将来、再エネが大量に導入されることを想定したデマンドレスポンス (DR：Demand Response)[23] に対応し、蓄電池やヒートポンプなどとの連携、複数のEMSとの連携なども期待されている。

　カーボンニュートラル社会の実現には、EMSの基本理念である「見える化」が重要な鍵を握る。当然、産業部門や運輸部門でも重要な考え方であり、今後は

23　**デマンドレスポンス**　電気の消費と発電（供給）のバランスをとるために、これまで発電量（供給量）を調整していたものを、IoTなどを用いて需要側の電力消費量を制御する（電力消費のパターンを変化させる）こと。

さまざまな場面でEMSが必要になるだろう。

❹情報機器やデータセンターの利用

　近年、IT[24] (ICT[25]) 機器を利用する機会が爆発的に増えている。ビックデータやAI／IoT、FinTech[26]、仮想通貨などの用語も紙面やメディアで見聞きしない日はない。こうした情報サービスの広がりは、データセンター、サーバで処理されるデータ量やエネルギー消費量を増加させている。加えて、データセンターでは計算機から発生する熱を取り除くため、大規模な空調などの付帯設備が欠かせない。

　図9.17にデータセンターの構成を示す。日本のデータセンターにおける電力消費量は10 ～ 23TWh(100 ～ 230億kWh、2015年[30]) と推算されており、この値は京都府の年間電力消費量(約150億kWh、2018年度暫定値[31]) に匹敵する。世界全体の電力消費量については、その10倍以上にのぼる[32]。つまり、将来のカーボンニュートラルには電力消費量の削減と電力のCO_2フリー化が欠かせない。

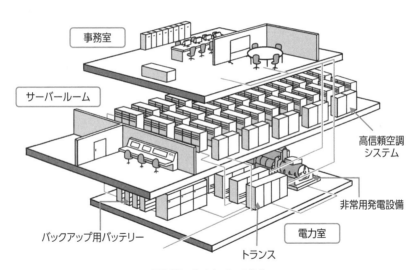

図9.17　データセンターの構成
出典：植草 常雄(株式会社NTTファシリティーズ 研究開発本部)「データセンターの熱問題とその対策」(2009)[33]をもとに作成

24　**IT**　Information Technologyの略。情報技術。情報を取得、加工、保存、伝送するための科学技術のこと。

25　**ICT**　Information and Communication Technologyの略。情報通信技術。ITとほぼ同意。ITはハードウェアやソフトウェア、インフラなどコンピュータ関連の技術そのものを指すのに対し、ICTは情報伝達を重視した用語。

26　**FinTech**　金融 (Finance)、技術 (Technology) を組み合わせた造語。スマートフォンによる送金など、金融サービスと情報技術を結び付けたさまざまなサービスのこと。

9.4 > 産業部門で消費される エネルギーの特徴

化学産業、鉄鋼、セメントに代表される素材系製造産業は、エネルギー多消費産業とも呼ばれ、その製造プロセスにおけるエネルギー消費量をいかに削減するかが大きな課題である。その他、燃料・原料の脱炭素化をどのように進めるか、製品をいかにリサイクルして環境負荷を下げるか、そしてどうしても化石燃料(資源)に頼らざるを得ないプロセスに対して、CO_2排出量をいかに抑えるか、といった非常に難しい課題に直面している。しかし、これらをすべて解決してこそ、カーボンニュートラルの実現が可能となる。

産業部門のエネルギー消費量は約3,442PJであり、最終エネルギー消費量11,847PJの約3割を占め[1]、CO_2排出量は約4億トンにのぼる。産業部門では、比較的限られた場所からまとまった量のCO_2が排出されるため、運輸部門や民生(家庭・業務)部門に比べるとCO_2の分離回収が容易であり、CCUSと連携するのに都合がよい。そして、将来のカーボンニュートラルの実現に向けては、CO_2フリー燃料、CO_2フリー電力の導入がとても重要な意味を持つ。

ここでは、素材系製造産業の代表格である、鉄鋼、セメント、化学品、半導体、セラミックス、複合材料の製造分野でのエネルギーの使われ方や、それらを支えるさまざまな技術について紹介する。

1 鉄鋼・セメント・化学品製造でCO_2排出量をおさえる

まず、産業部門の中でも特にCO_2排出量の多い、鉄鋼、セメント、化学品の製造について紹介する。

❶鉄鋼製造でのCO_2排出削減技術

鉄鋼製造は、**図9.18**のように、鉄鉱石から銑鉄を取り出すために高炉を使って製造する方法(高炉・転炉法)と、鉄スクラップを原料として電気炉(電炉)で製造する方法がある。加えて、高炉を使わず、還元材に主として天然ガスを使用して鉄鉱石を還元する直接還元法(DRI：Direct Reduced Iron)もある。

高炉・転炉法では、粉砕した鉄鉱石と粉コークス[27]および石灰石を1,000℃以上の温度で焼結し、焼結鉱をコークスとともに約1,500℃に加熱された高炉に投入する。還元剤として使われるコークスの使用量が多く、また、エネルギー消費が非常に大きいことから、CO_2の排出量が極めて多い。

一方の鉄スクラップを原料とする場合、電気炉を使用する。アーク式もしくは高周波誘導式で熱精錬するが、前者は、電極と鉄スクラップとの間にアーク[28]を飛ばして、その熱で精錬する。後者は、ルツボの周りにコイルを巻いて高周波電流を流して鉄スクラップに誘電電流を発生させることで、その抵抗熱で精錬する。鉄スクラップと安価な電力が豊富な地域では、高炉による製鉄法に比べて、消費エネルギーが格段に少なく、設備投資もはるかに少ないため、電気炉による製鉄法が採用されやすい。

直接還元法は、天然ガスを安価に得られる地域で普及しているが、日本では行われていない。

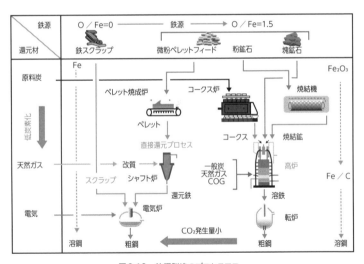

図9.18 鉄鋼製造のプロセスフロー

出典：有山達郎「鉄鋼における二酸化炭素削減長期目標達成に向けた技術展望」(2019)[34]をもとに作成

世界の粗鋼生産量は約18.7億トン(2019年)[35]で、中国が約半分のシェアを占める。ちなみに日本の生産量は約8,319万トン[36]である。国内の鉄鋼分野のエネルギー

27　**コークス**　石炭を蒸し焼きにして抽出した炭素の塊。高い発熱量と強度を持ち、製鉄に不可欠な原料。

28　**アーク**　負極と正極間の気体分子が電離してイオン化が起こり、プラズマを生み出し、その中を電流が流れる現象。これにより、電極間にある気体が閃光をともない高温になる。

消費量の内訳は、合計897PJに対し、石炭が482PJ(約54％)、電力が253PJ(約28％)、天然ガスが109PJ(約12％)である[1]。これに由来するCO₂排出量は約1.6億トン[2]にのぼり、国内のCO₂排出量の約14％を占めている。

鉄鋼分野でのCO₂削減に向けた国内外のさまざまな取り組みについては、ゼロカーボンスチールや水素による直接還元などへの取り組みが実施されている。詳細は後述する(10章1節3項、10章2節3項参照)。

❷ セメント・コンクリート製造でのCO₂排出削減技術

セメントは、コンクリートを製造するための原料のひとつで、灰色の粉末をしている。石灰石や粘土を粉砕機(ミル)で粉砕し、プレヒーター(予熱器)と仮焼炉を通したあと、ロータリーキルンで1,450℃以上の高温で焼成してクリンカ[29]をつくる。クリンカは粉砕し、石膏と添加材を加えてセメントにする(**図9.19**)。

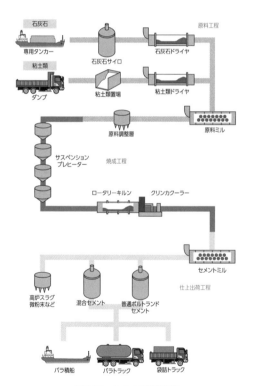

図9.19 セメントの製造工程
出典:株式会社デイ・シイ「セメントの製造工程」[37]をもとに作成

---

29 **クリンカ** 石灰石と粘土を混ぜて焼いたもの。

セメント1トンを製造するのに、石灰石約1.1トン、粘土約0.2トン、その他の原料約0.1〜0.2トンが使われる。その他の原料とは、製鉄所の副産物である高炉スラグや石炭火力発電所の石炭灰などである。そして、一般的には、セメント15％、水15％、砂利（粗骨材）35％、砂（細骨材）35％を混ぜ合わせ、これに混和剤などを添加してコンクリートをつくる[30]。

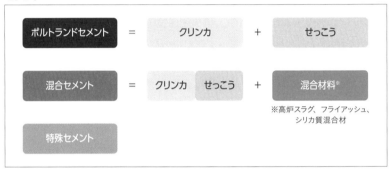

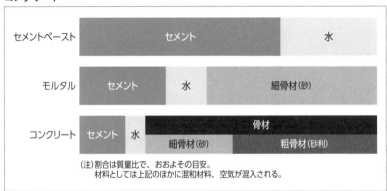

図9.20 セメントとコンクリートの構成
出典：一般社団法人セメント協会「セメントとは」[38]をもとに作成

セメントやコンクリートの製造では、消費エネルギーの80〜90％はセメント製造時のクリンカ焼成工程が占めている。また、焼成用の燃料には石炭が多く使われているため、CO_2排出が避けられない。通常のセメント（ポルトランドセメ

---

30 **コンクリートをつくる** コンクリートには、その他に、セメントペーストやモルタルがある。セメントペーストは水とセメントを、モルタルは水、セメント、砂（粗骨材）を混ぜ合わせてつくる。

ント)を1トン製造するときに発生するCO_2量は、石灰石から約480kg-CO_2、投入する電気・熱エネルギー由来が約290kg-CO_2、合計約769kg-CO_2である[39]。国内のセメント生産量が年間約4,000万トンなので、セメント製造だけで年間約3,000万トンのCO_2が排出しており、国内の年間CO_2排出量の約3%を占めている。

　CO_2排出量を削減するには、たとえば石灰石に高炉スラグなどを混ぜればよい。混ぜた分だけCO_2排出量が減る。現在、一般工事向けに販売されている高炉スラグを混ぜた混合セメント(高炉セメントB種)は、重量比で40〜45%の高炉スラグが混合されており、その分が削減されている(約443kg-CO_2／トン)[39]。

　セメント・コンクリートの製造に対する更なるCO_2削減への取り組みについては一部を第4章で紹介したが(4章7節参照)、スイコム[40]をはじめとするCO_2固定化技術の開発[41] [42]や、セメント工場でのカーボンリサイクルシステムの開発[43]などがある。

❸化学品の製造でのCO_2排出量削減技術

　化学品製造プロセスは、原料の前処理、合成(転換)、分離・精製などに分けられるが、なかでも分離・精製を目的とする蒸留プロセスは、全体のエネルギー消費の約40%を占める。国立研究開発法人新エネルギー・産業技術総合開発機構(NEDO)では1990年代から内部熱交換型の蒸留プロセスの開発を手掛け、大幅な省エネルギー化に成功している[44]。化学品製造プロセス全体に対しては、一般社団法人日本化学工業協会(JCIA)が、化学品製造工程でのライフサイクルアナリシス(cLCA：carbon Life Cycle Analysis)を提唱し、効果的なCO_2削減を目指している[45]。

　カーボンニュートラルの実現に向けては、原料、電力、熱の脱炭素化はもちろん、カーボンリサイクルシステムの実現が非常に重要である。そのプロセスの詳細は第4章で紹介した通りである。

2　半導体・セラミックス・複合材料製造でCO_2排出量をおさえる

　続いて、さまざまな製品に利用されている半導体、セラミックス、炭素繊維強化プラスチック(C-FRP：Carbon Fiber Reinforced Plastics)などの複合材料について紹介する。

❶半導体製造でのエネルギー消費をおさえる技術

半導体は、さまざまな電子機器に使用され、製品(用途)の細分化が進み、大量生産方式では対応できないような少量生産品(たとえば制御素子やセンサーなど)の需要が伸びている。そこで国立研究開発法人新エネルギー・産業技術総合開発機構(NEDO)では、クリーンルームを不要としたミニマルファブ技術を開発している[46]。

また、第5世代移動通信システム(5G)を軸に、半導体の多様な産業利用が見込まれており、高性能な微細加工技術、成膜技術、アニール処理技術[31]、エッチング技術、洗浄技術などの技術開発も実施されている[47]。

半導体製造時のエネルギー消費の状況は、インゴット[32]の製造に大量の熱を、切断や研磨、エッチングなどの製品化処理に大量の電力を消費する。よって、熱循環利用などを考慮したプロセスの最適化とともに、再エネによる電熱供給などが重要な役割を果たす。

❷セラミックス分野でのエネルギー消費削減方法

セラミックスには陶磁器、耐火物、ガラス、セメント、ファインセラミックスなどの種類がある。特に産業機械用のセラミックス(エンジニアリングセラミックス)は軽量で、優れた耐熱性、耐久性、耐腐食性、機械的特性、電気的特性を持つ。

セラミックスの製造方法は、陶石や長石、粘土などの天然鉱物を混合し、成形、焼成して製品化する。ファインセラミックスは高純度な天然原料を精製し、または化学的なプロセスによって合成した人工的な原料を用いて仕上げる。この製品の付加価値は高く、半導体や自動車、情報通信機器、産業機械、医療機器などさまざまな分野で利用されている。

製造工程のうち、高温焼成で多大なエネルギー消費をともなう。国際エネルギー機関(IEA:International Energy Agency)のエネルギーフロー[1]では、国内の同産業のエネルギー消費の内訳として、石炭(140PJ)、天然ガス(32PJ)や石油(83PJ)、電力(63PJ)を挙げており、燃料別CO_2排出原単位[48]をもとにCO_2排出量を計算すると、年間約2,800万トンになる。一方、国立環境研究所のデータ[2]でも、窯業・土石製品[33]の国内のCO_2排出量は年間約3,061万トン(2018年)とある。これらを再エネによる電力供給や電気加熱、CO_2を原料とした合成燃料などに代替

---

31 **アニール処理**　熱を加えることによって、材料・商品の残留応力を取り除き、加工品の変形を防ぐ処理。

32 **インゴット**　高純度な半導体単結晶の塊のこと。

33 **窯業・土石製品**　正確には窯業・土石製品からのCO_2排出量には、セメント焼成のための燃料燃焼分が含まれる。9章4節2項のセメントの説明の中で、焼成のための燃料分(電気・熱)が約290kg-CO_2／トンであり、セメント製造量が年間約4,000万トンであったことから、セメント焼成分として約1,000万トンが含まれていると考えられる。

することができれば、カーボンニュートラルに大きく貢献できる。

　セラミックスは、ほかの業界で製品利用されることによって大きなCO_2削減を生む。国立研究開発法人新エネルギー・産業技術総合開発機構(NEDO)の報告書[49]によれば、先進的なセラミックス構造部材を、溶融アルミニウムの搬送容器や熱化学プラントの装置材料、リチウムイオン電池(LIB：lithium-ion Battery)正極材製造用炉心管などに適用した場合、2030年までにCO_2換算で約85.7万トンのCO_2削減効果が期待できると報告されている。政府のグリーン成長戦略[50]でも、航空機分野での軽量化や耐熱性向上などに対して高性能セラミックス材料の利用を有望視している。将来的には太陽熱発電や地熱発電に求められる大型セラミックス配管、断熱容器などへの波及展開も期待できる。

❸ 省エネルギーを支える複合材料

　複合材料とは2種以上の材料の組み合わせにより、単一素材よりも優れた機能を発現するものを指す。たとえば炭素繊維で強化されたプラスチック(C-FRP)が有名である。炭素繊維は熱的・化学的に安定で、軽量かつ力学的特性に優れる素材であり、近年では風力発電用のブレードや、燃料電池部材、圧力容器などへの複合材料の需要が高まっている。

　炭素繊維の種類には、ポリアクリロニトリル(PAN：polyacrylonitrile)を原材料としたPAN系炭素繊維と石炭ピッチや石油ピッチを原材料としたピッチ系炭素繊維がある。**図9.21**にPAN系およびピッチ系の炭素繊維の製造プロセスを示す。また、セルロースナノファイバー(CNF：Cellulose NanoFiber)は、木材繊維(パルプ)を高度にナノ化した素材で、弾性率が高強度繊維で知られるアラミド繊維並に高く、温度変化にともなう伸縮はガラス並に良好な優れた特性を持つ。

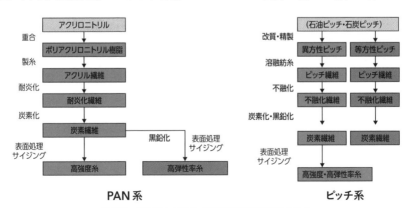

図9.21　PAN系およびピッチ系の炭素繊維の製造プロセス
出典：炭素繊維協会(JCMA)ウェブページ「炭素繊維はこうしてつくられる」[51]をもとに作成

この製造プロセスでは、高温焼成(**図9.21**中の「炭素化」、「黒鉛化」)で多くのエネルギーを消費する。たとえば、炭素繊維を1トン製造すると約20トンのCO_2を排出するといわれ[52]、炭素繊維の国内出荷量が年間24,876トン(2019年)であれば[53]、製造工程で年間約50万トンのCO_2が発生する。

一方、複合材料のカーボンニュートラルへの貢献度を計るには、サプライチェーン全体(原料調達から廃棄まで)での貢献度を正確に評価する必要がある。たとえば、LCAにより、原料採掘から炭素繊維製品の使用、廃棄までを含めて評価すると、自動車に炭素繊維を使用して車体構造を30%軽量化できた場合、炭素繊維1トン当たり50トンのCO_2削減効果が、航空機で機体構造を20%軽量化できた場合は、1,400トンのCO_2削減効果がある[52]。日本の乗用車(軽自動車を除く保有台数は約4,200万台)や旅客機(保有機数は430機)にすべて採用されれば、その削減効果は2,200万トンに達する。つまり、製造工程よりも遥かに多くのCO_2削減が期待できることになる。

3 産業部門を支える技術

素材系製造産業は、特定の製品(素材)を製造するプロセスをひとつの産業として見ているが、そのプロセスを紐解くと、そこには多くの技術やプロセスで成り立っている。こうした産業を支えている技術やプロセスでもさまざまな試みが実施されているので簡単に紹介する。

❶熱電併給システム(コージェネレーションシステム)の利用

コージェネレーションシステム(以下、コージェネ)とは、天然ガス、石油、LPガスなどの燃料から電力と熱を併産、供給するシステムの総称で、コージェネ、熱電併給システム(CHP：Combined Heat and Power)などと呼ばれる。コージェネには、内燃機関(ガスエンジンやガスタービンなど)や燃料電池、蒸気ボイラーと蒸気タービンを活用する方法などがある(**図9.22**)。回収した熱は、蒸気や温水として工場の加熱プロセスや空調、給湯、温度差発電などへの利用が可能になる。発電効率が40%(LHV[34])以上、廃熱回収効率35%(LHV)以上とすれば、総合効率は75%以上にもなる。

---

34 **LHV** Lower Heating Value。低位発熱量のこと。燃料が燃焼したときに発生するエネルギー(発熱量)のうち、燃焼によって生成された水蒸気の蒸発潜熱を除いたもの。真発熱量とも呼ばれる。

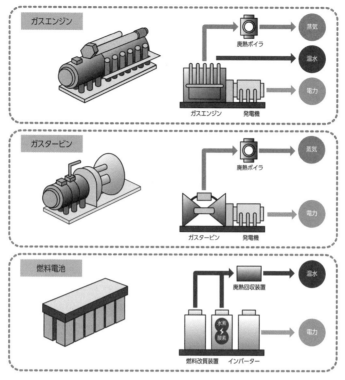

図9.22 コージェネレーションシステムの種類
出典：一般社団法人日本ガス協会ホームページ「ガスコージェネレーションシステムの仕組み」[54]をもとに作成

　コージェネは、電熱併給以外にも、分散電源としての供給力・調整力の向上と、それを活かしたデマンドレスポンス対応、系統電力の安定化および電力需要の変動補完、事業継続計画(BCP：Business Continuity Plan)対応など、さまざまな場面でのエネルギーセキュリティーへの貢献が期待されている。つまり、時間や時季によってエネルギー需給の状況が異なる異業種間、複数の事業所間で熱や電気の融通を実施するような、エネルギーの地産地消を進めることができれば、レジリエンスの強化とともに大きな省エネルギー効果をもたらす。ただし、熱導管や自営線[35]の活用、そして業種や利害の異なる複数事業者を円滑に調整できる事業者の存在が欠かせず、場合によっては地方自治体、地域住民との連携も必要となる。

　コージェネは、炭素を含む燃料の燃焼をともなう場合は、CO_2が排出されてしまうため、機器単体でカーボンニュートラルを実現することは難しい。しかし

35　**自営線**　大手電力会社（一般送配電事業者）以外の電気事業者が、電力供給のために自ら敷設した電線のこと。

省エネルギーに貢献できるポテンシャルは大きく、CO$_2$フリーの燃料(バイオマスなど)の利用によっては、カーボンニュートラルの実現を下支えする重要な技術となる。

❷排熱を再利用する熱利用技術

加熱などをともなう製造プロセスから排出される膨大な量の熱は、その一部を一過性に利用したとしても、多くは排熱として捨てられている(**図9.23**)。

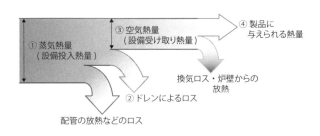

図9.23 製品製造に至るまでの熱のフロー
出典:中部電力パワーグリッド株式会社「技術開発ニュース」[55]をもとに作成

こうした排熱は、たとえばヒートポンプなどを利用して昇温し、再利用することが可能であるが、工場毎の熱発生量の状況や熱利用状況は、ほとんど明らかにされていない。こうした情報開示のための熱計測や評価方法は非常に重要である。

熱は遠隔地までの輸送や長期の貯蔵に向かないとされるが、現在ではさまざまな蓄熱技術が検討されている(第7章参照)。その他、加熱が必要な箇所を急速に自己発熱させることができる電気加熱法や、熱を電気に変換する熱電変換技術[36]などの開発も進む。

❸加工・動力技術の高度化

ここでの加工技術とは、高速かつ緻密に、より複雑な形状の造形を可能にするレーザー加工技術を指す。3Dプリンターなどにも利用されている。この技術は製造プロセスの高効率化や手順の削減、高歩留まり化を図れるため、CO$_2$削減に大きく寄与する。

動力技術とは、モータのさらなる低摩擦化、部材の軽量化を目指し、動力負荷

---

36 **熱電変換** 熱を電力に変換して利用する方法で、スターリング発電やオーガニックランキンサイクル(ORC)システム、ゼーベック効果を利用した熱電変換モジュールによる発電システムなどがある。

軽減に資する技術を指す。たとえば、永久磁石モータ(PMモータ)などが有名である。この分野でのエネルギー源はすべて電力であるため、電力確保やCO_2フリー化が重要になる。

❹AI／IoTの活用

AI／IoTを活用することによって、工場内の生産ラインの稼働状況やエネルギー消費量の状況など、さまざまな場面をモニタリングすれば、プロセスの最適化と省エネルギー化を効率的に図ることができる。運輸部門のITSや民生分野の情報機器と同じように、今や産業分野でも必須のアイテムとなっている。これまで、経験や勘によって、不可視知、暗黙知とされていたものが、AI／IoTを活用することで可視化、形式化されるため、高付加価値な製品を効率的に製造でき、CO_2排出量の削減にも大きく寄与できる。

こうしたAI／IoTの爆発的な普及は、データセンターなどで処理されるデータ量や、エネルギー消費量を急増させる。そのエネルギー源はすべて電力であるため、電力確保とCO_2フリー化が欠かせない。

9.5 〉 需要側のカーボンニュートラルを実現するために

1 需要側のCO₂排出削減の難しさ

　ここまで、エネルギーの需要側(運輸、民生、産業)でのエネルギーの使われ方やCO_2排出量削減のためのさまざまな取り組みについて紹介してきた。

　鉄鋼やセメントなど、産業部門の多くは大きなエネルギーをまとまった場所で消費しているが、それ以外の需要側のエネルギーの使われ方は、そのほとんどが、細分化された場面で少量のエネルギーを消費している。したがって、CO_2は分散して排出されてしまうため、ゼロエミッションを達成するのはとても難しい。

2 カーボンリサイクルの必要性

　CO_2排出源である原料(資源)、熱、電力で分けて考えると、原料や熱(燃料)はカーボンリサイクル合成燃料や水素などにより化石資源を代替することが望ましい。ただし、燃料利用の場合、燃焼すればCO_2が場所ごとに分散されて排出されるため、カーボンニュートラルを実現するならば、どこかで収支を合わせなければならない。工場などでの熱利用に関しては、できるだけ熱を循環利用できるシステムを整えることが求められる。そして電力は、再エネによる地産地消が望ましいが、すべての場面で成り立つわけではない。しかし、日本の特徴として、大規模集中型電源によってつくられた電力が、細分化された需要側に供給されているが、このことは需要側にとっては、レジリエンスの面で課題が残るものの、カーボンニュートラルを実現するには都合がよい。なぜなら、集中電源そのものを再エネに変えてしまえば、需要側で電力に対する脱炭素化を気にする必要がなくなるからである。もちろんコストメリットが出やすいのも特徴である。ただし、再エネのみで全国の電力需要をすべて賄うのは、現状では到底無理であり、カーボンリサイクルによるエネルギーシステムも必要であることも念頭に入れなければならない。

　その他、需要側の意識改革、行動変容、社会変革なども重要である。将来的に再エネが積極的かつ大量に導入されることを前提とするならば、その状況に順応できるような需要側の社会(インフラ、各種エネルギーシステムなど)を今から作っておかなければならない。

電気自動車と
バッテリー充電技術

酒井 奨

❶ バッテリー式電気自動車に求められる性能

バッテリー式電気自動車(BEV)は、環境に優しく、静かな乗り心地で快適だが課題も多い。今、BEVに求められているのは、次のようなことである。

①航続距離を延ばす
②充電時間を短くする
③車両重量を軽くする

航続距離を延ばすには、車載するバッテリーをたくさん積めばよいが、重量が重くなり[37]、充電時間も長くなってしまう。これらは常に相反関係にある。

国内に設置されている急速充電機は、数十kWの出力を持っていて、家庭用電源の十倍以上の出力がある。よってBEVを数時間以内で充電できる。もっと充電出力を上げると、もっと早く充電できる。高速充電規格を発行しているCHAdeMO協議会は、2020年4月にVer.3を発行し[56]、500kW超(最大充電電流600A)対応を表明した。これならば十数分で充電が完了し、充電に対する抵抗感はなくなる。しかし、現実はなかなかそう上手くはいかない。充電時に発生する熱に、現在の電池やケーブルが耐えられないのである。

❷ ワイヤレスでの給電システム

そこで今、注目を浴びているのがワイヤレス給電(WPT：Wireless Power Transfer)である。路面などに埋め込んだ送電コイルから、車両の底やタイヤに設置した受電コイルに「磁界共鳴結合方式」で車載電池に給電する。走行中や駐車中に自動的に給電されるので、次のようなメリットがある。

37　**重量が重くなる**　100kWhのリチウムイオンバッテリーを積めば、バッテリーの重量だけで約400kgになり、大人6人分に相当する。

①充電に手作業の必要がない

②送電側のシステムを駐車場や道路の路面など、さまざまな場所に埋め込める

③自動運転との相性がよい

④大容量の電池が必要なくなり、車体が軽量化でき、車両価格も下がる

　市内を走る車の走行パターンには特徴があって、信号機の停止線から30m区間内に滞在する時間がもっとも長いそうである[57]。ならば、この区間にWPTを設置すれば、効率よく給電できる。その他にも、たとえば高速道路なら、料金所やガードレール、SS／SAの駐車場などさまざまな場所も想定できる。

有線の充電
やっと充電スタンドを見つけたのに、いちいち車から降りるのいやだな！

未来のワイヤレス給電（WPT）
道路を走っている時や信号待ちでも充電しているんだね。どこでも充電か、バッテリー切れの心配もないね

充電

コラム図9.1　BEVの未来の給電方法

　さて一方で、路面に埋め込むWPTのコストが気になる。たとえば、2023年頃に全区間が開通予定の新東名高速道路（全長約250km）の工事費は約4.4兆円[38]なので、約176億円／km(1,760万円／m)となる。地下鉄の費用は約1億円／mともいわれている。一方、WPTは約1億円／km(10万円／m)、東京～大阪間の高速道路への埋設は約1,000億円で済むとされ、全国の主要道路に埋設しても5,000億円程度と試算されている[57]。安全性の検証や電力供給の課題はあるものの、インフラへの負担は想像ほど大きくないようである。

　革新的な蓄電池技術の開発にも大いに期待したいが、ガソリン車が燃料を積んで走るので、BEVもバッテリーを積んで走る、という根本的な考え方に無理が生じていないだろうか？

38　**工事費約4.4兆円**　まだ全開通していないため、見込み金額[59]。2012年4月に御殿場JCT～三ヶ日JCT間が開通したときの発表では、全長約162km、約2兆6,000億円と発表されている。これを基に試算すると、約160億円／km(約1,600万円／m)となる[58]。

第 10 章

カーボンニュートラルに
取り組む事例

　日本と世界では、2050年カーボンニュートラルに向けて、経済産業省や各国政府機関、国際エネルギー機関(IEA)などに加えて、地域や産業界がロードマップを策定している。再生可能エネルギー(再エネ)を大量に導入するだけではなく、各業種に合ったさまざまな技術、たとえば水素やアンモニア、メタンを始めとするCO_2フリー燃料やCCUS技術を駆使してCO_2の削減方法を提案している。

　本章では、一企業だけではなく、コンビナートのような複合型産業にも視点を置いて、おもな取り組み事例を紹介する。

10.1 〉世界の取り組み事例

　ある産業や地域でカーボンニュートラルを実現するには、再生可能エネルギー電力（再エネ電力）、水素、原子力、CO_2回収・利用など、これまでに紹介してきたさまざまな技術を組み合わせて、効率的に大規模に実施していく、いわゆるセクターカップリングが重要である。各国の政策が発表されるのに加えて、多くの企業が方針を示し、実際のプロジェクトに取り組んでいる。

　この節では、世界の取り組みについて、CO_2の排出量が大きい業界を対象に、日本にとって参考となるおもな事例を紹介する。たとえば、石油・石油化学コンビナートや鉄鋼分野である。CO_2フリー電力の購入、CCSの実施、個別の工場や単独の技術の実証、カーボンニュートラルに処する技術開発プロジェクトの事例に関しては、該当する章を参照されたい。

1　国際石油企業の取り組み

　スーパーメジャーと呼ばれる世界的大手石油会社は、原油や天然ガスの採掘、生産をおもなビジネスとしており、同時に、日本の石油会社のように石油精製、石油製品の販売を行っている。ロイヤル・ダッチ・シェル社 (Royal Dutch Shell、シェル社) やBP社、トタル・エナジーズ社 (Total Energies)のような世界的大手石油会社は、2050年までにカーボンニュートラルを達成することを表明してきた。

❶ トタル・エナジーズ社の事例

　ここでは、フランスを拠点とするトタル・エナジーズ社の「GETTING TO NET ZERO September 2020」[1] にもとづいて、その計画を説明する。同社は、2020年9月に、CO_2削減のステップを次のように表明している。ここでのスコープ (Scope) とは、**表10.1** に示すCO_2ゼロをどの範囲で捉えるかを示している。

表10.1　スコープの定義と内容

スコープの段階	定義
スコープ1	事業者自らによる温室効果ガスの直接排出、たとえば、使用する燃料の燃焼によるもの。
スコープ2	他社から供給された電気、熱・蒸気の使用にともなう間接排出。
スコープ3	スコープ1、スコープ2以外の間接排出（事業者の活動に関連する他社の排出）、たとえばサプライチェーンにおける排出や製品などの廃棄によるもの。

①2050年もしくはそれ以前に、同社の活動から発生するCO_2をゼロとする：
（**スコープ1+2**）

②ヨーロッパの顧客に使われる製品やエネルギーに関しては、2050年もし
くはそれ以前に、発生するCO_2をゼロとする：（**スコープ1+2+3**）

③世界全体で顧客に使われるエネルギー製品の炭素集約度（carbon intensity）[1]
を60%以上削減する。**図10.1**に示すように、2030年には15%、2040年
には35%削減の中間ステップを設ける：（**スコープ1+2+3**）

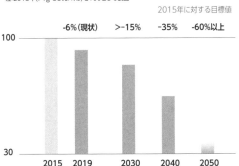

図10.1 トタル・エナジーズ社の2050年に向けた炭素集約度の目標
出典：TOTAL「GETTING TO NET ZERO September 2020」(2020)[1]をもとに作成

①について、2030年に対しては、

・事業での高効率化
・再エネ電力への転換
・フレアリング[2]をゼロに
・採掘時のメタン排出削減

が挙げられている。

②と③に関しては、販売する製品やエネルギーをCO_2フリーとすることを目標
とするもので、従来の石油や天然ガスでの事業を大幅に変えていくことを意味し
ている。具体的には、2030年に向けて、次の5点を挙げている。

1　**炭素集約度（carbon intensity）**　発生するCO_2量を使用するエネルギー量で割った値。
2　**フレアリング**　原油採掘やガス精製、石油精製などにおいて、操業上、余剰となる可燃ガスを無害化のために焼却して処理す
ること。

①天然ガスの拡大と同時にバイオガスと水素の開発

②再エネ電力への投資と電力のバリューチェーンの確立

③生産コストが低い石油プロジェクトへの投資とバイオ燃料に注力

④ヨーロッパでは、需給に合わせた設備規模の見直し

⑤CCUSなど炭素固定への投資

　たとえば、2030年の熱量ベースの販売量のシェアについては、2019年と比較して、石油について55%から35%に減らし、天然ガスを40%から50%に増加、一方、バイオ燃料やバイオガス、水素、電力を5%から15%に増やすとしている。

　水素は、**図10.2**（**図6.5**再掲）に示すように、天然ガスを水蒸気改質して製造し、発生するCO_2はCCSで処理する、いわゆるブルー水素を当面のプロジェクトとして進めている。2050年に向けて、再エネ電力を用いたグリーン水素も視野に入れ、水素の普及の一環として水素ステーションの整備をドイツやフランスで進めている。

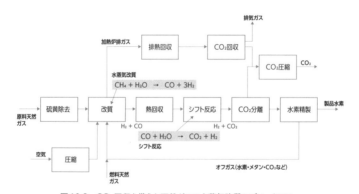

図10.2　CO_2回収を備えた天然ガスの水蒸気改質のブロックフロー
出典：米国国立エネルギー技術研究所(NETL)「Assessment of Hydrogen Production with CO_2 Capture Volume 1: Baseline State-of-the-Art Plants」(2010) [2]をもとに作成

❷その他の国際石油企業の取り組み

　シェル社やBP社は、2050年までに、全自社製品の製造における排出量の実質ゼロを達成することを、2020年に発表している。これは、スコープ1の範囲についてである。今後、製品を含む、スコープ2、3についてのカーボンニュートラルへの取り組みが問われている。一方、エクソン・モービル社(ExxonMobil)は、今まで、油ガス田を活用して1.2億トンのCO_2をCCSにより貯留してきた実績をもとに、低炭素化ビジネスを発展させるとしている[3]。

2 コンビナートの取り組み

❶ロッテルダム港(Port of Rotterdam)のエネルギー転換プロジェクト

コンビナートは各種産業が複合した、いわゆるセクターカップリングの典型的な姿である。ここでは、オランダ・ロッテルダム港の取り組みを紹介する。

ロッテルダム港は、ヨーロッパで最大の港であり、ライン川河口に沿って大手石油会社のコンビナートが林立しており、世界最大級の石油化学工業を擁するエリアである。原油精製能力は5カ所の製油所の合計で日量116万バレル[3]に達する。オランダ政府が中心となり、2011年からCO₂削減プロジェクトを立ちあげ、**図10.3**に示すように、ロッテルダム港パートナー連合としてテーマ別の連合体を組織している。

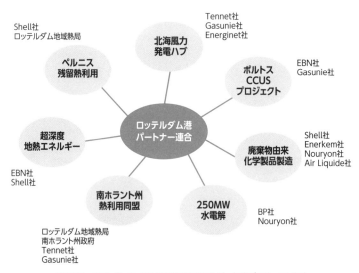

図10.3 オランダ・ロッテルダム港でのエネルギー転換プロジェクト体系
出典：JPEC 総務部調査情報グループ「動き始めた欧州気候変動対策プログラム
〜欧州石油会社のプロジェクト構想〜」JPEC レポート No.201001(2020)[4] をもとに作成

ロッテルダム港湾局が全体のまとめ役となり、国際石油企業のシェル社、BP社、ガスを中心としたエネルギー輸送ネットワークを有するガスニー社(NV Nederlandse Gasunie)、送電会社であるテネット社(Tennet)やエナギネット社(デ

---

3 **日量116万バレル** 日本の原油精製能力は、13のコンビナートの合計で350万バレルである。1つのコンビナートで116万バレルは極めて大きい。

ンマーク：Energinet）、オランダ国営石油・ガス投資企業であるEBN社（Energie Beheer Nederland）、化学会社であるヌーリオン社（Nouryon N.V.）、カナダの都市廃棄物からバイオ燃料を製造するエネルケム社（Enerkem）、工業ガスメーカーのエア・リキード社（Air Liquide S.A.）、残っている熱を地域冷暖房に供給するロッテルダム地域熱局（Warmtebedrijf Rotterdam）、南ホラント州政府が協力して進めている[4][5]。

この取り組みは、次の3段階で進めるとしている。

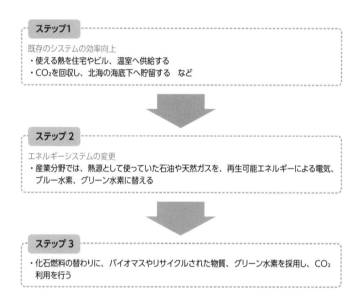

このプロジェクトの中で、BP社は、250MWの水電解装置により水素を製造、シェル社は、製油所の熱を住宅地帯に供給する、あるいは廃棄物由来の化学品製造や超深度地熱の利用をはかるとしている。

ステップ1に示すCCSプロジェクトは、ロッテルダム港周辺の工業地帯で発生するCO_2を回収、輸送し、北海の海底下枯渇ガス田に貯留するもので、ポルトス（Porthos）と呼ばれる。沿岸から約20km離れた海域で3,000mの海底下に年間250万トンを貯留する計画で、2022年に最終の投資判断がなされ、2024年から運用が開始される予定である。

ステップ2では、H-Visionというブルー水素のプロジェクトや水電解によるグリーン水素プロジェクトを推進する。

ステップ3については、大規模なグリーン水素利用とともにサーキュラーエコノミー[4]を構築する。

❷North-CCU-Hubプロジェクト

North-CCU-Hubプロジェクトは、オランダからベルギーの北海沿岸に沿ったNorth-Sea-Portにおけるさまざまな業種が提携して進めているプロジェクトである。その核となるのが、北海から運河で32km内陸に入ったところに位置するベルギーの古都、ゲント(Gent)である。このコンビナートは、先に紹介したロッテルダム港とは異なり、石油ではなく、鉄鋼、機械、化学産業を中心としている。

参加企業には、鉄鋼のアルセロール・ミッタル社(ArcelorMittal)、電力のエンジー社(Engie)やテラノバ・ソーラー社(Terranova Solar)、素材産業のレネウィ社(Renewi PLC)、化学品製造では、カーギル社(Cargil)、イーストマン社(Eastman)、アルコ・バイオ・フューエル社(AlcoBioFuel：ABF)、物流のオイルタンキング社(Oiltanking)やフラクシス社(Fluxys)、それに北海港湾局(North Sea Port Authority)やゲント市(Gent)などさまざまな業種が加わっている[6]。

その中で、North-C-Methanolプロジェクト[7]が進んでいる。**図10.4**に示すように、エンジー社が風力発電で得られた電力により65MWの水電解装置で水素を製造する。副生する酸素は、アルセロール・ミッタル社の製鉄所で使われる。また、アルセロール・ミッタル社とアルコ・バイオ・フューエル社がCO_2を回収して、プロマン社(Proman)が水素とCO_2から年産44,000トンの規模でメタノールを製造し、化学会社で原料として、また、CO_2フリーの輸送用燃料として利用する計画である。

ロードマップは下記の通りである。

①2018年に検討を始めて、2020年に関係会社と協定を結んだ
②2024年には、メタノール、年産44,000トンを生産開始。一部は、コンビナート内で消費される
③2028年には水電解装置を300MWに増強、2030年には、600MWに増強して、メタノール、アンモニア、ギ酸を製造する予定

---

4 **サーキュラーエコノミー** 循環型経済。廃棄されていた物を、資源と捉えて再利用し、廃棄物の発生を最小限とすることで、持続可能でCO_2の発生を極力減らし、また、資源を効率的に使う経済システム。

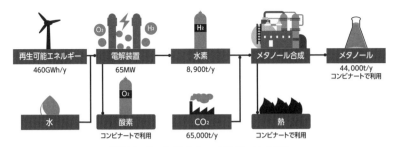

図10.4 North-C-Methanolプロジェクトの概要
出典：North-CCU-Hub「North-C-Methanol」[7]をもとに作成

このプロジェクトの特徴は、水電解で副生する酸素を鉄鋼で利用できることと、メタノールの利用先が多数あることである。

❸ その他のコンビナート

前出のベルギーでは、アントワープ(Antwerp)港が中心となり、コンビナート各社と協力して「気候中立港(climate-neutral port)」を掲げている。工場から排出されるCO_2とグリーン水素からメタノールを製造することで、2030年までにCO_2排出量を半減することを目指している[8]。今回、電解ソーダ5を手掛けているイノビン社(INOVYN)のウェブサイトに、2022年までに年産8,000トンのメタノール合成の実証装置を建設すると発表している[9]。

また、スウェーデンでは、ペルストープ社(Perstorp)が中心となり、「Project AIR」を推進している[10]。グリーン水素とバイオメタンからメタノールを製造するもので、2025年に生産開始を目指している。同社がヨーロパで生産している年間20万トンのメタノールを代替する予定である。

この他に、ヨーロッパ各地のコンビナートではグリーン水素を原料にメタノールを製造する計画などが目白押しである[11]。

5　**電解ソーダ**　食塩(塩化ナトリウム)の電気分解により製造される水酸化ナトリウム(苛性ソーダ)のこと。同時に、塩素、水素、などの基礎化学原料が製造される。

3 鉄鋼業の取り組み

❶ 鉄鋼からのCO₂

鉄鋼業で排出するCO_2は、世界では約30億トンで、世界の排出量の約9%を占めている。鉄鋼業界は、電炉法[6]の割合を増やすとともに、CO_2削減のための技術開発を進めており、最終的には、水素還元製鉄を目指している。

ここでは、世界最大の鉄鋼メーカーで、ルクセンブルクに本社のあるアルセロール・ミッタル社(ArcelorMittal)の取り組みを紹介する。

❷ アルセロール・ミッタル社の取り組み

アルセロール・ミッタル社は、2030年までにCO_2排出量を30%削減、2050年までにカーボンニュートラルを実現する取り組みを発表した[12]。脱炭素化の技術を、**図10.5**に、また脱炭素化への筋道を実用化への年数とともに**表10.2**に示す。脱炭素化の技術は、大きくは次の2つからなる。

①カーボンリサイクルとCCS、再エネ電力による水素を組み合わせてカーボンニュートラルを実現する
②直接還元製鉄にグリーンあるいはブルー水素を利用する

①の方法は「スマートカーボン」と呼ばれる。CCSを利用した化石燃料からの水素製造、バイオマスや炭素を含む廃棄物からの水素／COガスの製造や、一部、電解水素を加えてカーボンニュートラルな製鉄[7]を行うべく、高炉[8]を改造するものである。高炉を核とした技術の実証プロジェクトは、2022年に運転開始の予定である。

②の方法については、同社は、ヨーロッパで唯一のDRI-EAF(Direct Reduced Iron in the Electric Arc Furnace)プラントを運転しており、その技術を踏まえ、ミドレックス社(Midrex)の設計により、ハンブルグ(Hamburg)工場で実証プラントを建設中で、2023年に運転開始の予定である。

6　**電炉法**　原料となる鉄のスクラップを電気によって加熱、溶解し、成分を調整し新たな鉄とする方法。日本では粗鋼生産量の1/4程度、世界では約3割が電炉法で生産されている。

7　**製鉄(せいせん)**　鉄鉱石を還元し銑鉄を取り出す工程を指す。製鉄は、製銑工程と、銑鉄から炭素分を除いて鋼鉄を造る製鋼工程からなる全体の工程を意味する。

8　**高炉**　鉄鉱石とコークスを炉の上部から投入し、下部からの空気で燃焼させて、高温で還元して銑鉄を取り出す炉。溶鉱炉とも呼ばれ、大型のものでは高さ100mにもおよぶ。

さらに、同社のゲント工場(ベルギー)では、製鋼工程で発生するガスからエタノールを製造する、47,000トン／年規模の実証プラントを建設中である[12]。

また、ダンケルク(Dunkerque)工場(フランス)では、高炉からのCO_2を回収して合成ガスに変換し、化石燃料の代わりに高炉に再投入して還元材であるコークス[9]を削減する実証プロジェクトに取り組んでいる[13]。

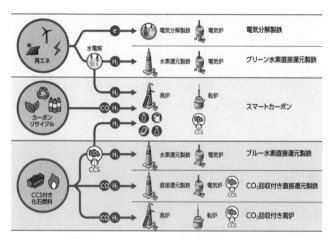

図10.5 アルセロール・ミッタル社の脱炭素化への技術
出典：ArcelorMittal「ARCELORMITTAL CLIMATE ACTION REPORT 1」(2019)[13]をもとに作成

表10.2 アルセロール・ミッタル社の脱炭素化への道筋

製鉄プロセス	製鉄におけるコスト上昇割合	実用化までの年数	求められるエネルギーインフラ	求められるエネルギー技術	求められる製鉄における技術
電気分解製鉄	未定	20～30年	必要に応じて電源インフラ増強	—	電気分解製鉄
グリーン水素直接還元製鉄	+60～90%	10～20年	グリーン水素経済	グリーン水素の低コスト化	水素製鉄
スマートカーボン	+20~35%	5～10年	カーボンリサイクルおよび水素経済の進展	バイオコール、バイオコークス、バイオガスの利用	CO_2回収によるカーボンと水素の連携の実用化
ブルー水素直接還元製鉄	+35～55%	10～20年	大規模天然ガスによる水素とCO_2貯留プロジェクトの発展	—	水素製鉄
CO_2回収付き直接還元製鉄	+35～55%	5～10年	経済的なCO_2輸送、貯留のインフラ開発	—	実用的なCO_2回収技術
CO_2回収付き高炉	+30～50%	5～10年	経済的なCO_2輸送、貯留のインフラ開発	—	実用的なCO_2回収技術

出典：ArcelorMittal「ARCELORMITTAL CLIMATE ACTION REPORT 1」(2019)[13]をもとに作成

9　**コークス**　石炭を高温で蒸し焼きにして残った炭素部分。コークス炉で製造され、でき上がったコークスは、おもに高炉で使用される。

10.2 > 日本の取り組み事例

　各企業や業界団体は、2050年のカーボンニュートラルを目指して、ロードマップを発表している。その多くは、企業の生産過程において直接、間接的に排出するCO_2をゼロとする方針であるが、エネルギーの生産・供給を行う会社では、生産するエネルギーのCO_2フリー化を目指している。また、製造業の立場からは、カーボンニュートラルとするために必要な機器の製造や調達することも重要な役割である。この節では、CO_2の排出量が大きいエネルギー業界を中心に、電力、ガス、鉄鋼、自動車などのおもな取り組み事例を紹介する。なお、これら取り組みは、時々刻々と進展しているので、最新情報を確認いただきたい。

1　電力会社の取り組み

❶株式会社JERAの取り組み

　電力会社にとって、CO_2排出量の$1/3$以上を占めている火力発電事業をどのように転換するかが、カーボンニュートラルを実現する上で最大の課題である。ここでは、火力発電事業の割合が大きい株式会社JERAの事例を示す。

　JERAは、2015年に東京電力フュエル＆パワー株式会社と中部電力株式会社が出資し、火力発電事業、再エネ事業、ガス・LNG事業、これら事業に関するエンジニアリング、コンサルティングを事業内容として設立された。国内の株式会社JERAによる発電電力量は2,650億kWhであり、日本全体の電力量の3割におよんでいる。また、LNG取扱量は、年間約3,600万トンで世界最大規模である。

　JERAは、「JERAゼロエミッション2050」[14]を発表し、次の3つのアプローチを示している。

①再生可能エネルギーとゼロエミッション火力の相互補完
再エネの導入を、自然条件に左右されず発電可能な火力発電でサポートする

②国・地域に最適なロードマップの策定
国や地域によって、導入可能な再エネの種類、多国間送電網・パイプラインの有無
など、異なる環境におかれているので、国・地域単位でロードマップを策定する

③スマート・トランジションの採用
イノベーションにより利用可能となった信頼のおける技術を組み合わせる

まず、2030年までに、国内事業において下記の3点を達成することとしている。

①非効率な石炭火力 (超臨界以下) を全基停廃止。高効率な発電所 (超々臨界) でのアンモニアの混焼実証
②洋上風力を中心とした再生可能エネルギー開発の促進と、LNG火力のさらなる高効率化
③その結果として、国全体の火力発電からの排出原単位と比べて20%減の達成

　洋上風力については、台湾で商業運転を開始したフォルモサ (Formosa) 1 プロジェクト (12.5万kW)、準備、建設中のフォルモサ2 (37.6万kW)、フォルモサ3プロジェクトなど、海外事業に投資しており、合計で100万kW以上の持ち分となる見通しである。
　さらに、2050年には、**図10.6**に示すロードマップのように、下記の対策によりカーボンニュートラルを目指している。

①洋上風力を中心とした開発促進に加え、蓄電池による再エネ導入支援
②アンモニア混焼の混焼率を拡大し専焼化、および水素の混焼と混焼率の拡大をはかる

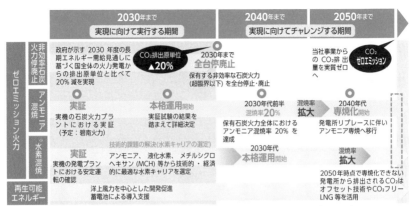

図10.6 JERA ゼロエミッション2050 日本版ロードマップ
出典：株式会社 JERA「JERA ゼロエミッション2050」(2020)[14] をもとに作成

　アンモニアについては、**図10.7** に示すように、海外で再エネから製造するグリーンアンモニアと、天然ガスとＣＣＳの組み合わせで製造するブルーアンモニアを日本に輸送するバリューチェーンを想定している。日本では、アンモニアは、現在でも海外から船で輸送し輸入しており、数年後を見据えて、ＵＡＥやカナダ、オーストラリアでは、ブルーやグリーンアンモニア製造のプロジェクトをいくつかの事業者が計画している。また、火力発電所での混焼試験も実施されていること

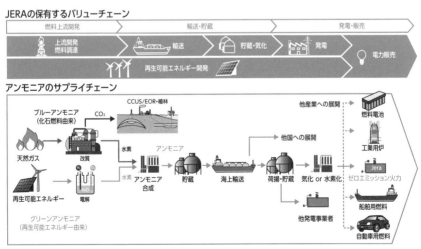

図10.7 JERAのグリーン燃料の製造・輸送と普及拡大に向けた取り組み
出典：株式会社 JERA「JERA ゼロエミッション2050」(2020)[14] をもとに作成

とから、小規模から始めて、逐次、規模を大きくしていくことで、技術的課題の克服と投資リスクの低減がはかれる点が大きなメリットである。

❷その他の電力会社

各電力会社は、独自に2050年へのロードマップを検討し発表している。たとえば、関西電力株式会社では、「ゼロカーボンビジョン２０５０」[15] を発表し、サプライサイドとデマンドサイドから2050年の絵姿を描いている。

また、中国電力株式会社では、大崎クールジェンプロジェクト[10] における石炭火力発電所(IGCC／IGFC)から排出されるCO_2分離・回収の実証試験、水島発電所2号機(石炭火力)でのアンモニア混焼試験など、CO_2排出削減に向けた技術の開発・導入を進めている[16]。

2　都市ガス会社の取り組み

❶都市ガス会社と日本ガス協会

都市ガス会社[11]には、東京ガス株式会社、大阪ガス株式会社などの大手だけではなく、地域の都市ガス供給を担っている中小規模の企業がある。ここでは、それらをまとめている、一般社団法人日本ガス協会(ガス協会)が発表している、「カーボンニュートラル　チャレンジ2050」[17] を示す。

❷2050年のガス供給の絵姿

都市ガス会社は、海外からのLNGの輸入に始まり、産出国ごとに若干、成分が異なるLNGの熱量調整、地域へのガス供給、企業や家庭におけるガス利用、さらには、電力などガス利用以外のエネルギー供給も事業化している。**図10.8**に示す2050年のガス供給の絵姿では、沿岸部、都市部、地域に分けて次のように説明している[14]。

10　**大崎クールジェンプロジェクト**　酸素吹石炭ガス化複合発電(IGCC)および燃料電池を組み合わせたIGFC大型実証試験を広島県大崎上島にて実施中のプロジェクト。CO_2の分離・回収の実証、さらには、カーボンリサイクル実証研究の拠点となる。

11　**都市ガス会社**　おもに天然ガスをベースとしたガスを、都市部を中心に導管で供給する会社。輸入したLNGや国内で産出する天然ガスを発熱量調整したガスが使われる。LPGは圧縮すると液体となるので、ボンベ供給が可能であり、別の業態である。

沿岸部	海外からの輸入水素を起点として、その周辺で水素ネットワークを構築し、水素燃料電池や水素コージェネレーション[12]、水素発電所などを通じて水素を利活用。またカーボンニュートラルメタン[13]を国内で製造(メタネーション)、あるいは海外から受入れる
都市部	CO_2フリー水素と回収CO_2から合成したカーボンニュートラルメタンを既存のガスシステム(導管、製造所などの既存のガスインフラ、およびコージェネレーションや燃料電池、給湯、空調などのガス消費機器)を介して利活用し、脱炭素化を実現する
地域	既存ガス設備の利活用の可否などに応じて、カーボンニュートラルメタンまたは水素を使い分け、各ローカルネットワーク内で地産地消するなど利活用し、地域の活性化にも貢献する

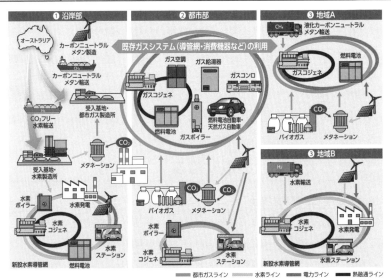

図10.8 2050年のガス供給の絵姿
出典:一般社団法人　日本ガス協会「カーボンニュートラル　チャレンジ2050」(2020)[17]をもとに作成

　このように、再エネから製造する水素とメタネーションにより合成したCO_2フリーメタンやバイオガスを組み合わせ、供給するガス体燃料の中に占める割合を徐々に増やして、2050年に向けてカーボンニュートラルを目指すとしている。一方、現在、排出権を用いて、輸入しているLNGをゼロエミッションとして供給している例もある。

3 鉄鋼業の取り組み

❶鉄鋼業と日本鉄鋼連盟

　一般社団法人日本鉄鋼連盟(鉄鋼連盟)は、日本製鉄株式会社(日本製鉄)、JFEスチール株式会社(JFE)、株式会社神戸製鋼所(神戸製鋼)などの鉄鋼の生産を行

12　**水素コージェネレーション**　燃料として水素を用い、ガスタービンや燃料電池により発電とともに熱を供給するシステム。

13　**カーボンニュートラルメタン**　ガス協会の、CO_2フリーメタンに対する呼称。

うメーカーと鋼材の加工・販売を行う流通加工業者から成り立っている。

　鉄鋼業は、日本のCO_2排出量の約14%を占めており、産業分野でもっとも多い。2018年から温暖化対策のビジョンとして「ゼロカーボンスチールへの挑戦」[18]を発表し改訂をしており、さらに、2021年には「我が国の2050年カーボンニュートラルに関する日本鉄鋼業の基本方針(2021.2.15)」[19]（以降、鉄鋼業の基本方針）を発表している。

❷ ゼロカーボンスチール

　鉄鋼業の基本方針では、2050年に鉄鋼業の生産プロセスにおけるCO_2排出削減に取り組み、ゼロカーボンスチールを目指すとしている。その方法として、**図10.9**に示すように、大きく2つの方法を挙げている。

> ①2030年実用化を目指した高炉による水素還元の比率を高めつつ、CCUSなどの技術開発により発生するCO_2の処理を行う
> ②2050年を目指した超革新的製鉄プロセスであるCO_2を発生しない水素還元製鉄と、高炉ガスなどから回収したCO_2の有用化を行う

　①の高炉法をベースとした温暖化対策としては、2030年の実用化を目指して、大手鉄鋼各社が共同で、次の技術開発を国立研究開発法人新エネルギー・産業技術総合開発機構(NEDO)からの支援で進めている。

COURSE50	所内水素による還元比率を高めた高炉法の技術により、CO_2発生量を10%以上削減。また、高炉ガスからのCO_2分離技術を開発し、実用化。将来は、外部水素の導入をはかる、Super COURSE 50を目指す
フェロコークス	石炭と鉄鉱石を事前に粉砕・混合・成型し、連続式の乾留炉で加熱することで、CO_2発生量を10%程度削減する技術

図10.9 鉄鋼連盟の長期温暖化対策ビジョン達成に向けた取り組み
出典：JFEホールディングス株式会社　JFEグループ「CSR報告書2020」(2020)[19]をもとに作成

　現在、鉄鋼業においては、粗鋼[14]生産量の25%は、鉄スクラップなどから電気炉（電炉）[15]を用いて製造しており、電炉の割合を増やすことでCO_2の低減をはかることができる。使用する電気がCO_2フリーに近づくことで、鉄鋼業としてのCO_2排出量が低下する。

　日本製鉄は、高効率大型電炉を開発し、国内の一部高炉を電炉に置換し、スクラップに加え、直接還元鉄を使用することを目指している[21]。還元鉄は、天然ガスによる還元から最終的には100%水素還元鉄に進むとしている。

　また、JFEホールディングス株式会社は、まず、カーボンリサイクル高炉を目指している[22]。**図10.10**に示すように、外部から水素を導入し、回収したCO_2とメタネーションにより製造したメタンを酸素とともに高炉に吹き込むことで、コークスの量を減らす技術である。2027年にプロセス原理実証を完了する予定である。

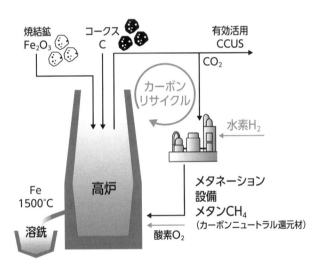

図10.10　カーボンリサイクル高炉のイメージ
出典：JFEホールディングス株式会社　JFEグループ「Environmental Vision 2050」(2021)[22]をもとに作成

14　**粗鋼**　高炉で生産した銑鉄を転炉で炭素を減らしたものやスクラップから電炉で生産した、加工する前の鋼。鉄鋼業の生産量を示すのに使われる。

15　**電気炉**　おもに鉄スクラップを電気により熱して溶かし、成分を調整して鉄鋼を生産する方法。高炉法に比べて、リサイクルした原料を使い、エネルギーの消費量が少ない点が環境面から適しているが、スクラップに含まれる不純物により、高級製品の製造に課題がある。還元鉄を利用することで高品位を維持できる可能性がある。

❸ 直接還元製鉄

　神戸製鋼は、アメリカに子会社として直接還元製鉄法[16]の技術を有するミドレックス社(Midrex Technologies, Inc.)[17]を保有している。この技術を有する点が、ほかの国内大手鉄鋼メーカーと異なり、その結果、鉄鋼連盟の取り組みとは若干異なる点が見られる。

　この技術を用いて、シャフト炉[18]により直接還元鉄(DRI:Direct Reduced Iron)を製造し、輸送用に押し固めた高温ブリケット化鉄(HBI：Hot Briquetted Iron)を高炉に30%程度投入することで、CO_2排出量を20%程度削減する技術を実証した[23]。

　一方、水素還元製鉄法は、直接還元製鉄に近い技術であり、ミドレックス社は、世界最大の鉄鋼メーカーであるアルセロール・ミッタル社(ArcelorMittal)(10章1節参照)のハンブルグ工場内に建設する実証装置の設計を実施する。

　一方、直接還元製鉄では同社と競合するPRIMETALS TECHNOLOGIES社(三菱重工業株式会社などが所有)は、オーストリアにHYFOR（Hydrogen-based fine-ore reduction）技術のパイロットプラントを建設し、水素製鉄の技術開発を進めている。

4　自動車会社の取り組み

❶ 自動車産業と自動車工業会

　自動車産業は、生産・販売・整備・輸送など幅広い関連産業を有する総合産業である。自動車産業の製造品出荷額は全製造業の約18%、機械工業の約40%を占めており、日本の経済を支える基幹産業のひとつである[24]。

　自動車走行中のCO_2排出量は、日本の排出量の16%を占めており、生産やその関連工程を含めるとさらに大きくなる。

　一般社団法人日本自動車工業会(自工会)は、日本の自動車会社14社から構成される。9章2節で輸送分野の技術的な説明を記載しているので、ここでは、自工会が発表している包括的な方針を紹介する。

16　**直接還元製鉄法**　還元性ガスを用いて鉄鉱石をシャフト炉で還元し、還元鉄を製造する技術。還元性ガスには、天然ガスを改質したガスや石炭ガス化のガスが用いられる。

17　**ミドレックス社**　1983年に神戸製鋼が買収したアメリカ法人。ミドレックス法は、直接還元製鉄法の中で60%のシェアを有している。2018年の生産量は世界合計で約6,400万トンである。

18　**シャフト炉**　上部から原料と燃料を装入する竪型の炉。ここでは、上部から鉄鉱石を、下部から還元性ガスを導入し、炉底から還元鉄を抜く。

　カーボンニュートラルを達成するには、車両走行中だけではなく材料、部品製造、車両製造、燃料製造、廃棄のすべての段階で発生する CO_2 をゼロにする必要があり、ライフサイクルアセスメント (LCA) の観点から規制をする必要があるとしている。特にバッテリー電気自動車 (BEV) では、CO_2 フリー電力を得られることがポイントである。

　また、課題として、ByEV 車用の電池を含め部品製造を含む生産の過程全体で実現ができないと、欧米への輸出が阻害されるとしている。具体的な取り組みと課題としては、**表10.3** に示すように、電動化と自動運転 (CASE[19]) や MaaS[20] 社会の実現を含めた対応が必要とされている。

表10.3　自動車工業会によるカーボンニュートラルに向けた具体的な課題

項目	課題
電動化	・**HEVを含む電動化、特に BEV/PHEV/FCEV の普及に向けた技術開発** ・車両の軽量化、パワートレインの高効率化、走行損失低減、走行エネルギーミニマム化に向けた**諸技術を総動員した対応**
自動車の使われかた	・エコドライブによる省エネルギーや安全に関する啓発活動 ・**自動運転、MaaS 社会の実現に向けたインフラ整備**
社会との係り、交通流改善	・自動車の使い方変化に対応できるよう、**低炭素かつ多様なモビリティやシステムの提供**に向けて、関連事業者と連携した取り組み ・**交通流の改善により渋滞レスのスムーズな交通を官民で協力して推進する**
エネルギーの多様化	・**低・脱炭素エネルギーによる電気や水素の利用** ・バイオ燃料やカーボンフリー燃料の内燃機関への利用

出典：日本自動車工業会「自工会の「2050年カーボンニュートラル」に向けた課題と基本的な考え方」
自動車工業会広報誌ジャマガジン (2021)[25] をもとに作成

19　**CASE**　Connected, Autonomous, Shared&Service, Electric の略。自動車のデジタル革命を表す言葉。
20　**MaaS**　Mobility as a Service の略で、情報通信技術を使って、自家用車以外のすべての交通手段による移動を、オンデマンドでアクセスが可能として、1つの輸送サービスとして扱う概念。

第 11 章

サステナブル
ファイナンスと
カーボンニュートラル

　カーボンニュートラルの実現は、これまでの制度設計や技術開発だけでは達成できない。先進的な取り組みを促し、普及させていくために、非財務情報を付加して環境に関する金融活動を促すことのできるファイナンスの役割は大きい。

　SDGsやカーボンニュートラルといった達成目標を共有した現在、個別の多様な活動を情報共有するのためのプラットフォーム、ガイドライン、評価項目の標準枠組みなどが整い始めている。

11.1 > カーボンニュートラルと ファイナンスの関係

1 サステナブルファイナンスの役割

❶ なぜサステナブルファイナンスが必要なのか

　カーボンニュートラルの実現に向けて、抜本的に異なる新たな産業・社会構造への転換が必要となり、目的に則した資金の流れを促進していくことが求められている。これまでの技術開発や規制・制度設計だけでは不十分であり、技術が普及し社会システムを変革するイノベーションのため、ファイナンスの役割が不可欠となる。

　サステナブルファイナンスは、気候変動問題や生物多様性などの地球環境問題、経済格差や人権などの幅広い社会課題に対し、資金に色づけすることによって、持続可能な社会に資する経済活動の意思決定や行動に反映する役割を持つ。そのことから、経済・産業・社会が望ましいあり方に向けて発展していくことを支える金融メカニズムとして位置付けられる[1]。

❷ 経済界における気候リスクの認識

　近年は、サステナブル要素の中でも、特に気候リスクの経済への影響が最重要課題の1つとして認識されるようになってきた。世界の課題を議論する世界経済フォーラム (World Economic Forum) から出される「グローバル・リスク報告書」[2]では、リスク要因として、気候変動、水供給、自然災害などが2000年以降トップ5に入っている。CDP[1]の調査によると、世界の大企業が気候リスクによって負い得る財務影響は約1兆ドルと見積もられている[3]。世界の金融セクターは、気候変動がもたらす、サプライチェーン寸断、原材料供給コスト増、低炭素化社会移行にともなう化石燃料関連の資産価値低下、保険料増加などが世界経済におよぼす影響に強い懸念を抱き始めている。経済界は、気候リスクを重要視し、環境・社会に配慮した長期的な投資へと移行しつつある。

1　**CDP**　シーディーピー、旧Carbon Disclosure Project。環境影響を管理するためにグローバルな情報開示システムを運営している国際NGO。2013年より活動領域を気候変動からサステナビリティ全般に拡大し、「CDP」を正式名称としている。

2 非国家主体の役割と行動

❶非国家主体の役割

　パリ協定を合意した2015年は、非国家主体の役割が顕在化した年でもある。パリ協定はすべての参加国に排出削減の努力を求めると同時に、非国家主体[2]が努力目標を示す枠組みをつくり、各主体が自ら排出削減する素地をつくってきた。

　気候変動非国家主体プラットフォーム(NAZCA：Non‐state actor zone for Climate Action)[3]には、企業、都市、地方自治体、地域、投資家、市民団体のコミットメントがパリ協定までに1万件以上登録され[4]、「非国家主体の役割」は国家主体の行動(アクション)と並ぶ形でCOP21の決定にも含まれた。

　同じく2015年、国連で採択されたSDGs(持続可能な開発目標)では2030年に向けた社会課題の共通ゴールを明示し、企業は社会的な課題解決を担う主体として位置付けられた[5]。これにより、さまざまな主体が各自の活動において実施可能な努力目標が示されていくこととなった。

❷気候変動に関係した民間アライアンス

　非国家主体が実施する数多くの活動は、国際イニシアティブやプラットフォームによって情報集約され、先進的取り組みはより多くの活動を巻き込んで発展・普及していくこととなる。**図11.1**に、1990年代以降のアライアンスの動きを示す。

　クリーンエネルギーのイノベーションに大規模な投資をする「Breakthrough Energy Coalition」や100％再生可能エネルギー電力(再エネ電力)調達を目指す「RE100」[4]に代表されるような活動に世界有力企業が名を連ねている。このような企業は目標の前倒し達成や、次の目標として創業以来のCO_2排出量「カーボンレガシー」のオフセット(排出量に相当する温室効果ガスの削減活動への投資)を宣言するほか、取引先企業にもカーボンニュートラルの取り組みを求めるなど、影響はサプライチェーンにも広がりをみせている。

---

2 **非国家主体**　国際社会において、国家から完全にまたは部分的に独立した企業やNGO(非政府組織)、都市、地方自治体など、影響力を持つ個人やグループのこと。

3 **NAZCA**　気候変動枠組条約(UNFCCC)のもとで設立されたプラットフォーム。非国家主体の気候変動対策の行動(アクション)の情報を集約したポータルサイト、Global Climate Actionを運営。

4 **RE100**　国際NGOのThe Climate Groupにより運営されている国際イニシアティブの1つ。登録企業は、2030年までに事業運営用の電力を100％再エネで調達することを導入目標として、その道筋を示す。省エネルギー技術(EP100)、EV導入(EV100)の普及を目標としたイニシアティブがある。

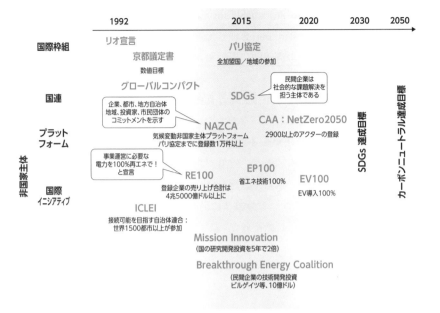

図11.1　1990年代以降のアライアンスの動き

❸制度設計の課題

　サステナブルファイナンスが拡大する一方で、投資内容や手法の多様性、評価の手順や手法、透明性、企業側へのインセンティブなどの課題が山積している。金融業界では、ファイナンス原則による各セクターの示す社会価値と共通目標、投資ガイドラインや情報開示手法・評価項目の標準枠組、共通基準などを制度化する動きが進み、国際的に模範となるような信頼性と透明性の確保にむけた努力が重ねられている。

3 　責任ファイナンス原則(投資・銀行・保険)

　サステナブルファイナンスには、国連環境計画(UNEP：United Nations Environment Programme)と世界各地の銀行・保険・証券会社などのパートナーシップである、国連環境計画・金融イニシアティブ(UNEP FI：United Nations Environment Programme Finance Initiative)が大きく関与してきた。

　UNEP FIは、1992年の設立以来、経済的発展と環境配慮を統合した金融システムへの転換を進めているが、サステナブルファイナンスに関する2006年の責任投資原則(PRI：Principles for Responsible Investment)、2012年の持続可能な保

険原則(PSI：Principles for Sustainable Insurance)、2019年の責任銀行原則(PRB：Principles for Responsible Banking)を通じて、ファイナンス側に対して、社会・環境課題の解決に主体的かつ直接的に影響をおよぼす「インパクト金融」を促進するように要請してきた。

　当初は、資産に負うべき責任(受託者責任)の下で、利益に反する非財務情報を取り込むことは適切とされていなかった。しかし、PRIが合意後は、投資における ESG 要因の考慮は合法から必須となり、運用投資額は拡大している。さらに、PSI原則にESG問題が組み込まれ、PRBがSDGsやパリ協定の実現に貢献することをうたって以降、投資、保険、銀行というファイナンスセクターのプレーヤーが、サステナブルファイナンスを意識する時代を迎えた[6]。ファイナンス対象を、環境面で差別化する色づけが始まっている (**図11.2**)。

図11.2 グリーンファイナンスによる地球環境保全

11.2 〉企業が選別されるESG投資

1 　企業におけるサステナブルファイナンスの位置づけ

❶ESG投資に向けた動き

　投資対象企業価値を測る材料として、これまでのキャッシュフローや利益率などの定量的財務情報に加えて、非財務情報である「環境(Environment)」、「社会(Social)」および「企業統治(Governance)」の要因(ESG要因)が重要視され、ファイナンス側はもとより、財・サービスの提供を行う企業活動に対しても、幅広く影響を与えることになる。

　企業がESG要因を意識して本業に取り組み、そうした企業への投資を通じて環境・社会に長期的なリターンをもたらすこと、ガバナンスを重要視して企業収益やリスク回避を構成要素に含めていることが幅広く支持されつつある。

　図11.3にESG投資をめぐるファイナンスセクターと企業の関係性を示す。ファイナンスは責任ファイナンス原則などに登録し、企業はSDGsやほかの環境関連イニシアティブに賛同、具体的行動を情報開示することが求められる。

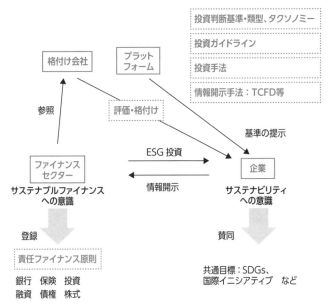

図11.3　ESG投資をめぐるファイナンスセクターと企業の関係性

たとえば、個社レベルにとどまらず、グローバルな視点でのサプライチェーンを含めたGHG排出量などの環境指標開示がそれにあたる。それらの活動を支援するため、環境適格性を判断するガイドラインや情報開示のための共通手法が求められるようになった。

❷気候変動プロジェクトの拡大

サステナブルファイナンスには、金融資本市場が正や負の外部性を適正に織り込み、環境や社会の課題を考慮した投融資などを行うことで、課題が改善するなど、経済社会システム全体の便益に寄与することが期待されている[1]。

たとえば世界銀行のグリーンボンド推奨ポートフォリオでは、**図11.4**に示すようなセクターへの投資を促している[7]。再生可能エネルギー、エネルギー効率、クリーンな運輸に関するものが全体の66%を占める。

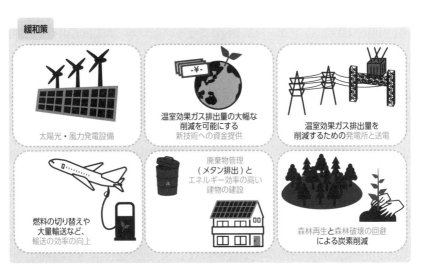

図11.4 気候変動プロジェクトの例
出典：世界銀行「グリーンボンド・インパクト・レポート2019」(2019)[7]をもとに作成

一方で、投資除外セクターに化石燃料の項目を追加し、石炭火力発電は2010年より新規投融資をやめ、石油・ガスの採掘・生産に対する投融資も2019年から停止した。

　このようなファイナンスの変化から、企業は、カーボンニュートラルに向けた市場拡大機会による金銭的リターンや、投資による選別がもたらす損失としてのリスクも認識するようになっていった。

2　ESG投資における手法

　ESGの投資先の選別方法は世界持続可能投資連合 (GSIA：Global Sustainable Investment Alliance) によると7つの方法に区分されている [8]。**図11.5**にその投資手法とESG投資手法別の資産残高を示す。

　図中の項目を順次説明する。投資の手法によって、掲げた目標に対する実効力と企業に対するメッセージ性が異なってくる。

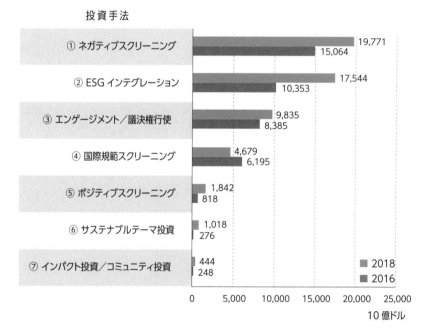

図11.5　ESG投資手法別の資産残高

出典：世界持続可能投資連合 (GSIA)「Global Sustainable Investment Review 2018」(2018) [8]をもとに作成

❶ 投資を選別するスクリーニング手法

　投資を選別する手法(スクリーンニング)のうち、評価のよいものを選ぶポジティブスクリーニングと、評価の悪いものを排除するネガティブスクリーニングがあり、後者がより強い影響を与える。石炭火力からの撤退などは、大きなインパクトを与えた。

　①のネガティブスクリーニングは、いわゆるダイベストメント(投資撤退)を含み、たとえば武器やたばこなど、道徳的・倫理的に望ましくないとされる特定の企業や業種に加え、化石燃料関連事業に深く関わる企業を投資対象から除外する手法であり、グローバルな運用額はもっとも多い。

　⑤のポジティブスクリーニングは、ESG評価の高い企業は中長期的にも業績が高い、との仮説をもとにESG評価の高い企業からポートフォリオを構築する。

　④の国際規範スクリーニングは、ESG分野での基準に満たない企業を投資から除外する手法である。スクリーニング手法は投資対象が狭くなることが欠点として指摘されることが多い。

❷ 環境以外の社会的影響を含めた非財務情報も積極的に活用した手法

　②のESGインテグレーションは、近年普及が広がっており、財務分析に加えてESGを考慮する手法であり、長期投資家が将来リスクを考慮して積極的に非財務情報を活用していく投資手法である。

　⑥のサステナブルテーマは、持続可能性を重視した特定テーマに関する投資手法である。

　⑦のインパクト投資は、経済的利益とともに、測定可能な社会・環境影響への貢献を目的とした投資である。社会・環境的インパクトの実現を投資目標として明確に掲げ、インパクト評価によって定性的・定量的に把握することがほかの手法と異なる。また、経済的利益を両立させることで慈善事業とも異なる、新しい投資手法である。

❸ 気候リスクとダイベストメント

　気候リスクに対しては、リスクを避けるために③のエンゲージメント(株主としての議決権などを用いた企業への働きかけ)や、④の国際規範スクリーニングによる除外が用いられるが、石炭火力をはじめとする化石燃料関連ビジネスに対するダイベストメント(①のネガティブスクリーニングの一類型)の動きも顕在化している。

石炭火力については、カーボンニュートラルへの移行にともない設備や炭鉱が無価値化する「座礁資産」や、将来再生エネのコストが化石燃料より安くなるという試算例などから、純粋に経済的観点から投資の魅力が薄れてきている。そのような観点から、日本の金融業や商社などは海外向け石炭火力発電事業からの撤退を加速している。

3　拡大するESG投資と市場の評価

❶日本でも拡大するESG投資

　ESG投資は欧米では長い歴史を持つが、2015年に日本の公的年金を運用する世界最大の機関投資家であるGPIF(年金積立金管理運用独立行政法人、運用資産額151兆円2020年3月時点)がPRIに署名し、ESGに基づく投資を1兆円規模で開始したことで、日本でも急速に注目が集まった。GPIFでは、全資産にESGを考慮し、より直接的な取り組みとしてESG指数[5]をベンチマークとした投資は5.7兆円にまで増加している[9]。**図11.6**に示すように、ESG投資額は、世界の投資額の約1／3にまで達している。

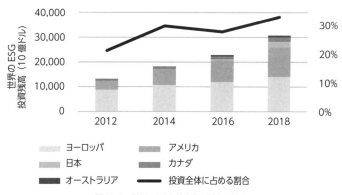

図11.6　世界のESG投資額と割合の推移
出典：世界持続可能投資連合(GSIA)「Global Sustainable Investment Review」
(2014[8]／2016[11]／2018[12])をもとに作成

5　**ESG指数**　企業をこのESGの観点から評価し、その評価において優れた企業で構成された株価指数(インデックス)のこと。

❷ESG投資の評価

ESG投資が広がる中で、運用の中身、取り組みの質も評価される。GPIFでは「ESGの効果により、長期的なリスク低減効果や超過収益の獲得が期待される指数」としてESG指数を選定している[9]。ESG指数の選定には、金融資産評価機関が独自の手法で投資家に提供している情報が用いられるが、対象とする業種や評価機関により特色が大きく異なる。特にインパクト投資に対するインパクト評価は経済的リターン以外の投資効果を測定するという意味で非常に重要であるが、データも少なく透明性の高い方法論がないなどの課題が山積されている。

ESG投資と金銭的リターンの関係性については、いまだコンセンサスは得られていない[10]。ただし、ESG投資と企業の業績の関係性、新型コロナ対策による想定外のリスクにともなう企業の強靭性については、比較的肯定的な分析結果が多い[10]。

❸ESG要因の不確実性への対応

ESG要因の将来予想には政治・政策、科学技術の進歩、気候変動の速度や影響度などの先行きを想定する必要があるが、これらの要因は不確実性が高く、本質的な難しさを内包している。

また、グローバルな現象に対し、投資家単位での判断は難しく、資金の流れを促すため、ガイドラインや標準枠組みを整えることによる共通言語化、基準の標準化などが必要となる。

11.3 › 投資ガイドラインと環境投資への期待

1 EUタクソノミーとISOガイドライン

❶グリーンとサステナブルを判断するタクソノミー

タクソノミーは、多くの分野で分類を意味する用語であるが、最近のファイナンス分野では、サステナブルファイナンス(持続可能な社会づくりに向けた資金)の文脈で、環境分野での経済活動と投資を分類する場合に用いることが多い。これまで定義が曖昧であった「グリーン」や「サステナブル」といった概念に対して、明確な基準を示すものである。

特に、EUによる域内の企業活動で環境適格性(なにがグリーンで、なにがサステナブルなのか)を判断するガイドライン「共通タクソノミー」の提案以降、対象の産業範囲が広範であり、企業活動に大きな潜在的影響を与えることから、タクソノミーへの関心が強まっている。

その利用については、企業投資計画における資本費や運用費のポートフォリオ検討、債権や貸付金への影響評価のほか、EU全体としてみた場合の2030年と2050年環境目標との投資ギャップの明確化が期待されている。

EUでは、タクソノミー規制提案を受け、技術専門家グループ(TEG:Technical Expert Group)が設置され、2019年にはレポートを公開した[13]。緩和、適応、水、循環経済、地域汚染、生態系の領域に関して、技術スクリーニング閾値が示されている。

❷EUタクソノミーの目標

緩和と適応のセクター選択をみると、業種として、農林水産業、製造業、電気・ガス・蒸気および空調、上下水および廃棄物、運輸、建築および不動産、ICT、ファイナンスおよび保険、専門的支援を対象としたほか、それ以外の領域要素も考慮すべきとしている。

TEGレポートのセクター別の整理のうち、緩和策においては、投資適格とされる活動のガイドラインとして、GHG削減のための原単位目標などの性能目標などの技術基準が示されている。注目されるのは、その中に、現在の水準を大幅に超える原単位目標が提示されていることである。たとえば、電力は100g-

CO_2e／kWh(eはGHGをCO_2換算としたことを示す)、乗用車は2025年までは50g-CO_2／kmであるが、2026年以降は原単位ゼロが投資適格である。

その他にも、ガスへの水素混入、CO_2回収・貯留(CCS)、空気中CO_2回収、建築物のNZEB(nearly zero energy buildings)などが含まれるのが興味深い。

2020年3月にTEGの最終報告[14]が公開されて以降、緩和や適応に関する新たなEU規制となることがすでに決定しているが、原子力発電など、EU域内全体での合意がとれていない事項の扱いを含め、動向を注視していく必要がある。

❸国際標準化に向けた動き

なお、国際標準化機構(ISO)でも、環境マネージメント国際規格14000ファミリーの一環として、ISO14097(気候変動関連の投資と財務活動の評価と報告のための枠組と原則)[15]、ISO14030(環境パフォーマンス評価—グリーン債権証書)の規格群におけるグリーンボンド手順[16]、グリーンローン手順[17]、タクソノミー[18]、および検証[19]に関する活動を実施している。さらに、ISO14100(グリーンファイナンス－グリーン金融プロジェクトの評価)[20]がある。なお、ISOは、14000ファミリー以外にも、ISO32210にてサステナビリティ・ファイナンス原則に関する規格に関する活動を進めている[21]。

2 気候関連財務情報開示タスクフォースの設立

❶気候関連情報開示の枠組み

国際的な基準と枠組みが整う一方で、投資家、貸付業者、保険会社が必要とする情報が適切に開示されていない問題が生じていた。このため、気候関連のリスクおよび機会を適切に評価し価格付けするために、金融安定理事会(FSB：Financial Stability Board)は、気候関連財務情報開示タスクフォース(TCFD：Task Force on Climate-related Financial Disclosures)を設立した。TCFDは登録企業に財務に影響をおよぼすような気候変動関連のリスクと機会についての企業の対応と、リスクに対するレジリエンス(耐性)を明らかにし、「非財務情報」を財務報告書に開示することを推奨するものである[22]。

これまでと比較して、長期的視点での環境戦略が求められるようになり、TCFDに即した財務開示が投資家にアピールし、ブランド価値を高めるための企業の指針となりつつある。

EUでは、2019年にTCFD等開示ガイドライン[23]が公表され、イギリスを中

心にTCFD開示の義務化の動きが広がっている。EUはサステナブルファイナンスにTCFD提言を反映させることを提案している。このサステナブルファイナンスが法制化されると世界的に事業環境の変化へとつながる可能性がある。

❷不確実性への対応とシナリオ分析

TCFDは、企業戦略に気候リスクを含めたシナリオ分析を組み込むことにより、経営戦略をよりわかりやすく示す役割が期待されている。

TCFDでは、

①ガバナンス
②戦略
③リスク管理
④指標と目標

という組織運用の中核的要素に対する情報開示が求められる。

経営陣の関与と開示プロセスを明示する「①ガバナンス」は、その基礎である。「②戦略」の中では、シナリオ分析を用いることが特徴的である。気候変動の金融システムに対するリスクは、規制や技術などの変化がもたらす「移行リスク」と、異常気象の増加や海水面上昇などにともなう被害、長期的な気候パターンのシフトなどがもたらす「物理リスク」に区分される。これらのリスクが企業の収益や費用、資産の評価にどのように影響を与え、財務的インパクトを生じるのかを評価する。リスク、ビジネス機会、財務影響を分類し、理解と分析を深めるための情報を企業が開示し、投資家は投資参考情報として用いる。

気候変動リスクに対応した経営戦略を立てるうえで、環境省のTCFDガイドライン[24]では、シナリオ分析の手順を提示し、情報開示を促している (**図11.7**)。情報には、経営層の巻き込み、シナリオ分析による、リスクと機会、事業インパクトを評価し対応策が含まれる。

シナリオ分析は、将来シナリオのリスクと機会を評価して分岐点を定め、その影響と不確実性を評価する手法であり、事業戦略に広く用いられている。この中で、気候リスクは長期かつ不確実な事象として評価される。

将来シナリオには、社会経済シナリオとしてIPCC(気候変動に関する政府間パネル)の共通社会経済経路(SSP：Shared Socioeconomic Pathways)や国際エネルギー機関(IEA：International Energy Agency)の世界エネルギー見通し(WEO：

World Energy Outlook）などが用いられ、気候シナリオとしては現状からの進展としての4度シナリオ、脱炭素化に向けた2度シナリオ、1.5度シナリオなどのシナリオが採用される。採用した将来シナリオに対し、自社の取り組みを明らかにした複数の企業戦略をシナリオとして示す。

リスクのみならず「機会」を開示することで、イノベーションやトランジションへの取り組みを含めた活動を外部に評価してもらう役割も期待される。

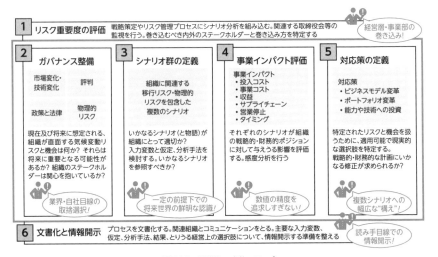

図11.7 TCFDの実施ステップ
出典：環境省「TCFDガイドライン」[24]をもとに作成

3　ESGファイナンスのこれからの課題

ESGは、環境、社会、ガバナンスの3つの観点を提唱し、企業の長期的成長のためには、それらの観点が必須であるという認識が先進国の間で共有されつつある。

ESG投資の本質は企業活動が社会に与える価値を、グローバルかつサプライチェーン全体で、短、中、長期的に合理的で説得力のある戦略を示すことにある。対象は気候変動、人権、労働環境、森林など多面的に広がっており、気候変動に限定しない複合的評価が求められる。非国家主体である財・サービスを提供する企業や、ファイナンスは、気候変動対策の鍵を握るプレーヤーである。企業の非財務情報の開示を通じたファイナンスにより、パリ協定やSDGsの達成に寄与することが期待されている。

TCFDには2021年3月現在、世界で約600社が参加している。日本ではTCFDコンソーシアムが牽引し、TCFD参加は350団体以上と世界最多であるが取り組みとしては初期段階である。全社展開や体制整備の不足、制度化の是非、ガイドラインの個別事項対応課題、ESG投資と長期投資の差異、国内外のファイナンス側の意向の食い違いなどのように課題も多い。

グリーンスワンと
グリーンウォッシュ

井上 智弘

❶ グリーンスワンとは？

　緑色の白鳥がそう遠くない将来、現れる。そんな常識を覆す衝撃的かつ影響力の大きい事案になぞらえて、気候変動による「新たなグローバル金融危機」を危惧した「グリーン・スワン～気候変動時代の中央銀行と金融安定」という報告書が国際決済銀行から発行された[25]。金融業界で、通常の経験からは予測できない強い衝撃と影響を与える大規模な金融危機を「ブラックスワン」と呼ぶが、その気候リスク版だ。

　グリーンスワンは以下を警告する。

①気候変動リスクが将来現実のものとなる確実性は高い
②これまでの金融危機よりもさらに深刻な大惨事となる
③金融危機よりも一段と複雑な、環境、社会、経済を巻き込んだ連鎖反応を
　起こしかねない

　グリーンスワンの出現の前に対策を整え軽微にするため、シナリオ分析による気候関連リスクの計測や金融システムの強靭化が必要とされる。

コラム図11.1　[左]ブラックスワンと[右]グリーンウォッシュ

❷ ファクトチェックが求められるグリーンウォッシュ

　環境に配慮しているように見せかけて消費者をだます行為は「グリーンウォッシュ」（または、グリーンウォッシング）と批判されている。ごまかしや上辺を取り繕うという意味の「ホワイトウォッシュ」になぞらえた言葉である。グリーンが評価される時代の中で、偽りの手法も残念ながら洗練されていく。

- ・嘘、偽のラベル（存在しない外部機関のラベル）
- ・大げさ、無関係（CFCが使用禁止されているにも関わらずCFCフリーを謳う）
- ・紛らわしい、あいまいさ（100％天然と謳うが自然に存在する有害物質の評価がない）
- ・証拠がない（簡単にアクセスできる証拠を提供しない）
- ・空言（嘘の認定を主張）
- ・隠れたトレードオフ、意図的な情報隠蔽（危険物質を含む「省エネ」家電）
- ・より悪いものとの比較

という7つの罪と照らし合わせたとき、アメリカとカナダの約5,000のエコ商品の95％になんらかの罪があったと報告されている[26]。

　フェイクニュースが溢れる昨今、ファクトチェックの在り方も社会全体で高め、賢い消費者、賢い投資家が求められる。本章で紹介したESG投資を巡る枠組みの進展もそのような努力の1つと期待している。

おわりに

イベントとトレンド

基本的な方向性（トレンド）は変わらなくても、さまざまな外力・内力（イベント）により、常に社会システムは変化している。イベントが小さい間は変化は少なく、トレンドの方向性は変わらないが、大きなイベントやイベントの連続によって、トレンドの方向が大きく変化することがある。

エネルギーのトレンドを例に見てみると、1970年代のオイルショック、2011年の東日本大震災などは、社会やエネルギーの方向性を根本的に大きく変えた。カーボンニュートラル社会への移行は、長期的なゴールではあるが、気候変動の影響を抜本的に低減するために、温室効果ガス排出のトレンドを増加からピークアウト、さらに減少に向かわせることが世界全体の方向性となりつつあるという意味で、それらのイベントに匹敵する社会的ターニングポイントである。化石燃料に依存して経済を維持してきた産業から脱炭素システムへの移行は当然ながら、身近なところでは、移動や居住の環境変革を意味するからである。

社会選択とカーボンニュートラル

本書では、第1章でカーボンニュートラルの背景と目標について、第2章から第10章まではカーボンニュートラル達成のために必要なエネルギー技術の現状と展望について、さらに第11章では環境ファイナンスの現状について触れた。

将来の社会像をどのように描き、その中のエネルギー需要と、それを満たすためのエネルギー供給をどのようにバランスを取っていくかは、個別の個人や企業および自治体を含めた、社会全体としての選択である。カーボンニュートラルの達成のためには、2030年や2040年の中間目標を含めた明確なビジョンに基づいた戦略の時間軸展開が求められるが、世界全体でカーボンニュートラルを目指すとしても、当然ながら世界の地域により域内資源などの点で差違はあり、さらに30年先の社会像には不確実性が伴うので、多様なアプローチがありうる。温室効果ガス削減については、国連気候変動枠組条約のもとで、国レベルの枠組形成が先行してきた。しかし、実際に削減行動を行う主体は、非国家主体と呼ばれる。自治体、企業、市民である。それらの非国家主体の温室効果ガス排出抑制行動を促進するためには、どのような制度や社会受容が必要なのだろうか。

温室効果ガス排出削減のための政策は、直接排出量の規制や排出基準の策定などの規制強化や、それと反対の規制緩和などの「規制的手段」、補助金や炭素税または排出権取引などの「経済的手段」、および情報提供によりエネルギー消費に対する行動変化を促す「行動変容」などに大別される。規制的手段には、発電量や自動車走行距離あたりのCO_2排出量の上限を設定する原単位規制なども含まれる。

経済的手段の1つに、炭素に価格付けをして、CO_2削減を促進するカーボンプライシ

ングがある。燃料や電気の利用に応じた排出量に比例した課税である「炭素税」や、企業ごとに排出量の上限を決めて、排出量が上限を超過する企業と、下回る企業との間で排出量を売買する「排出権取引」が代表的なものである。再生可能エネルギー、原子力といった非化石エネルギーが持つ価値を売買する「非化石価値取引」や、途上国と協力して実施した対策による排出削減量を二国間で分け合う「二国間クレジット(JCM)」などは「クレジット取引」と呼ばれる。さらに、CO_2価格が低い国で作られた製品の輸入時に、国際競争力の低下や、全体のCO_2排出量の増加を防止するため、CO_2価格の差分の経済負担を求める「国境調整措置」も提案されている。なお、企業内で独自に排出量に価格を付け、投資判断などに活用する「インターナル・カーボンプライシング」を採用している企業もある。

　また、研究開発の促進も、長期的なイノベーションを誘発するものとして重要である。国際エネルギー機関(IEA, International Energy Agency)が2021年5月に公開した「Net Zero by 2050: a Roadmap for the Global Energy Sector」[1]は、エネルギーおよび産業プロセスからのCO_2を2050年に正味でゼロにするためのロードマップとして、必要な政策アクションと技術の組み合わせの一例を示し、同時に2050年までのCO_2排出経路を示している(図1)。その中で、2050年時点でのCO_2削減における既存技術の寄与度と新技術の寄与度はほぼ半々であることを指摘している(図2)。既存技術の普及を先行させると同時に、新技術の開発を段階的に進め、コスト、量、ビジネスモデルおよび制度整備などの点において、両方の技術群を社会が受け入れられるようにしておくことが必須である。

今後のアクション

　最後に、エネルギー部門の脱炭素シナリオ実現のための6つのトレンドについて述べる。

①1点目は、効用やサービスを低下させずに、エネルギーの効率的利用や、循環利用を含めた資源の利用効率を向上させることである。

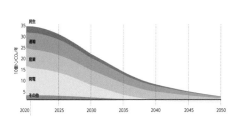

図1 2050年ネットゼロエミッションに向けての世界CO_2排出経路とその排出減別内訳
出典：国際エネルギー機関(IEA)「Net Zero by 2050: a Roadmap for the Global Energy Sector」(2021)[1]をもとに作成

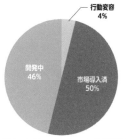

図2 2050年ネットゼロエミッションにおける技術習熟度別および行動変容のCO_2削減寄与度
出典：国際エネルギー機関(IEA)「Net Zero by 2050: a Roadmap for the Global Energy Sector」(2021)[1]をもとに作成

②2点目は、脱炭素プロセスによって製造されるゼロエミッションエネルギーキャリア、具体的には、電気、水素や、カーボンニュートラル合成燃料の導入拡大である。それらの生産においては、再エネ、原子力を含めた脱炭素プロセスが採用されることが条件となるとともに、電力供給においては、再エネ大量導入が可能となる強靱かつ柔軟なシステムの確立が必要となる。

③3点目は、長寿命な既存の大規模エネルギー需要インフラからのCO_2排出削減である。ゼロエミッションエネルギーキャリアの採用が困難であると考えられるセクターとしては、素材産業、長距離運輸、既築建築物などがある。

④4点目は、排出削減が難しい部門や、農業などのCO_2以外の温室効果ガス排出に対するオフセット技術としてのネガティブエミッションの認識と導入である。

⑤5点目は、幅広い技術群の開発と普及である。まず、成熟技術を普及させ、その間に技術イノベーションを実現し、革新技術の成熟度を高め、コストを低下させた上で大量普及を達成するというシナリオ実現の必要がある。

⑥6点目は、カーボンニュートラル実現のための社会制度枠組の整備である。規制的手段、経済的手段に加え、最近では、企業活動への資金提供者であるファイナンス側からも気候変動情報開示が求められている。

これまでの日本の目標だった2050年までの温室効果ガス排出量の80%削減と、ネッ

トゼロ排出は、ネガティブエミッションが必須になるなどの点で、従来の取り組みと比較して質および量の両方で大きく異なる。カーボンニュートラルのコンセプトは、エネルギー政策やビジネスの方向性を抜本的に変えつつあり、その影響は市民生活にまで及ぶが、エネルギーセキュリティ、経済効率性および安全性といった環境以外の目標がなくなった訳ではない。低炭素から脱炭素へ向かうトランジションシナリオの実現は容易ではないが、技術と制度に関する方策を総動員するとともに、企業や消費者を含めて社会的に取り組むこと必須となってきている。

［参考文献］

1章

[1]　経済産業省,「「カーボンニュートラル」って何ですか?(前編)～いつ、誰が実現するの?」,(2021),2021,https://www.enecho.meti.go.jp/about/special/johoteikyo/carbon_neutral_01.html
[2]　国連環境計画(UNEP：United Nations Environment Programme),"Emission Gap Report 2020",(2020).
[3]　環境省,「2018年度(平成30年度)の温室効果ガス排出量(確報値)について」,(2020).
[4]　一般財団法人エネルギー総合工学研究所,「IAE中長期ビジョン」,(2019),2021,http://www.iae.or.jp/wp/wp-content/uploads/2019/03/vision-sr.pdf
[5]　IPCC(Intergovernmental Panel on Climate Change),"Global Warming of 1.5℃",(2018),2020,https://www.ipcc.ch/sr15/
[6]　国際エネルギー機関(IEA:International Energy Agency),"CO_2 Emissions from Fuel Combustion 2020",(2020).
[7]　気候変動枠組条約(UNFCCC:United Nations Framework Convention on Climate Change),"Communication of long-term strategies",(2020),2021,https://unfccc.int/process/the-paris-agreement/long-term-strategies
[8]　気候変動枠組条約(UNFCCC:United Nations Framework Convention on Climate Change),"Global Climate Action",2021,https://climateaction.unfccc.int/
[9]　経済産業省・産業技術環境局・資源エネルギー庁,第4回 産業構造審議会 産業技術環境分科会 グリーントランスフォーメーション推進小委員会,資料3「カーボンニュートラル実現に向けた国際戦略」,(2022),2022,https://www.meti.go.jp/shingikai/sankoshin/sangyo_gijutsu/green_transformation/pdf/004_03_00.pdf
[10]　日本エネルギー経済研究所編,「EDMCエネルギー・経済統計要覧2020」,(2020).
[11]　経済産業省,「2050年カーボラルニュートラルに伴うグリーン成長戦略」,(2020).
[12]　経済産業省,「カーボンニュートラルの広がり」,(2020),https://www.meti.go.jp/press/2020/12/20201225012/20201225012-5.pdf
[13]　EC(European Commission),"IN-DEPTH ANALYSIS IN SUPPORT OF THE COMMISSION COMMUNICATION COM(2018)773-A Clean Planet for all:A European long-term strategic vision for a prosperous,modern,competitive and climate neutral economy",28 November,(2018).
[14]　EC(European Commission),"The European Green New Deal",COM(2019)640 final,December 11,(2019).

第2章

[1]　経済産業省　資源エネルギー庁,「エネルギー白書2020」,(2020).
[2]　経済産業省　資源エネルギー庁,「エネルギー白書2018」,(2018).

[3]　関西電力株式会社,「再生可能エネルギーの課題」,2021,https://www.kepco.co.jp/sp/energy_supply/energy/newenergy/about/task.html
[4]　Richard Perez and Marc Perez,"A FUNDAMENTAL LOOK AT ENERGY RESERVES FOR THE PLANET",(2009).
[5]　IEA(International Energy Agency,国際エネルギー機関),"Technology Roadmap Solar photovoltaic energy",(2010).
[6]　資源エネルギー庁,「あったかエコ太陽熱」参考資料,第1章 太陽エネルギーの基礎知識,(2021).
[7]　国立研究開発法人新エネルギー・産業技術総合開発機構(NEDO),平成30年度成果報告書「石炭資源利活用に関する要素研究調査」のp150「図3.1.6-3」,(2019).
[8]　国立研究開発法人新エネルギー・産業技術総合開発機構(NEDO),「再生可能エネルギー技術白書第2版」,(2014.2).
[9]　太陽光発電のススメ,「太陽光発電の仕組み」,2021,http://www.solartech.jp/knowledge/mechanism.html
[10]　国立研究開発法人新エネルギー・産業技術総合開発機構(NEDO),「高性能・高信頼性太陽光発電の発電コスト低減技術開発」,(2020),2021,https://www.nedo.go.jp/activities/ZZJP_100101.html
[11]　Brian Clark Howard(文),山内百合子(訳),「千年動いたイラン伝統の風車、存続の危機に」,(2017),2021,https://natgeo.nikkeibp.co.jp/atcl/news/16/b/011700047/
[12]　国立研究開発法人新エネルギー・産業技術総合開発機構(NEDO),「再生可能エネルギー技術白書第2版」第3章風力発電のp.6「図3-7 風車の形式」,(2014.2).
[13]　Bloomberg New Energy Finance,"London summit 2017",(2017),2021,https://data.bloomberglp.com/bnef/sites/14/2017/09/BNEF-Summit-London-2017-Michael-Liebreich-State-of-the-Industry.pdf
[14]　IRENA,"FUTURE OF WIND Deployment,investment,technology,grid integration and socio-economic aspects",(2019).
[15]　General Electric,「PRESS RELEASE GEの次世代洋上風力タービン Haliade-Xを、エルステッド社が初導入へ」,(2019),2021,https://www.ge.com/news/press-releases/orsted-pioneer-deployment-ge-next-generation-offshore-wind-turbine/jp
[16]　環境省,「再生可能エネルギー情報提供システム[REPOS(リーポス)]」,(2021),2021,http://www.renewable-energy-potential.env.go.jp/RenewableEnergy/index.html
[17]　東京電力リニューアブルパワー株式会社,「発電方法の種類」,2021,https://www.tepco.co.jp/rp/business/hydroelectric_power/mechanism/type.html
[18]　国立研究開発法人新エネルギー・産業技術総合開発機構(NEDO),「再生可能エネルギー技術白書第2版」第4章バイオマスエネルギーのp.4「図4-1 バイオマス資源のエネルギー利用の流れ」,(2014.2).
[19]　日本航空株式会社,「日本初、衣料品の綿から製造した国産バイオジェット燃料を搭載したフライトを実施」,(2021),2021,https://press.jal.co.jp/ja/release/202101/005933.html

[20] D.Alfè et al., "Composition and temperature of the Earth's core constrained by combining ab initio calculations and seismic data", Earth Planet. Sci. Lett., 195(1–2), 91–98, (2002).

[21] 石油天然ガス・金属鉱物資源機構 (JOGMEC), 「地熱発電のしくみ」, 2021, http://geothermal.jogmec.go.jp/information/geothermal/mechanism/mechanism2.html

[22] 地中熱利用促進協会, 「地中熱利用形態」, 2021, http://www.geohpaj.org/introduction/index1/types

[23] Omar Farrok et al., "Electrical Power Generation from the Oceanic Wave for Sustainable Advancement in Renewable Energy Technologies", Sustainability, 12(6), 2178, (2020).

[24] Monique Hoogwijk and W.Graus, "Global potential of renewable energy sources:A Literature assessment Background Report", ECOFYS, PECS NL072975, (2008).

[25] 国家戦略室, 「各省のポテンシャル調査の相違点の電源別整理」, 第7回　コスト等検証委員会, 参考資料3, (2011).

[26] Monique Hoogwijk, "On the global and regional potential of renewable energy sources", (2004), 2021, https://www.researchgate.net/publication/27685823_On_the_Global_and_Regional_Potential_of_Renewable_Energy_Sources

[27] International Institute for Applied Systems Analysis(IIASA), "Global Energy Assessment", (2012), 2021, https://iiasa.ac.at/web/home/research/Flagship-Projects/Global-Energy-Assessment/Home-GEA.en.html

[28] Y.Hofman et al., "The potential of solar electricity to reduce CO_2 emissions", (2002).

[29] B.J.M.de Vries et al., "Renewable energy sources：Their global potential for the first-half of the 21st century at a global level：An integrated approach", Energy Policy, 35(4), 2590–2610, (2007).

[30] Marion King Hubbert, "The energy resources of the earth", Scientific American, 225, 60-84(1971).

[31] M. R. Gustavson, "Limits to Wind Power Utilization", Science, 204(4388), 13–17, (1979).

[32] T. Burton et al., "Wind Energy Handbook", John Wiley & Sons, Ltd, (2001).

[33] Bernhard Lehner et al., "Europe's Hydropower Potential Today And In The Future", EuroWasser Eur. hydropower potential today Futur., 1–22, (2001).

[34] 日本肥料アンモニア協会, 「化学肥料Q&A」, 2021, http://www.jaf.gr.jp/faq.html

[35] I. Fridleifsson et al., "The possible role and contribution of geothermal energy to the mitigation of climate change", IPCC Scoping Meet. Renew. Energy Sources, 59–80, (2008).

[36] World Energy Council, "New Renewable Energy Resources：A Guide to the Future". Kogan Page, (1994).

[37] T. Johansson et al., "The Potentials of Renewable Energy Thematic Background Paper", (2004).

[38] P. Moriarty and D. Honnery, "What is the global potential for renewable energy?", Renew. Sustain. Energy Rev., 16(1), 244–252, (2012).

[39] 国立研究開発法人新エネルギー・産業技術総合開発機構 (NEDO), 「再生可能エネルギー技術白書 第2版」第2章太陽光発電のp.27「表2-6 太陽光発電の導入ポテンシャル試算例 (非住宅, 既設＋新増設)」, (2014.2).

[40] 環境省, 「再生可能エネルギー導入ポテンシャル調査報告書」, (2011).

[41] 経済産業省, 「バイオマスエネルギー利用の現状について」, 総合資源エネルギー調査会新エネルギー部会 (第30回)　資料1, (2009).

[42] 農林水産省, 「バイオマスの活用をめぐる状況」, (2021).

[43] 環境エネルギー政策研究所, 「データでみる日本の自然エネルギーの現状 ～2019年度 電力編～」 (2020).

[44] 経済産業省, 「長期エネルギー需給見通し」 (2015).

[45] 資源エネルギー庁, 「エネルギー基本計画」 (2018).

[46] 経済産業省, 「2050年カーボンニュートラルに伴うグリーン成長戦略を策定しました」 (2020), 2021, https://www.meti.go.jp/press/2020/12/20201225012/20201225012.html

[47] IRENA, "FUTURE OF SOLAR PHOTOVOLTAIC Deployment, investment, technology, grid integration and socio-economic aspects", (2019).

[48] IRENA, "Renewable Power Generation Costs in 2019", (2019).

[49] 菊間一柊, 「世界の均等化発電コスト (LCOE):日本の再エネの高コスト要因とは」, (2020), 2021, https://www.econ.kyoto-u.ac.jp/renewable_energy/stage2/contents/column0210.html

[50] メガソーラービジネス, 「世界最安をまた更新、今度はアブダビで「1.35米セント/kWh」」, (2020), 2021, https://project.nikkeibp.co.jp/ms/atcl/19/news/00001/00830/

[51] メガソーラービジネス, 「世界最安「1.6953セント/kWh」, ドバイで900MWのメガソーラー」, (2020), 2021, https://project.nikkeibp.co.jp/ms/atcl/19/news/00001/00808/?ST=msb

[52] メガソーラービジネス, 「世界最安「ギガソーラー」、2.42セント/kWhでも利益の出るワケ、ジンコソーラーに 聞く」, (2017), 2021, https://project.nikkeibp.co.jp/ms/atcl/feature/15/305464/072000045/?ST=msb&P=2

[53] SolarPACES, "CSP Projects Around the World", (2020), https://www.solarpaces.org/csp-technologies/csp-projects-around-the-world/

[54] US Departmemt of Energy, "IVANPAH Loan Programs Office", 2021, https://www.energy.gov/lpo/ivanpah

[55] 金子憲治, 「日本最大・260MWのメガソーラー、美作市に稼働」, (2020), 2021, https://project.nikkeibp.co.jp/ms/atcl/19/feature/00001/00053/?ST=msb#:~:text=瀬戸内市のメガソーラー, に相当する約410ha

[56] GWEC, "GLOBAL OFFSHORE WIND REPORT 2020", (2020).

[57] 国土交通省 港湾局, 「洋上風力発電の推進に向けた取組 (報告)」, (2019).

[58] 資源エネルギー庁, 「なっとく!再生可能エネルギー 再生エネルギーとは　水力発電」, 2021, https://www.enecho.meti.go.jp/category/saving_and_new/saiene/renewable/water/index.html

[59] 一般財団法人中之条電力,事業内容『これが「エネルギー地産地消」のひとつの形です』,2021,https://www.nakanojo-denryoku.jp/jigyo.html

[60] 株式会社成田香取エネルギー,2021,https://www.nk-energy.jp/

[61] 再エネ100宣言 RE Action,2021,https://saiene.jp/

[62] 環境省,「太陽光発電設備等のリユース・リサイクル・適正処分に関する報告書(概要版)」,(2016).

[63] 一般財団法人国土技術研究センター(JICE),「国土を知る／意外と知らない日本の国土─海に囲まれている国,日本」,2021,https://www.jice.or.jp/knowledge/japan/commentary03

[64] European Wind Energy Association(EWEA), "Deep water — The next step for offshore wind energy", (2013.7).

第3章

[1] 一般財団法人エネルギー総合工学,「平成29年度エネルギーに関する公衆の意識調査」,(2017),2021,https://www.iae.or.jp/report/list/general/questionnaire-survey/

[2] 原子力文化財団,「2020年度原子力に関する世論調査」,(2020),2021,https://www.jaero.or.jp/data/01jigyou/tyousakenkyu2020.html

[3] Nuclear Safety Authority(ASN), "Nuclear Power Plants going beyond 40 years", (2018).

[4] 原子力産業協会,「世界の原子力発電開発の動向2020年度版」,(2020).

[5] 国際エネルギー機関(IEA), "World Energy Outlook", (2020).

[6] 国際エネルギー機関(IEA), "Energy Technology Perspective", (2020).

[7] Intergovernmental Panel on Climate Change, "Global Warming of 1.5℃", (2018),2020,https://www.ipcc.ch/sr15/

[8] 国際エネルギー機関(IEA), "Energy Technology Perspective", (2010).

[9] 高野大志,「気候変動対策における原子力の役割と技術的,社会的課題～「気候変動と原子力の役割に関する国際会議」を踏まえて」季報エネルギー総合工学,Vol43 No2,(2020).

[10] 電力中央研究所,「日本における発電技術のライフサイクルCO₂排出量総合評価」,総合報告Y06,(2016).

[11] Ethan S. Warner and Garvin A. Heath, "Life Cycle Greenhouse Gas Emissions of Nuclear Electricity Generation", Journal of Industrial Ecology, 16(2012)573.

[12] 経済産業省,「発電コスト検証ワーキンググループ報告」,(2015).

[13] OECD/NEA, "Projected Costs of Generating Electricity－2020 Edition ", (2020).

[14] Lazard, "Lazard´s Levelized Cost of Energy Analysis version 14.0, (2020),2021,https://www.lazard.com/media/451419/lazards-levelized-cost-of-energy-version-140.pdf

[15] 経済産業省スペシャルコンテンツ,「日本のエネルギー 2019年度版」,2021,https://www.enecho.meti.go.jp/about/pamphlet/energy2019/html/002/

[16] 日本原子力文化財団,「原子力・エネルギー図面集」.

[17] 経済産業省,「令和元年度エネルギーに関する年次報告(エネルギー白書2020)」,(2020),2021,https://www.enecho.meti.go.jp/about/whitepaper/2020html/

[18] 電気事業連合会,「海外電力関連トピックス情報:米国初,原子力発電80年運転に向けた運転認可延長申請」,(2018),2021,https://www.fepc.or.jp/library/kaigai/kaigai_topics/1257666_4115.html

[19] 電気事業連合会,「海外電力関連トピックス情報:［米国］NRC、3回目のライセンス更新による100年運転に関する公開会議開催」,(2021).

[20] Denis Iurchak, "200–400 Nuclear reactors to be commissioned by 2040", Energy Post, February 11, (2020), 2021, https://energypost.eu/200-400-nuclear-reactors-to-be-decommissioned-by-2040/

[21] Generation IV International Forum, 2021, https://www.gen-4.org/gif/

[22] 一般財団法人エネルギー総合工学研究所,「平成30年度原子力の安全性向上に資する共通基盤整備のための技術開発事業(原子力に関する技術開発動向調査)」,(2019),2021,https://www.meti.go.jp/meti_lib/report/H30FY/000391.pdf

[23] 藤井貞夫,都筑和泰,「WNNニュースから見た最近の原子力動向」,季報エネルギー総合工学,Vol43 No4,(2021).

[24] NuScale, "Technology／Design Innovations", 2021, https://www.nuscalepower.com/technology/design-innovations

[25] 原子力産業新聞,「米NRC、ニュースケール社製SMRに「標準設計承認」発給」,(2020),2021.

[26] UNECE, "Application of the United Nations Framework Classification for Resources and the United Nations Resource Management System : Use of Nuclear Fuel Resources for Sustainable Development － Entry Pathways", (2021).

[27] 経済産業省,「第20回 総合資源エネルギー調査会 電力・ガス事業分科会 原子力小委員会 資料3:原子力イノベーションの追求について」,(2019),2021.

[28] 自然科学研究機構核融合科学研究所,「かくゆう合のけんきゅう」,2021,https://www.nifs.ac.jp/ene/qa/qa_02.html

[29] 国立研究開発法人 量子科学技術研究開発機構,「ITER計画／ITERって何?」,2021,https://www.fusion.qst.go.jp/ITER/iter/page1_1.html

[30] 国立研究開発法人 量子科学技術研究開発機構 核融合エネルギー部門,「JT-60SA計画とは」,2021,https://www.qst.go.jp/site/jt60/5150.html

[31] Tokamak Energy, "HOME", 2021, https://www.tokamakenergy.co.uk/

[31] NuScale Power, LLC., 2021, https://www.nuscalepower.com/technology/design-innovations

[32] 経済産業省,「第6次エネルギー基本計画」(2021年10月22日閣議決定),2021,https://www.meti.go.jp/press/2021/10/20211022005/20211022005-1.pdf

[33] 経済協力開発機構(OECD)／原子力機関(NEA), "Small Modular Reactors : Challenges and Opportunities", (2021).

[34] INTERNATIONAL ATOMIC ENERGY AGENCY, "Safety of Nuclear Power Plants:Design, IAEA Safety Standards Series No.SSR-2/1(Rev.1)", IAEA, Vienna(2016).

[35] 経済産業省総合資源エネルギー調査会, 「自主的安全性向上・技術・人材WG第5回会合 資料1 各国（日本、米国、英国、仏国）における確率論的リスク評価の活用状況」, (2015), 2021, https://www.meti.go.jp/shingikai/enecho/denryoku_gas/genshiryoku/jishuteki_anzensei/pdf/005_01_00.pdf

[36] 東京電力株式会社, 「福島原子力事故報告書」 (2012).

[37] 原子力委員会原子力規制庁, 「実用発電用原子炉及び核燃料施設等に係る新規制基準について（概要）」, (2016), 2021, https://www.nsr.go.jp/activity/regulation/tekigousei.html

[38] 経済産業省, 「原子力発電所の状況」2021年3月15日時点, https://www.meti.go.jp/category/electricity_and_gas/nuclear/001/pdf/001_02_001.pdf

[39] 経済産業省, 「第20回 総合資源エネルギー調査会 電力・ガス事業分科会 原子力小委員会 資料4 原子力発電所の解体（一般廃炉）の現状と課題について」, (2019), 2021, https://www.meti.go.jp/shingikai/enecho/denryoku_gas/genshiryoku/pdf/020_04_00.pdf

[40] 原子力発電所廃止措置調査検討委員会関連技術レポートシリーズVol.3, 「原子力発電所から発生する大型機器の処理について」, (2020), 2021, https://www.iae.or.jp/report/list/nuclear_energy/haishi-report/

[41] 経済産業省資源エネルギー庁スペシャルコンテンツ, 「放射性廃棄物について」, 2021, https://www.enecho.meti.go.jp/category/electricity_and_gas/nuclear/rw/gaiyo/gaiyo01.html#h02

[42] 経済産業省資源エネルギー庁スペシャルコンテンツ, 「北欧の「最終処分」の取り組みから、日本がまなぶべきもの①」, (2020), 2021, https://www.enecho.meti.go.jp/about/special/johoteikyo/hokuou_saishoshobun_01.html

[43] 原子力発電環境整備機構プレスリリース, 「北海道寿都町および北海道神恵内村における文献調査の実施について」, (2020), 2021, https://www.numo.or.jp/press/202020111718.html

[44] 茶木 雅夫, 「世界の原子力に関する最新動向と今後に向けた考察」, 季報エネルギー総合工学, Vol43, No2, (2020). https://www.fepc.or.jp/library/kaigai/kaigai_topics/1260352_4115.html https://www.jaif.or.jp/journal/oversea/4782.html https://www.meti.go.jp/shingikai/enecho/denryoku_gas/genshiryoku/pdf/020_03_00.pdf

第4章

[1] Pierre Friedlingstein et al., "Global Carbon Budget 2019", Earth System Science Data, 11, 1783–1838, (2019), 2020, https://doi.org/10.5194/essd-11-1783-2019

[2] 経済産業省, 「カーボンリサイクル技術ロードマップ」, (2021.7改訂).

[3] 環境省委託事業, 「平成25年度シャトルシップによるCCSを活用した2国間クレジット制度実現可能性調査委託事業」, (2014).

[4] 内閣府 統合イノベーション戦略推進会議, 「革新的環境イノベーション戦略」, (2020).

[5] 三菱重工エンジニアリング株式会社, 「革新的環境イノベーション戦略 ～CO₂分離回収の技術とその重要性、今後の展開～」, (2020), 2021, https://www.meti.go.jp/shingikai/energy_environment/green_innovation/pdf/001_06_01.pdf

[6] 日鉄エンジニアリング株式会社, 「省エネ型二酸化炭素回収設備(ESCAP®)」, 2021, https://www.eng.nipponsteel.com/business/energy_solutions/escap/escap/

[7] 山田 敏彦 他, 「酸素燃焼技術を用いたCO₂回収型石炭火力発電ボイラの実証に向けた検討」, IHI技報, 49, (4), (2009).

[8] 国立研究開発法人新エネルギー・産業技術総合開発機構(NEDO), 「平成27年度―平成29年度成果報告書 ゼロエミッション石炭火力技術開発プロジェクト ゼロエミッション石炭火力基盤技術開発 CO2分離型化学燃焼石炭利用技術開発」, (2018).

[9] 則永 行庸, 「化学吸収法によるCO₂分離回収技術の新展開」, 革新的CO₂分離回収技術シンポジウム, 2021, (2021), https://www.rite.or.jp/news/events/pdf/norinaga_ppt_separationfy2020.pdf

[10] Marty Lail et al..(Energy Technology Division, RTI International), "Non-Aqueous Solvent (NAS) CO₂ Capture Process", Energy Procedia, 63, 580–594, (2014).

[11] 公益財団法人地球環境産業技術研究機構 化学研究グループ, 「開発テーマ 固体吸収材」, 2020, http://www.rite.or.jp/chemical/theme/2014/04/solid1.html

[12] 長谷川 祐晃, 「CO₂-EORおよび天然ガス事業におけるCO₂分離向けDDR型ゼオライト膜プロセスの開発」, 革新的CO₂分離回収技術シンポジウム, (2021), 2021, https://www.rite.or.jp/news/events/pdf/hasegawa_ppt_separationfy2020.pdf

[13] 公益財団法人地球環境産業技術研究機構(RITE) 化学研究グループ, 「開発テーマ 分離膜」, 2020, http://www.rite.or.jp/chemical/theme/2014/04/membrane1.html

[14] YARA, "New liquid CO₂ ship for Yara", August 17, (2015), 2021, https://www.yara.com/news-and-media/news/archive/2015/new-liquid-co2-ship-for-yara/

[15] 国立研究開発法人新エネルギー・産業技術総合開発機構(NEDO), 平成22年度成果報告書「革新的ゼロエミッション石炭ガス化発電プロジェクト 発電からCO₂貯留までのトータルシステムのフィジビリティー・スタディー CO₂輸送システムの概念設計」のH22-2-64「図2-3-3 商用船（海外輸送）の概略配置」(2011).

[16] 経済産業省産業技術環境局, 「CCS2020 我が国における二酸化炭素の分離回収・地中貯留技術研究開発の動向」, (2007).

[17] 日本CCS調査株式会社, 「苫小牧におけるCCS大規模実証試験」, 2021, https://www.japanccs.com/business/demonstration/index.php

[18] 公益財団法人地球環境産業技術研究機構, 「二酸化炭素地中貯留技術研究開発成果報告書」, (2008).

[19] V. Kuustra and M. Wallace, "CO₂-EOR set for growth as new CO₂ supplies emerge", Oil & Gas Journal, 2014, May 592 (2014).

[20] Don Winslow "Industry Experience with CO_2 for Enhanced Oil Recovery", USEA Workshop on California Opportunities for CCUS/EOR, (2012).

[21] CarbFix, "We turn CO_2 into stone", 2021, https://www.carbfix.com/

[22] ランデス株式会社, 「CO_2-SUICOM」, 2020, https://www.landes.c.jp/product/113

[23] JFEスチール株式会社, 「二酸化炭素の炭酸塩固定技術に関する取組みについて～脱炭素社会への寄与を目指して～」, (2020), 2020, https://www.jfe-steel.co.jp/release/2020/04/200420.html

[24] 佐々木 孝, 「国内外CCSプロジェクトの分離回収プロセス」, 化学工学, 79, 826-839, (2015).

[25] Global CCS Institute, "Global Status of CCS 200", (2020), 2021, https://www.globalccsinstitute.com/wp-content/uploads/2020/12/Global-Status-of-CCS-Report-2020_FINAL_December11.pdf

[26] Michele Aresta et al., "The changing paradigm in CO_2 utilization", Journal of CO_2 Utilization, 3–4, 65–73, (2013).

[27] 経済産業省大臣官房調査統計グループ, 「平成30年 経済産業省生産動態統計年報 化学工業統計編」, (2019).

[28] "Carbon Dioxide Market : GRAND VIEW RESEARCH", (2017).

[29] Ibram Ganesh, "Electrochemical conversion of carbon dioxide into renewable fuel chemicals – The role of nanomaterials and the commercialization", Renewable and Sustainable Energy Reviews, 59, 1269–1297, (2016).

[30] Gabriele Centi et al., "Opportunities and prospects in the chemical recycling of carbon dioxide to fuels", Catalysis Today 148, 191–205, (2009).

[31] 国立研究開発法人新エネルギー・産業技術総合開発機構・技術戦略研究センター(TSC), 技術戦略研究センターレポート「TSC Foresight Vol.21」, 「次世代バイオ燃料分野の技術戦略策定に向けて」の「図1 次世代バイオ燃料製造プロセス一覧」, (2017), 2020, https://www.nedo.go.jp/content/100870191.pdf

[32] 国立研究開発法人新エネルギー・産業技術総合開発機構(NEDO), 平成29年度～30年度成果報告書, 「次世代火力発電等技術開発 次世代火力発電技術推進事業 CO_2排出削減のための要素研究調査」, (2018).

[33] Gabriele Centi, Siglinda Perathoner, "CO_2-based energy vectors for the storage of solar energy", Greenhouse Gas Sci Technol. 1, 21–35, (2011).

[34] George A. Olah et al., "Anthropogenic Chemical Carbon Cycle for a Sustainable Future", J. Am. Chem. Soc. 133, 12881-12898, (2011).

[35] 小野﨑 正樹, 橋﨑 克雄, 「火力発電の脱炭素化に向けたカーボンリサイクル活用の検討」, 火力原子力発電, 72, (5), 307-314, (2021).

[36] 首相官邸, 「統合イノベーション戦略推進会議」, (2020), 2021, https://www.kantei.go.jp/jp/singi/tougou-innovation/

[37] 東京湾岸ゼロエミッションイノベーション協議会, (2020), 2021, https://unit.aist.go.jp/gzr/zero_emission_bay/members.html

[38] 国立研究開発法人新エネルギー・産業技術総合開発機構ニュースリリース, 「セメント工場のCO_2を再資源化(カーボンリサイクル)する技術開発に着手」, 2020年6月18日, https://www.nedo.go.jp/news/press/AA5_101319.html

[39] 国立研究開発法人新エネルギー・産業技術総合開発機構ニュースリリース, 「CO_2からの液体合成燃料一貫製造プロセス技術の研究開発に着手」, 2021年2月12日, https://www.nedo.go.jp/news/press/AA5_101410.html

[40] 国立研究開発法人新エネルギー・産業技術総合開発機構ニュースリリース, 「カーボンリサイクル技術における実証研究拠点化と技術開発に着手」, 2020年8月5日, https://www.nedo.go.jp/news/press/AA5_101342.html

[41] CLEAN ENERGY WIRE, "Germany energy mix 2019 ; Energy sources' share in primary energy consumption", (2019).

[42] 資源エネルギー庁, 「エネルギー白書2020」, (2021).

[43] Carbon Recycling International, "PROJECTS", 2021, https://www.carbonrecycling.is/projects

[44] MefCO2, "Project Progress", 2021, http://www.mefco2.eu/project_progress.php

[45] sunfire, "NORSK E-FUEL IS PLANNING EUROPE'S FIRST COMMERCIAL PLANT FOR HYDROGEN-BASED RENEWABLE AVIATION FUEL IN NORWAY", 2021, https://www.sunfire.de/en/news/detail/norsk-e-fuel-is-planning-europes-first-commercial-plant-for-hydrogen-based-renewable-aviation-fuel-in-norway

[46] Norsk e-Fuel, "SUPPLYING YOUR RENEWABLE FUEL. UNLIMITED.", 2021, https://www.norsk-e-fuel.com/en/

[47] Carbon8 Systems, "Carbon8 Systems To Deploy Its Carbon Capture & Utilisation Technology For The First Time At Dutch Energy From Waste Plant", (2021), 2021, https://c8s.co.uk/carbon8-systems-to-deploy-its-carbon-capture-utilisation-technology-for-the-first-time-at-dutch-energy-from-waste-plant/

[48] Evonik, "For a climate-friendly industry : Using carbon dioxide and hydrogen as raw materials for sustainable chemicals", (2020), 2021, https://corporate.evonik.com/en/media/press-releases/corporate/for-a-climate-friendly-industry-using-carbon-dioxide-and-hydrogen-as-raw-materials-for-sustainable-c-143559.html

第5章

[1] 山谷 修作, 「よくわかる新しい電気料金制度」, 電力新報社, (1998).

[2] 経済産業省 資源エネルギー庁, 「電力の小売全面自由化って何?」, 2021, https://www.enecho.meti.go.jp/category/electricity_and_gas/electric/electricity_liberalization/what/

[3] 電力中央研究所 社会経済研究所 服部 徹, 「わが国の電力市場の全体像と設備形式 海外の経験を踏まえた展望」, (2019), 2021, https://www.esisyab.iis.u-tokyo.ac.jp/symposium/20190718/20190718-03.pdf

[4] 経済産業省 資源エネルギー庁,「電力・ガス小売全面自由化の進捗状況について」,(2020),2021.https://www.meti.go.jp/shingikai/enecho/denryoku_gas/denryoku_gas/pdf/028_03_00.pdf

[5] 電気事業連合会,「電気事業のデータベース」,(2020),2021,https://www.fepc.or.jp/library/data/infobase/pdf/2020_i.pdf

[6] 経済産業省 資源エネルギー庁,「電気事業制度について」,(2020),2021,https://www.enecho.meti.go.jp/category/electricity_and_gas/electric/summary/pdf/kyokyu_shikumi.pdf

[7] 経済産業省,「2050年カーボンニュートラルに伴うグリーン成長戦略」,(2020),2021,https://www.meti.go.jp/press/2020/12/20201225012/20201225012-1.pdf

[8] 経済産業省,第30回 総合資源エネルギー調査会 電力・ガス事業分科会 電力・ガス基本政策小委員会「今冬の電力需給逼迫に係る検証について」,(2021),2021,https://www.meti.go.jp/shingikai/enecho/denryoku_gas/denryoku_gas/pdf/030_06_00.pdf

[9] 経済産業省,第1回 中央環境審議会地球環境部会 中長期の気候変動対策検討小委員会 産業構造審議会産業技術環境分科会 地球環境小委員会地球温暖化対策検討ワーキンググループ 合同会合,「エネルギー政策の現状について」,(2020),2021,https://www.meti.go.jp/shingikai/sankoshin/sangyo_gijutsu/chikyu_kankyo/ondanka_wg/pdf/001_05_00.pdf

[10] 電気事業低炭素社会協議会,「会員事業者一覧」,2021,https://e-lcs.jp/member.html

[11] 電気事業低炭素社会協議会,「低炭素社会実行計画」,2021,https://e-lcs.jp/plan.html

[12] 電気事業低炭素社会協議会,「低炭素社会への取組フォローアップ実績」,(2020),2021,https://e-lcs.jp/followup.html

[13] 関西電力株式会社,「ゼロカーボンビジョン2050」,(2021),2021,https://www.kepco.co.jp/corporate/pr/2021/pdf/0226_3j_01.pdf

[14] 海外電力調査会,「欧州電気事業の最近の動向〜カーボン・ニュートラル社会実現に向けた取り組み〜」,(2020),2021,https://www.meti.go.jp/shingikai/energy_environment/denryoku_platform/pdf/009_02_00.pdf

[15] E3,「Achieving Carbon Neutrality in California」,(2020),2021,https://ww2.arb.ca.gov/sites/default/files/2020-10/e3_cn_final_report_oct2020_0.pdf

[16] ニューヨーク州,「Governor Cuomo Announces Green New Deal Included in 2019 Executive Budget」,(2019),2021,https://www.governor.ny.gov/news/governor-cuomo-announces-green-new-deal-included-2019-executive-budget

[17] 中部電力株式会社,「日本のエネルギー事情（エネルギーと原子力）、再生可能エネルギー」,(2021),https://www.chuden.co.jp/energy/ene_about/ene_japan/renewable/

[18] 経済産業省 資源エネルギー庁,「再生可能エネルギーを巡る現状と課題」,経済産業省 省エネルギー・新エネルギー分科会新エネルギー小委員会,(2014.6.17)https://www.meti.go.jp/shingikai/enecho/shoene_shinene/shin_energy/pdf/001_03_00.pdf

[19] 経済産業省プレスリリース,「2050年カーボンニュートラルに伴うグリーン成長戦略」,(2020.12),https://www.meti.go.jp/press/2020/12/20201225012/20201225012.html

[20] 経済産業省 資源エネルギー庁,「今後の再生可能エネルギー政策について」,経済産業省 再生可能エネルギー大量導入・次世代電力ネットワーク小委員会,(2021.3.1)https://www.meti.go.jp/shingikai/enecho/denryoku_gas/saisei_kano/pdf/025_01_00.pdf

[21] 前田 隆文,「電力系統」,オーム社,(2018).

[22] 長谷川 淳 他,「電力系統工学」,オーム社,(2018).

[23] 電気学会編,「送配電工学」,電気学会,(1980).

[24] 加藤 政一,「日本の電力系統」,電気設備学会誌,2015年12月,2021,https://www.jstage.jst.go.jp/article/ieiej/35/12/35_835/_pdf/-char/ja

[25] 経済産業省 資源エネルギー庁,「電力ネットワークの形成及び負担の在り方について」,経済産業省 脱炭素化社会に向けた電力レジリエンス小委員会,(2019.5),2021,https://www.meti.go.jp/shingikai/enecho/denryoku_gas/datsu_tansoka/pdf/003_02_00.pdf

[26] 経済産業省 資源エネルギー庁,「送電線「空き容量ゼロ」は本当に「ゼロ」なのか?〜再エネ大量導入に向けた取り組み」,(2017),2021,https://www.enecho.meti.go.jp/about/special/johoteikyo/akiyouryou.html

[27] 電力広域的運営推進機関,「「広域機関における「日本版コネクト&マネージ」の検討について」,p.4「日本版コネクト&マネージの潮流イメージ」,経済産業省 再生可能エネルギー大量導入・次世代電力ネットワーク小委員会,(2018.12.26),2021,https://www.meti.go.jp/shingikai/enecho/denryoku_gas/saisei_kano/pdf/011_02_00.pdf

[28] 経済産業省 資源エネルギー庁,「再エネ型経済社会」の創造に向けて〜再エネ主力電源化の早期実現」経済産業省 再生可能エネルギー大量導入・次世代電力ネットワーク小委員会,(2020.7.22),2021,https://www.meti.go.jp/shingikai/enecho/denryoku_gas/saisei_kano/pdf/018_02_00.pdf

[29] 経済産業省 資源エネルギー庁,「電力ネットワークの次世代化」,経済産業省 再生可能エネルギー大量導入・次世代電力ネットワーク小委員会,(2020.8.31),2021,https://www.meti.go.jp/shingikai/enecho/denryoku_gas/saisei_kano/pdf/019_02_00.pdf

[30] 電力広域的運営推進機関,「2021年度供給計画の取りまとめ」(2021.3),2021,http://www.occto.or.jp/kyoukei/torimatome/files/210331_kyokei_torimatome.pdf

[31] 電力広域的運営推進機関,「基幹系統の設備形成の在り方について（電力系統に関するマスタープランの基本的考え方について）」,(2020.6.26),2021,http://www.occto.or.jp/iinkai/kouikikeitouseibi/2020/files/seibi_48_02_01.pdf

[32] 経済産業省 資源エネルギー庁,「2月13日、なぜ東京エリアで停電が起こったのか?〜震源地からはなれたエリアが停電したワケ」,(2021.4.16),2021,https://www.enecho.meti.go.jp/about/special/johoteikyo/why_teiden.html?ui_medium=enecho_mailmag

[33] 国立研究開発法人新エネルギー・産業技術総合開発機構 (NEDO),「再生可能エネルギー技術白書 (第2版) 第9章 系統サポート技術」, p12, (2014.2), 2021, https://www.nedo.go.jp/content/100544824.pdf

[34] 電力広域的運営推進機関,「GFおよびLFC運用の現状について」, 需給調整市場検討小委員会, (2020.9.20), 2021, https://www.occto.or.jp/iinkai/jukyuchousei/2020/files/jukyu_shijyo_19_02_02.pdf

[35] 九州電力株式会社,「再エネ出力制御に向けた対応状況について」, 経済産業省 系統ワーキンググループ (2018.10.10), 2021, https://www.meti.go.jp/shingikai/enecho/shoene_shinene/shin_energy/keito_wg/pdf/017_02_00.pdf

[36] 竹内 純子,「2050年のエネルギー産業 – 日本のエネルギー大転換 –」, 経済産業省 次世代技術を活用した新たな電力プラットフォームの在り方研究会, (2018.10.30), 2021, https://www.meti.go.jp/shingikai/energy_environment/denryoku_platform/pdf/002_02_00.pdf

[37] 経済産業省 資源エネルギー庁,「需給調整市場について」, 経済産業省 制度検討作業部会, (2020.10.13), 2021, https://www.meti.go.jp/shingikai/enecho/denryoku_gas/seido_kento/pdf/043_04_01.pdf

[38] 経済産業省 資源エネルギー庁,「VPP・DRとは—バーチャルパワープラント (VPP) ／ディマンドリスポンス (DR) とは」(2021.6.2), 2021, https://www.enecho.meti.go.jp/category/saving_and_new/advanced_systems/vpp_dr/about.html

[39] 一般財団法人 電力中央研究所, 栗原 郁夫, 第25回エネルギー未来技術フォーラム「電力自由化時代の電気事業」, 研究成果発表会「電力自由化時代の安定供給技術」, p.27「S：安定度制約」, (2006.10.31), 2021, https://criepi.denken.or.jp/result/event/forum/2006/kurihara/kurihara.pdf

[40] 一般社団法人 電気学会, 長谷川 淳, 長尾 待士, 電気学会雑誌,「VIII. 基礎解析技術の拡充」, p.71,「図2 電力系統を荷馬車の群れに例えれば」, (1984.11), 2021, https://www.jstage.jst.go.jp/article/ieejjournal1888/104/11/104_11_1009/_pdf

[41] 経済産業省 資源エネルギー庁,「2030年における再生可能エネルギーについて」, 経済産業省 再生可能エネルギー大量導入・次世代電力ネットワーク小委員会, (P107), (2021.4.7), 2021, https://www.meti.go.jp/shingikai/enecho/denryoku_gas/saisei_kano/pdf/031_02_00.pdf

[42] 電力広域的運営推進機関,「「再エネ主力電源化」に向けた技術的課題及びその対応策の検討状況について」(2021.2.15), 2021, https://www.occto.or.jp/iinkai/chouseiryoku/2020/files/chousei_57_03.pdf

[43] 経済産業省 総合資源エネルギー調査会基本政策分科会持続可能な電力システム構築小委員会「中間取りまとめ」, (2020.2), 2021, https://www.enecho.meti.go.jp/committee/council/basic_policy_subcommittee/system_kouchiku/pdf/report_002.pdf

[44] 経済産業省 資源エネルギー庁,「国内外の再生可能エネルギーの現状と今年度の調査価格等算定委員会の論点案」, 経済産業省 調達価格等算定委

員会, (2020.9), 2021, https://www.meti.go.jp/shingikai/santeii/pdf/061_01_00.pdf

[45] 経済産業省 資源エネルギー庁,「今冬の電力需給・卸電力市場動向の検証について」, 経済産業省 電力・ガス基本政策小委員会 (2021.3.10), 2021, https://www.meti.go.jp/shingikai/enecho/denryoku_gas/denryoku_gas/pdf/031_05_00.pdf

[46] 電気事業連合会「発電のしくみ 揚水式水力発電」, (2021) , 2021, https://www.fepc.or.jp/enterprise/hatsuden/water/yousuishiki/index.html

[47] 電気事業連合会,「FEPC INFOBASE b- 電気設備」, 2021, https://www.fepc.or.jp/library/data/infobase/pdf/06_b.pdf

[48] 国立研究開発法人科学技術振興機構低炭素社会戦略センター,「低炭素社会の実現に向けた技術および経済・社会の定量的シナリオに基づくイノベーション政策立案のための提案書 技術開発編」, (2019), 2021, https://www.jst.go.jp/lcs/pdf/fy2018-pp-08.pdf

第6章

[1] International Energy Agency, "The future of Hydrogen", (2019), 2021.

[2] International Energy Agency, "ETP Clean Energy Technology Guide", (2020), 2021.

[3] 水素・燃料電池ハンドブック編集委員会,「水素・燃料電池ハンドブック」, (2006), 2021.

[4] みずほ情報総研株式会社,「副生水素供給ポテンシャルに関する調査」, (2020), 2021.

[5] 水素エネルギー協会,「水素エネルギーの事典」, p99, (2019), 2021.

[6] 石油産業活性化センター,「水素社会における水素供給者のビジネスモデルと石油産業の位置づけに関する調査報告」, (2003), 2021.

[7] 国立エネルギー技術研究所 (NETL), "Assessment of Hydrogen Production with CO2 Capture Volume 1：Baseline State-of-the-Art Plants", (2010), 2021.

[8] 技術研究組合 CO2フリー水素サプライチェーン推進機構, (HySTRA), 2021, http://www.hystra.or.jp/

[9] 原田 道昭 他,「石炭からの水素製造技術」, 水素エネルギーシステム, 35, (2010), 2021.

[10] 国立研究開発法人 新エネルギー・産業技術総合開発機構 (NEDO),「水素エネルギー白書」, (2015), 2021.

[11] FCH-JU, "Development of Water Electrolysis in the European Union", (2014), 2021.

[12] 水素エネルギー協会,「水素エネルギーの事典」, p86, (2019), 2021.

[13] Katharine Sanderson, nature portfolio "Hydrogen production comes naturally to ocean microbe", Springer Nature, (2010), https://doi.org/10.1038/news.2010.673

[14] 久保田 純, 堂免 一成,「可視光応答型光触媒を用いた水の全分解による水素製造」, 光学, (2012), 2021.

[15] M. Appl, "Ammonia, 2. Production Processes", Ullmann encyclopedia of industrial chemistry, (2012), 2021.

[16] The North American Council for Freight Efficiency, https://nacfe.org/emerging-technology/electric-trucks-2/making-sense-of-heavy-duty-hydrogen-fuel-cell-tractors/, (2021), 2021.

[17] CertifHy, https://www.certifhy.eu/, (2021), 2021.

[18] 一般財団法人エネルギー総合工学研究所,「エネルギーキャリアシステムの経済性評価と特性解析」, (2016), 2021.

[19] Gabriele Centi, Siglinda Perathoner, "CO₂-based energy vectors for the storage of solar energy", Green house Gas Sci Technol. 1, 21–35, (2011).

[20] 岩谷産業株式会社,「水素エネルギーハンドブック 第6版」, (2020), 2021, http://www.iwatani.co.jp/jpn/images/bookdata/h2/html5.html#page=1

[21] 国立研究開発法人新エネルギー・産業技術総合開発機構ニュースリリース,「水素ステーション普及拡大に向け新たな研究開発に着手」, (2015.9.9), 2021, https://www.nedo.go.jp/news/press/AA5_100448.html

[22] 水野 有智 他,「国際水素エネルギーキャリアチェーンの経済性分析」, エネルギー・資源学会論文誌, 38, (3), (2017), 2021.

[23] 株式会社日本製鋼所,「大型MHタンクシステム」, 2021, https://www.jsw.co.jp/ja/product/new_business/hydrogen/main/011/teaserItems1/0/linkList/0/link/MF.pdf

[24] 株式会社三菱総合研究所,「平成16年度成果報告書, 水素供給パイプラインの現状等に関する調査」, (2005), 2021.

[25] HyARC, "Hydrogen Pipelines", (2016), 2021, https://h2tools.org/sites/default/files/imports/files//Hydrogen%2520Pipelines%2520September%25202016.xlsx

[26] 三菱総合研究所「平成16年度成果報告書, 水素供給パイプラインの現状等に関する調査」, (2005), 2021.

[27] Hydrogen Council, "Hydrogen, Scaling Up", (2017), 2021.

[28] トヨタ自動車株式会社,「ラインアップ」, (2021), 2021, https://toyota.jp/carlineup/?padid=from_tjptop_menu_carlineup

[29] トヨタ自動車株式会社, ニュースリリース「トヨタ, 米LA港プロジェクトに投入するFC 大型商用トラックを公開」, (2019.4.23), 2021.

[30] 小森 豊明 他,「ガスタービンの燃料多様化によるCO₂削減対策」, 三菱重工技報 vol. 44. No.1(2007), 2021.

[31] 三菱パワー株式会社,「水素ガスタービン 水素社会の実現に向けて」, 第2回2050年に向けたガス事業の在り方研究会, (2020年), 2021.

[32] パナソニック株式会社,「エネファームのしくみ」, 2021, https://panasonic.biz/appliance/FC/enefarm/index.html

[33] 国立研究開発法人産業技術総合研究所,「アンモニア内燃機関の技術開発, SIPエネルギーキャリア終了報告書」, (2019), 2021.

[34] 株式会社IHI,「アンモニアガスタービンコジェネレーションの技術開発, SIPエネルギーキャリア終了報告書」, (2019), 2021.

[35] HYBRIT, "Fossil-free steel", 2021, https://www.hybritdevelopment.se/en/

[36] 国立研究開発法人新エネルギー・産業技術総合開発機構ニュースリリース,「再エネを利用した世界最大級の水素製造施設「FH2R」が完成」, (2020.3.7), 2021, https://www.nedo.go.jp/news/press/AA5_101293.html

[37] 米国燃料電池・水素エネルギー協会(FCHEA), "Road Map to a US Hydrogen Economy", (2019). 2021

[38] Satyapal, "U.S. Department of Energy Hydrogen and Fuel Cell Technologies Office and Global Perspectives", FC EXPO, (2021), 2021.

[39] FCH-JU, "Study On Early Business Cases For H2 In Energy Storage And More Broadly Power To H2 Applications", (2017), 2021.

[40] European Commission, "the EU Taxonomy Climate Delegated Act, Annex I", https://eur-lex.europa.eu/legal-content/EN/TXT/?uri=PI_COM:C(2021)2800, 2021.

[41] 独立行政法人日本貿易振興機構(JETRO), ジェトロビジネス短信「新エネ車補助金は2022年まで延長, FCV支援はサプライチェーン構築に軸足を移す(2020年5月15日)、添付資料」, (2020), 2021.

第7章

[１] 電気事業連合会,「電源別発受電電力量の推移」, 2021, https://www.fepc.or.jp/smp/nuclear/state/setsubi/index.html

[２] 環境エネルギー政策研究所,「発電量の推移」, 2021, https://isep-energychart.com/graphics/

[３] 国立研究開発法人新エネルギー・産業技術総合開発機構(NEDO),「太陽光発電開発戦略」, (2020), 2021, https://www.nedo.go.jp/activities/ZZJP2_100060.html

[４] WeMake RENEWABLE ENERGY CONSULTING, "The new era of energy storage", 8 JUNE, (2020), https://wemakeconsultores.com/en/the-new-era-of-energy-storage/

[５] David Sprake, Yuriy Vagapov, and Sergey Lupin, "Housing Estate Energy Storage Feasibility for a 2050 Scenario", 7th International Conference on Internet Technologies and Applications, September, (2017).

[６] 三菱重工業株式会社ニュース,「国内初 リチウムイオン二次電池搭載のコンテナ型大容量蓄電システムを開発」, 2011.6.16, https://www.mhi.com/jp/news/1106165083.html

[７] 一般財団法人電力中央研究所 テクノロジー&トレンド,「活用が期待される二次電池とは」, 2021, https://criepi.denken.or.jp/press/journal/index.html#techtrend

[８] テムズ中日株式会社,「Kids環境ECOワード,【エネルギー】No.17「NAS電池」ってな~に?」, 2021, https://eco-word.jp/html/04_energy/en-17.html

[９] 電池の情報サイト,「レドックスフロー電池の構成と反応, 特徴」, (2021), 2021, https://kenkou888.com/category18/%E3%83%AC%E3%83%89%E3%83%83%E3%82%AF%E3%82%B9%E3%83%95%E3%83%AD%E3%83%BC%E9%9B%BB%E6%B1%A0.html

[10] RENEW ECONOMY, 「China connects massive mixed-energy and battery storage system」, 2019.2.1, https://reneweconomy.com.au/china-connects-massive-mixed-energy-and-battery-storage-system-77919/

[11] 日本ガイシ株式会社ニュース, 「北海道初の蓄電池併設型風力発電所向けNAS電池が運用を開始」, 2019.5.21, https://www.ngk.co.jp/news/20190521_10514.html

[12] 日本ガイシ株式会社, 製品情報「多様なアプリケーション」, 2021, https://www.ngk.co.jp/product/nas/application/index.html

[13] 住友電気工業株式会社,「レドックスフロー電池技術に関する国際標準化活動がスタート」SEI WORLD 2014年7月号 (vol. 442), (2014), https://sei.co.jp/newsletter/2014/07/info10.html

[14] 京都大学・国立研究開発法人産業技術総合研究所,「革新型蓄電池実用化促進基盤技術開発,RISING2」, (2016年度~2020年度) http://www.rising.saci.kyoto-u.ac.jp/

[15] LIBTEC, "Development of Fundamental technologies for All Solid State Battery applied to Electric Vehicles", 2021, https://www.libtec.or.jp/consignment-business/2nd-term/

[16] 国立研究開発法人科学技術振興機構, 「先端的低炭素化技術開発 - 次世代蓄電池(ALCA-SPRING)」, 2021, https://www.jst.go.jp/alca/alca-spring/

[17] 京都大学ESICB, 「文部科学省事業, 元素戦略プロジェクト研究拠点形成型」, 2021, http://www.esicb.kyoto-u.ac.jp/?page_id=1306

[18] 国立研究開発法人新エネルギー・産業技術研究総合開発機構(NEDO), 「革新型蓄電池実用化促進基盤技術開発」(中間評価)分科会資料 (2018.8.6), https://www.nedo.go.jp/content/100882548.pdf

[19] 電気新聞, 「電力系統安定化に向け設置が進む大容量電池。出力, 安全性などがポイント「活用が期待される二次電池とは 第3回 再エネ大量導入」を」, 2020.9.18.https://www.denkishimbun.com/sp/78696

[20] 北海道電力ネットワーク株式会社プレスリリース, 「南早来変電所大型蓄電システムの実証試験開始について」, 2015.12.25,

[21] 東北電力ネットワーク株式会社プレスリリース, 「西仙台変電所の大型蓄電池システムの営業運転開始について」, 2015.2.20, https://www.tohoku-epco.co.jp/pastnews/normal/1189166_1049.html

[22] 東芝株式会社ニュースリリース, 「世界最大出力, 東北電力株式会社向け系統用蓄電池システムの受注について」, 2013.11.26, https://www.toshiba.co.jp/about/press/2013_11/pr_j2602.htm

[23] 九州電力送配電株式会社プレスリリース, 「豊前蓄電池変電所の運用開始について」, 2016.3.3, http://www.kyuden.co.jp/press_h160303-1.html

[24] 日本ガイシ株式会社ニュース, 「世界最大級のNAS電池が運転開始」, 2016.3.3, https://www.ngk.co.jp/news/20160303_7739.html

[25] 中国電力ネットワーク株式会社プレスリリース, 「隠岐諸島におけるハイブリッド蓄電池システム実証事業の開始について」, 2015.9.30, https://www.energia.co.jp/press/2015/629.html

[26] 中国電力ネットワーク株式会社プレスリリース, 「「隠岐ハイブリッドプロジェクト」の「新エネ大賞」受賞について」, 2019.12.20, https://www.energia.co.jp/press/2019/12228.html

[27] Siemens Gamesa, "Electric Thermal Energy Storage (ETES)", 2021, https://www.siemensgamesa.com/en-int/products-and-services/hybrid-and-storage/thermal-energy-storage-with-etes

[28] Eco-Tech Ceram, Web, 2021, https://www.ecotechceram.com/en/

[29] SQM, "Thermo-solar Salts" 2021, https://www.sqm.com/wp-content/uploads/2018/05/Solar-salts-Book-eng.pdf

[30] en:former, "Coal-fired power plant to be converted into heat storage facility", (2019), 2021, https://www.en-former.com/en/coal-fired-power-plant-as-large-heat-storage-facility/

[31] X.Wang et al., "Experimental research on a kind of novel high temperature phase change storage heater", Energy Conversion and Management. 47, 2211-2222, (2006).

[32] Z.Wang et al., "Aluminum and silicon based phase change materials for high capacity thermal energy storage", Applied Thermal Engineering, 89, 204-208, (2015).

[33] C.Xiaomin et al., "Application and research progress of aluminum-based thermal storage materials in solar thermal power", Energy Storage, 24 (9), 139-143, (2010).

[34] T.Jriri et al., "Thermodynamic study of the condensed phases of NaNO, KNO and CsNO and their transitions", Thermochimica Acta, 266, 147-161, (1995).

[35] G.J.Janz, "Molten salts data as reference standards for density, surface tension, viscosity and electrical conductance : KNO3 and NaCl", J. Phys. Chem. Ref Data, 9, 791-829. (1980).

[36] P.D.Myers, D.Yogi Goswami, "Thermal energy storage using chloride salts and their eutectics", Applied Thermal Engineering, 109, 889-900, (2016).

[37] Azelio, "Building a renewable future", 2021, https://www.azelio.com/tespod/

[38] 日本経済新聞, 「熱の貯蔵, 従来の5倍以上」, (2021.1.24).

[39] 北海道大学 能村貴宏, 「研究シーズ集, 高温潜熱蓄熱マイクロカプセル」, 2021, https://seeds.mcip.hokudai.ac.jp/jp/view/208/

[40] J.Cot-Gores et al., "Thermochemical energy storage and conversion : A-state-of-the-art review of the experimental research under practical conditions", Renew Sustain Energy Rev, 16, 5207-5224, (2012).

[41] F.Schaube et al., "Müller-Steinhagen H.A thermodynamic and kinetic study of the de- and rehydration of Ca(OH)2 at high H2O partial pressures for thermo-chemical heat storage", Thermochim Acta, 538, 9-20, (2012).

[42] 愛知製鋼株式会社, 「地球温暖化抑制に貢献する蓄熱システム~世界で初めてカルシウム系蓄熱材を用いた工場実証に成功~」, (2019), 2021, https://www.aichi-steel.co.jp/news_item/20191025_news.pdf

[43] SaltX, "Accelerating the energy transition with sca lable and robust solutions",2021,https://saltxtechn ology.com/references/

[44] F.Crotogino, "Huntorf CAES:More than 20 Years of Successful Operation",Solution Mining Resear ch Institute Spring Meeting,April,(2001).

[45] 国立研究開発法人　新エネルギー・産業技術総合 開発機構 (NEDO),ニュースリリース「圧縮空気エネ ルギー貯蔵 (CAES) システムの実証試験を開始」, (2017),2021,https://www.nedo.go.jp/news/press/ AA5_100756.html

[46] R.GIGLIO et al.,「再生可能エネルギー主力電源 化に向けた液化空気エネルギー貯蔵 (LAES) 技術 の役割」,えねるみくす,100,(2),147-152,(2021).

[47] HYDROSTOR, "GODERICH A-CAES FACILI TY",2021,https://www.hydrostor.ca/goderich-a- caes-facility/

[48] 住友重機械工業株式会社,「英国Highview Enter prises Limitedへの出資について」,2021,https:// www.shi.co.jp/info/2019/6kgpsq000000byr0.html

[49] MHPS," MHPS H2 Gas Turbine for Low Carbon Society",Japan-Norway Hydrogen seminar 2020 in Tokyo,25 Feb 2020

[50] "Work begins on underground hydrogen storage pr oject in Germany",pv magazine,23 February 2021.

[51] "EWE and DLR start a pilot project for undergrou nd hydrogen storage near Berlin",SUSTAINABILI TY,21 December 2020.

第8章

[1] IPCC, "Climate Change 2014:Synthesis Report. Contribution of Working Groups I,II and III to the Fifth Assessment Report of the Intergovernme ntal Panel on Climate Change" [Core Writing Team,R.K. Pachauri and L.A.Meyer (eds.)]. IPCC, Geneva,Switzerland,pp151,(2014).

[2] S.Davis et al., "Net-zero emissions energy systems, Science",360,eaas9793,(2018).

[3] UNEP," The Emissions Gap Report 2017. United Nations Environment Programme",Nairobi, (2017),2021,https://www.unep.org/resources/ emissions-gap-report-2017

[4] IPCC, "Summary for Policymakers. In:Global Wa rming of 1.5°C. An IPCC Special Report on the impacts of global warming of 1.5 ° C above pre- industrial levels and related global greenhouse gas emission pathways,in the context of strengthening the global response to the threat of climate change, sustainable development,and efforts to eradicate poverty" [Masson-Delmotte,V.,P.Zhai,H.-O.Pörtn er, D.Roberts, J.Skea, P.R.Shukla, A.Pirani, W. Moufouma-Okia,C.Péan,R.Pidcock,S.Connors,J. B.R.Matthews,Y.Chen,X.Zhou,M.I.Gomis,E.Lon noy, T.Maycock, M.Tignor, and T.Waterfield (eds.)].,(2018).

[5] Jennifer Wilcox,Ben Kolosz,Jeremy Freeman (eds.), "Carbon Dioxide Removal Primer(CDR Primer)", (2021),2021.

[6] NASEM,"Negative Emissions Technologies and Re liable Sequestration:A Research Agenda. National Academies of Sciences,Engineering,and Medicine",

Washington,DC:The National Academies Press, (2019).

[7] Sarah E.Baker et al., "Getting to Neutral:Options for Negative Carbon Emissions in California",Law rence Livermore National Laboratory, LLNL- TR-796100,(2020),2021.

[8] Rhodium Group, "Capturing Leadership:Policies for the US to Advance Direct Air Capture Technol ogy",(2019),2020, https://rhg.com/wp-content/up loads/2019/05/Rhodium_CapturingLeadership_ May2019-1.pdf

[9] Energy Futures Initiative, "Clearing the Air：A Fe deral RD&D Initiative and Management Plan for Carbon Dioxide Removal Technologies",(2019), 2020,https://energyfuturesinitiative.org/s/EFI- Clearing-the-Air-Summary.pdf

[10] WRI, "Carbonshot:Federal policy options for car bon removal in the United States",(2020),2020,ht tps://www.wri.org/publication/carbonshot- federal-policy-options-for-carbon-removal-in-the- united-states

[11] アメリカ合衆国エネルギー省 (US DOE), "Departm ent of Energy to Provide $22 Million for Research on Capturing Carbon Dioxide from Air",(2020), 2020,https://www.energy.gov/articles/department- energy-provide-22-million-research-capturing- carbon-dioxide-air

[12] アメリカ合衆国エネルギー省 (US DOE), "FOA 2187 and FOA 2188 Project Selections",(2020), 2020,https://www.energy.gov/fe/articles/foa-2187- and-foa-2188-project-selections

[13] 経済産業省,「2050年カーボンニュートラルに伴うグ リーン成長戦略を策定しました -「経済と環境の好循 環」につなげるための産業政策-」,(2020),2021,htt ps://www.meti.go.jp/press/2020/12/20201225012 /20201225012.html

[14] Stripe,"Stripe's first negative emissions purchases", 2020,https://stripe.com/blog/first-negative- emissions-purchases

[15] Nori, "The Nori carbon removal marketplace", 2021,https://nori.com/

[16] Puro.earth, "Carbon removal market place",2021, https://puro.earth/

[17] Microsoft On the Issues, "Sustainability:A year of progress and a decade of action",2021,https://blo gs.microsoft.com/on-the-issues/2021/01/28/ sustainability-year-progress-decade-action/

[18] M.Allen et al.,The Oxford Principles for Net Zero Aligned Carbon Offsetting", Smith School of Ente rprise and the Environment, University of Oxford, (2020).

[19] The Institute of International Finance,"Taskforce on scaling voluntary carbon markets final report", (2021), 2021, https://www.iif.com/Portals/1/Fil es/TSVCM_Report.pdf

第9章

[1] 国際エネルギー機関 (IEA:International Energy Ag ency), "Sanky Diagram",(2020),2021,https://www. iea.org/sankey/

[2]　国立研究開発法人国立環境研究所,温室効果ガスインベントリオフィス,「日本の温室効果ガス排出量データ(1990〜2018年度)確報値」,(2020), 2021, https://www.nies.go.jp/gio/archive/ghgdata/index.html

[3]　大聖 泰弘,「運輸部門におけるCO_2排出削減技術の現状と今後の展望」,化学工学会誌,第85巻,第1号,pp.38-41, 2021.

[4]　トヨタ紡織株式会社,「ライフサイクルCO_2排出量ゼロにチャレンジ」, 2021, https://www.toyota-boshoku.com/jp/csr/environment/life/

[5]　経済産業省,第6回エネルギー情勢懇談会,資料5「モビリティーのイノベーションについて」(トヨタ自動車),(2018).

[6]　一般社団法人次世代自動車振興センターホームページ,「水素ステーション整備状況」, 2021, http://www.cev-pc.or.jp/suiso_station/index.html

[7]　内閣官房・再生可能エネルギー・水素等関係閣僚会議,「水素基本戦略」,(2017).

[8]　経済産業省,「水素・燃料電池戦略ロードマップ」,(2019).

[9]　総務省統計局・独立行政法人統計センター,政府統計の総合窓口(e‐Stat),「自動車燃料消費量調査」,(2020), 2020, https://www.e-stat.go.jp/

[10]　環境省,「平成24年度再生可能エネルギーに関するゾーニング基礎情報整備報告書」,(2013).

[11]　環境省,「平成27年度再生可能エネルギーに関するゾーニング基礎情報整備報告書」,(2016).

[12]　icct (The International Council on Clean Transportation), "Effects of battery manufacturing on electric vehicle life-cycle greenhouse gas emissions", 2018.

[13]　国土交通省,「国際海運のゼロエミッションに向けたロードマップ」,(2020).

[14]　国立研究開発法人宇宙航空研究開発機構(JAXA)航空技術部門,航空機電動化(ECLAIR)コンソーシアム,「航空機電動化将来ビジョン」,(2018).

[15]　経済産業省,「2050年カーボンニュートラルの実現に向けた検討」,(2021).

[16]　国土交通省,「スマート物流サービスの取組」,物流政策検討会資料,(2020), 2021, https://www.mlit.go.jp/seisakutokatsu/content/001363931.pdf

[17]　インターストック,「内閣府主導のSIPスマート物流サービスの戦略について探る」, 2021, https://www.inter-stock.net/column/no266/

[18]　経済産業省資源エネルギー庁,「ZEB(ネット・ゼロ・エネルギー・ビル)‐各種支援制度|事業者向け省エネ関連情報|省エネポータルサイト」,(2021), 2021, https://www.enecho.meti.go.jp/category/saving_and_new/saving/enterprise/support/index02.html

[19]　経済産業省資源エネルギー庁,「ZEH(ネット・ゼロ・エネルギー・ハウス)に関する情報公開について‐省エネ住宅|家庭向け省エネ関連情報|省エネポータルサイト」,(2021), 2021, https://www.enecho.meti.go.jp/category/saving_and_new/saving/general/housing/index03.html

[20]　一般社団法人住宅性能評価・表示協会,「建築物省エネルギー性能表示制度とは」, 2021, https://www.hyoukakyoukai.or.jp/bels/info.html

[21]　European commission, "Nearly zero-energy buildings | Energy",(2021), 2021, https://ec.europa.eu/energy/topics/energy-efficiency/energy-efficient-buildings/nearly-zero-energy-buildings_en

[22]　US Department of Energy, "Zero Energy Buildings | Department of Energy",(2021), 2021, https://www.energy.gov/eere/buildings/zero-energy-buildings

[23]　経済産業省資源エネルギー庁,「平成30年度ZEHロードマップフォローアップ委員会とりまとめ」, 2019.

[24]　経済産業省資源エネルギー庁,「ZEHの定義(改定版)<戸建住宅>」,(2019).

[25]　ICEF, "ZEB/ZEH ROADMAP- TECHNOLOGY AND INSTITUTION -",(2017).

[26]　ヒートポンプ・蓄熱センター,「ヒートポンプとは」, 2021, https://www.hptcj.or.jp/study/tabid/102/Default.aspx

[27]　日本パワーエレクトロニクス協会,「パワーエレクトロニクスとは(初心者向け)」, 2021, https://pwel.jp/tech_infos/1

[28]　国立研究開発法人産業技術総合研究所先進パワーエレクトロニクス研究センター,「電力エネルギーの流れとパワーエレクトロニクス」, 2021, https://unit.aist.go.jp/adperc/ci/research/research1.html

[29]　日本電気株式会社 (NEC Corporation)「エネルギーマネジメントシステム(xEMS)」, 2021, https://jpn.nec.com/energy/ems.html

[30]　国立研究開発法人科学技術振興機構,「情報化社会の進展がエネルギー消費に与える影響(Vol.1)‐IT機器の消費電力の現状と将来予測‐」,(2019).

[31]　経済産業省,「都道府県別エネルギー消費統計」,(2021), 2021, https://www.enecho.meti.go.jp/statistics/energy_consumption/ec002/results.html

[32]　WIRED, "Data Centers Aren't Devouring the Planet's Electricity—Yet",(2020), 2021, https://www.wired.com/story/data-centers-not-devouring-planet-electricity-yet/

[33]　植草 常雄,「データセンターの熱問題とその対策」,日本機械学会熱工学部門ニュースレター (TED Newsletter), No.57,(2009).

[34]　有山 達郎,「鉄鋼における二酸化炭素削減長期目標達成に向けた技術展望」,鉄と鋼,105,(6),567-586 (2019).

[35]　World Steel Association, "Steel Statistical Yearbook 2020 concise version",(2020).

[36]　一般社団法人日本鉄鋼連盟,「全国鉄鋼生産高／全国鋼材生産高」,(2021), 2021, https://www.jisf.or.jp/data/seisan/index.html

[37]　株式会社デイ・シイ,「セメントの製造工程」, 2021, http://www.dccorp.jp/business/cement/flow.html

[38]　一般社団法人セメント協会,「セメントとは」, 2021, https://www.jcassoc.or.jp/cement/1jpn/jd1.html

[39]　鐵鋼スラグ協会,「鉄鋼スラグの高炉セメントへの利用(2020年度版)」,(2020).

[40]　鹿島建設株式会社,「KAJIMA Monthly Report Digest」,(2012), 2011, https://www.kajima.co.jp/news/digest/jun_2012/searching/index-j.html

[41]　大成建設株式会社,「カーボンリサイクル・コンクリート"T-eConcrete®/Carbon-Recycle"を開発」,(2021), 2021, https://www.taisei.co.jp/about_us/wn/2021/210216_5079.html

[42] 国立研究開発法人新エネルギー・産業技術総合開発機構 (NEDO),「炭酸塩やコンクリートへCO_2を固定化し、有効利用する技術開発5テーマに着手」, (2020), 2021, https://www.nedo.go.jp/news/press/AA5_101332.html

[43] 三菱マテリアル株式会社,「工場から排出される二酸化炭素を回収・利用～九州で実証試験を開始～」, (2021), 2021, https://www.mmc.co.jp/corporate/ja/news/press/2021/21-0326a.html

[44] 国立研究開発法人新エネルギー・産業技術総合開発機構 (NEDO), 実用化ドキュメント,「エネルギー消費量の大幅削減に寄与する、新方式の「蒸留塔」技術を確立」, (2013), 2021, https://www.nedo.go.jp/hyoukabu/articles/201214kcpc/index.html

[45] 一般社団法人日本化学工業協会,「低炭素社会実行計画フォローアップ報告書」, (2019), 2021, https://www.nikkakyo.org/global_warming/saveenergy

[46] 国立研究開発法人新エネルギー・産業技術総合開発機構 (NEDO), 平成28年度成果報告書,「Ⅲ―Ⅴ族化合物半導体デバイスへのミニマルファブ適用の実用化開発に係る課題の調査」, (2017).

[47] 国立研究開発法人新エネルギー・産業技術総合開発機構 (NEDO),「ポスト5G情報通信システム基盤強化研究開発事業／先端半導体製造技術の開発」, (2021), 2021, https://www.nedo.go.jp/koubo/IT2_100173.html

[48] 経済産業省,「エネルギー源別標準発熱量・炭素排出係数 (2018年度改訂) の解説」, (2020).

[49] 国立研究開発法人新エネルギー・産業技術総合開発機構 (NEDO),「革新的省エネセラミックス製造技術開発　事後評価報告書」, (2015).

[50] 経済産業省,「2050年カーボンニュートラルに伴うグリーン成長戦略」, (2020).

[51] 炭素繊維協会 (JCMA),「炭素繊維はこうしてつくられる」, (2021), https://www.carbonfiber.gr.jp/material/manufacture.html

[52] 東レ株式会社,「炭素繊維と地球環境」, 2021, https://www.torayca.com/aboutus/abo_003.html

[53] 炭素繊維協会,「統計部会の活動内容 (2019年度)」, 2021, https://www.carbonfiber.gr.jp/aboutus/stat/index.html

[54] 一般社団法人日本ガス協会,「ガスコージェネレーションシステムの仕組み」, 2021, https://www.gas.or.jp/gas-life/cogeneration/shikumi/

[55] 三摩達雄, 長伸朗,「工場の蒸気利用生産設備の熱ロスの実態調査」, 中部電力技術開発ニュース, No.155 (2016).

[56] CHAdeMO協議会ウェブページ,"日中次世代超高出力充電規格、チャデモ3.0として発行完了", 2020.4.24, https://www.chademo.com/ja/chademo3-0/

[57] 日経エレクトロニクス,"充電技術が決めるEVの未来", (2018).

[58] 堀洋一,"モータ／キャパシタ／ワイヤレスへのパラダイムシフト", 精密工学会誌, Vol.84, No.9, pp.777-781 (2018).

[59] 朝日新聞デジタル,"新東名高速 (下) 建設費は4兆4千億円", 2021, https://www.asahi.com/business/topics/keizainavi/TKY201207120277.html

第10章

[1] TOTAL,"GETTING TO NET ZERO September 2020", (2020), 2020, https://www.totalenergies.com/getting-net-zero.

[2] 米国国立エネルギー技術研究所 (NETL：National Energy Technology Laboratory)「Assessment of Hydrogen Production with CO_2 Capture Volume 1：Baseline State－of－the－Art Plants」(2010), 2021.

[3] ExxonMobil,"ExxonMobil Low Carbon Solutions to commercialize emission-reduction technology", (2021), 2021, https://corporate.exxonmobil.com/News/Newsroom/News-releases/2021/0201_ExxonMobil-Low-Carbon-Solutions-to-commercialize-emission-reduction-technology

[4] JPEC総務部調査研究グループ,「動き始めた欧州気候変動対策プログラム～欧州石油会社のプロジェクト構想～」, JPECレポートNo.201001, (2020), 2020.

[5] Port of Rotterdam,"Ongoing Projects", (2020), 2020, https://www.portofrotterdam.com/en/doing-business/port-of-the-future/energy-transition/ongoing-projects

[6] North-CCU-Hub,"North Sea Port", (2020), 2021, https://northccuhub.eu/north-sea-port/

[7] North-CCU-Hub,"North-C-Methanol", 2021, https://northccuhub.eu/north-c-methanol

[8] Port of Antwerp,"Port of the future", (2020), 2021, https://www.portofantwerp.com/en/climate-neutral-port

[9] Port of Antwerp,"New milestone in sustainable methanol production in the port of Antwerp", (2020), 2021, https://newsroom.portofantwerp.com/new-milestone-in-sustainable-methanol-production-in-the-port-of-antwerp#

[10] Perstorp,"Perstorp plan to reduce carbon emission with half million tons by producing sustainable methanol", (2020), 2021, https://www.perstorp.com/en/news_center/pressreleases/2020/perstorp_producing_sustainable_methanol

[11] UNECE,"TECHNOLOGY BRIEF, CARBON CAPTURE USE AND STORAGE (CCUS)", 2021, https://unece.org/sites/default/files/2021-03/CCUS%20brochure_EN_final.pdf

[12] ArcelorMittal,"ArcelorMittal sets 2050 group carbon emissions target of net zero", (2020), 2021, https://corporate.arcelormittal.com/media/press-releases/arcelormittal-sets-2050-group-carbon-emissions-target-of-net-zero

[13] ArcelorMittal,"ARCELORMITTAL CLIMATE ACTION REPORT 1", (2019), 2021, https://corporate-media.arcelormittal.com/media/hs4nmyya/am_climateactionreport_1.pdf

[14] JERA,「JERA ゼロエミッション2050」, (2020), 2020. https://www.jera.co.jp/corporate/zeroemission/

[15] 関西電力株式会社,「ゼロカーボンビジョン2050」, (2021), 2021, https://www.kepco.co.jp/corporate/pr/2021/pdf/0226_3j_01.pdf

[16] 中国電力ネットワーク株式会社,「2050年カーボンニュートラルへの挑戦」, (2021), 2021, https://www.energia.co.jp/press/2021/13005.html

[17] 一般社団法人日本ガス協会,「カーボンニュートラルチャレンジ2050」, 2020. https://www.gas.or.jp/pdf/about/challenge2050.pdf.

[18] 一般社団法人日本鉄鋼連盟,「ゼロカーボンスチールへの挑戦」, (2020), 2021, https://www.jisf.or.jp/business/ondanka/zerocarbonsteel/documents/zerocarbon_steel_JISF.pdf

[19] 一般社団法人日本鉄鋼連盟,「我が国の2050年カーボンニュートラルに関する日本鉄鋼業の基本方針」, (2021), 2021, https://www.jisf.or.jp/business/ondanka/zerocarbonsteel/documents/2050CN_20210215.pdf

[20] JFEグループ,「CSR報告書2020」, (2020).

[21] 日本製鉄株式会社,「日本製鉄 カーボンニュートラルビジョン2050」, (2021), 2021, https://www.nipponsteel.com/ir/library/pdf/20210330_ZC.pdf

[22] JFEホールディングス株式会社 JFEグループ,「Environmental Vision 2050」, (2021), 2021, https://www.jfe-holdings.co.jp/investor/zaimu/g-data/jfe/2020/2020-environmental-management-vision210525-01.pdf

[23] 株式会社神戸製鋼所,「KOBELCOグループの製鉄工程におけるCO$_2$低減ソリューション」, (2021), 2021, https://www.kobelco.co.jp/releases/files/20210216_1_01.pdf

[24] 自動車工業会,「自工会について」, 2021, http://www.jama.or.jp/intro/

[25] 自動車工業会,「自工会の「2050年カーボンニュートラル」に向けた課題と基本的な考え方」, 自動車工業会広報誌ジャマガジン, 55, 10-12, (2021), http://www.jama.or.jp/lib/jamagazine/jamagazine_pdf/202101_02.pdf

第11章

[1] 金融庁,「サステナブル有識者会議報告書」, 2021.

[2] World Economic Forum, "Global Risks Report 2021", (2021), 2021, https://www.weforum.org/reports/the-global-risks-report-2021

[3] CDP, "Climate Change Report 2019", 47, (2019), 2021.

[4] NAZCA, "Global Climate Action", 2021, https://climateaction.unfccc.int/

[5] United Nations, Department of Economic and Social Affairs," Transforming our World; the 2030 agenda for sustainable development", (2015), 2021.

[6] 末吉竹二郎,「金融3原則」が拓くサステナブルファイナンスの時代」, エネルギー・資源, 41, 1, 38-39, (2020), 2021.

[7] 世界銀行,「グリーンボンド・インパクト・レポート2019」, (2019), 2021.

[8] 世界持続可能投資連合(GSIA:Global Sustainable Investment Alliance), "Global Sustainable Investment review 2018", (2018), 2021.

[9] 年金積立金管理運用独立行政法人(GPIF),「GPIF ESG活動報告2019」, p66, (2020), 2021.

[10] 湯山智教,「ESG投資とパフォーマンス」, 金融財政事情研究会, (2020), 2021.

[11] GSIA, "Global Sustainable Investment review 2014", (2014), 2021.

[12] GSIA, "Global Sustainable Investment review 2016", (2016), 2021.

[13] EU, "Taxonomy Technical Report, EU Technical Expert Group on Sustainable Finance", (2019), 2021.

[14] EU, "Taxonomy：Final report of the Technical Expert Group on Sustainable Finance", (2020), 2021.

[15] ISO/DIS 14097, "Framework including principles and requirements for assessing and reporting investments and financing activities related to climate change", 2020, https://www.iso.org/standard/72433.html

[16] ISO/DIS 14030-1, "Environmental performance evaluation — Green debt instruments — Part 1：Process for green bonds", 2020, https://www.iso.org/standard/43254.html

[17] ISO/CD 14030-2, "Environmental performance evaluation — Green debt instruments — Part 2：Process for green loans", 2020, https://www.iso.org/standard/75558.html

[18] ISO/DIS 14030-3, "Environmental performance evaluation — Green debt instruments — Part 3：Taxonomy", 2020, https://www.iso.org/standard/75559.html

[19] ISO/DIS 14030-4, "Environmental performance evaluation — Green debt instruments — Part 4：Verification", 2020, https://www.iso.org/standard/76598.html

[20] ISO/AWI 14100, "Green Finance：Assessment of Green Financial Projects", 2020, https://www.iso.org/standard/75619.html

[21] ISO/WD 32210, "Framework for sustainable finance：Principles and guidance", 2020, https://www.iso.org/standard/77776.html

[22] TCFD, "Final Report：Recommendations of the Task Force on Climate-related Financial Disclosures", (2017), 2020, https://www.fsb-tcfd.org/publications/final-recommendations-report/

[23] EU, "Guidelines on reporting climate-related information", p37, (2019), 2021.

[24] 環境省,「TCFDを活用した経営戦略立案のススメ」, (2020), 2020, http://www.env.go.jp/policy/policy/tcfd/TCFDguide_ver2_0_J.pdf

[25] Patrick Bolton, Morgan Després, Luiz Awazu Pereira da Silva, Frédéric Samama and Romain Svartzman, "The green swan, Central banking and financial stability in the age of climate change", (2020), 2021, https://www.bis.org/publ/othp31.pdf

[26] Terrachoice, "The sins of green washing", (2010), 2021, http://faculty.wwu.edu/dunnc3/rprnts.TheSinsofGreenwashing2010.pdf

おわりに

[1] International Energy Agency (IEA), "Net Zero by 2050：a Roadmap for the Global Energy Sector", (2021).

［索引］

［著者略歴］

黒沢 厚志 （クロサワ アツシ）
編集委員長　執筆：1章・11章・おわりに
【現職】　一般財団法人エネルギー総合工学研究所
研究理事、博士（工学）
【経歴】　1987年、東京工業大学大学院理工学研究課
修士課程修了後、エネルギー総合工学研究所に入所。
専門は地球環境システム分析、エネルギー技術戦略。国
際エネルギー機関研究開発プライオリティセッティング専
門家会合副議長などを兼務。著書に「ニュースが面白くな
るエネルギーの読み方」（共立出版、共著）。

小野﨑 正樹 （オノザキ　マサキ）
副編集委員長　執筆：4章・10章
【現職】　一般財団法人エネルギー総合工学研究所
研究顧問、博士（工学）、米国PE
【経歴】　1975年、早稲田大学大学院化学工学専修修
士課程修了後、千代田化工建設株式会社入社。1980
年から1981年まで米国ウェストバージニア大学留学。
2000年に現研究所に移籍し、化石燃料グループの部
長、理事として、エネルギー技術戦略策定や化石燃料の
利用技術の検討に従事。著書多数。

石本 祐樹 （イシモト ユウキ）
執筆：6章
【現職】　一般財団法人エネルギー総合工学研究所
主管研究員・副部長、博士（理学）
【経歴】　2003年、筑波大学大学院物理学研究科修了
後、日本原子力研究所（現 量子科学技術研究開発機
構）に博士研究員として入所、核融合実験装置の第一壁
における水素同位体挙動の研究に従事。2006年より現
研究所にて水素エネルギーシステムの環境性・経済性評
価、普及シナリオに関する調査研究に従事。

井上 智弘 （イノウエ トシヒロ）
執筆：11章
【現職】　一般財団法人エネルギー総合工学研究所
主任研究員、博士（工学）
【経歴】　2008年、東京大学大学院工学系研究課博士
後期課程修了後、東京大学、科学技術振興機構 低炭

素社会戦略センターにて再生可能エネルギーの技術経
済分析、電力システム分析、社会統合シナリオ分析等の
研究に従事。2020年より現研究所に入所し、エネルギー
システム分析等に従事。

加藤 悦史 （カトウ　エツシ）
執筆：8章
【現職】　一般財団法人エネルギー総合工学研究所
主管研究員・副部長、博士（地球環境科学）
【経歴】　2002年、北海道大学地球環境科学研究科博
士後期課程修了。筑波大学、JAMSTEC、国立環境研
究所にて、地球レベルの炭素循環や地球温暖化リスクに
関する研究に従事。2014年より現研究所にて、地球環境
およびエネルギーに関する統合評価モデル、ネガティブエ
ミッション技術に関する研究に従事。

川村 太郎 （カワムラ タロウ）
執筆：7章
【現職】　一般財団法人エネルギー総合工学研究所
主管研究員・副部長、博士（工学）
【経歴】　2003年、北海道大学大学院工学研究科博士
後期課程修了。産業技術総合研究所、中外テクノス株
式会社にて、ガスハイドレートやCCSに関する研究開発に
従事。2015年より現研究所にて、未利用熱の有効利用
技術、蓄エネルギー技術に関する研究に従事。

北川 譲 （キタガワ ユズル）
執筆：5章
【現職】　中部電力パワーグリッド株式会社
【経歴】　2013年、東京工業大学大学院理工学研究科
修士課程修了後、中部電力株式会社に入社。配電設備
の設計業務、電柱共架・電柱支障に係る渉外業務など
に従事。2019年8月から2021年6月まで一般財団法人
エネルギー総合工学研究所に出向し、次世代電力ネット
ワークシステム、再エネの系統連系技術の検討に従事。

酒井 奨（サカイ ススム）

執筆：9章

【現職】 一般財団法人エネルギー総合工学研究所主管研究員・副部長、博士（工学）

【経歴】 2000年、静岡大学大学院理工学研究科修了後、信州大学、カナダ・ビクトリア大学にてポスドク研究員。2003年静岡県工業技術研究所に入所。2014年より現研究所にて、火力発電技術、省エネ技術、エネルギーキャリア技術、カーボンリサイクル技術等のエネルギー戦略の策定や総合評価に従事。

炭谷 一朗（スミタニ イチロウ）

執筆：5章

【現職】 一般財団法人エネルギー総合工学研究所参事・部長、エネルギー管理士

【経歴】 1986年、東京工業大学大学院理工学研究科修士課程修了後、東京電力株式会社に入社。配電の雷対策・保護制御システムの技術開発、スマートグリッド・EVの海外事業などに従事。2018年に現研究所に転籍し、次世代電力ネットワークシステム、再エネの系統連系技術などの検討に従事。

茶木 雅夫（チャキ マサオ）

編集委員

【現職】 一般財団法人エネルギー総合工学研究所副主席研究員・部長、博士（工学）

【経歴】 1993年、東京大学工学系研究科博士後期課程修了後、（株）日立製作所エネルギー研究所に入所後、原子炉の炉心・安全システム、革新炉開発等に従事。日立GEニュークリア・エナジー（株）、日立ヨーロッパ社（英国）勤務を経て、2017年より現研究所にてエネルギー関連全般の業務に従事。

都筑 和泰（ツヅキ カズヒロ）

編集委員 執筆：3章

【現職】 一般財団法人エネルギー総合工学研究所副主席研究員・部長、博士（工学）

【経歴】 1994東京大学工学系研究科にて修士、1997年総合研究大学院大学博士課程修了後、日本学術振

興会特別研究員を経て日本原子力研究所入所（現日本原子力研究開発機構）。核融合に係る実験研究に従事。2006年より現研究所にて原子力を中心にエネルギーに関する幅広い調査研究に従事。

橋﨑 克雄（ハシザキ カツオ）

編集委員 執筆：4章・7章・10章

【現職】 一般財団法人エネルギー総合工学研究所参事・部長、博士（工学）

【経歴】 1986年、広島大学大学院工学研究科修士課程終了後、三菱重工業株式会社に入社。火力発電、新エネルギー技術開発に従事。2015年京都大学特定研究員。2016年に現研究所に出向。現在、炭素循環エネルギーグループで、カーボンリサイクル技術などのエネルギー技術開発、戦略策定の検討に従事。

水野 有智（ミズノ ユウジ）

執筆：9章

【現職】 一般財団法人エネルギー総合工学研究所主任研究員、博士（工学）

【経歴】 2013年、大阪大学大学院工学研究科博士後期課程修了。大阪大学にて持続可能社会シナリオ設計、製品ライフサイクル設計に関する研究に従事。2015年より現研究所にて主に水素エネルギーシステムの経済性・環境性分析を行う。

森山 亮（モリヤマ リョウ）

編集委員 執筆：2章

【現職】 一般財団法人エネルギー総合工学研究所副主席研究員・部長、博士（工学）、米国PE、PMP

【経歴】 2001年、北海道大学博士号取得。エネルギー総合工学研究所にて石炭ガス化PJの嘱託研究員、2005年から株式会社KRI、大阪ガスケミカル株式会社にて、炭素材料に関する研究開発に従事。2010年より現研究所にて、バイオマス等の再生可能エネルギーに関する研究に従事。

■本書へのご意見、ご感想について

本書に関するご質問については、下記の宛先に FAX もしくは書面、小社ウェブサイトの本書の「お問い合わせ」よりお送りください。

電話によるご質問および本書の内容と関係のないご質問につきましては、お答えできかねます。あらかじめ以上のことをご了承の上、お問い合わせください。

ご質問の際に記載いただいた個人情報は質問の返答以外の目的には使用いたしません。また、質問の返答後は速やかに削除させていただきます。

〒162-0846　東京都新宿区市谷左内町21-13
株式会社技術評論社　書籍編集部
「図解でわかるカーボンニュートラル」質問係
FAX番号：03-3267-2271
本書ウェブページ：https://gihyo.jp/book/2021/978-4-297-12269-0 /

カバー・本文デザイン	武田 厚志（SOUVENIR DESIGN INC.）
カバーイラスト	加納 徳博
本文イラスト	小野﨑 理香
本文図版・レイアウト	株式会社トップスタジオ
編　集	最上谷 栄美子

未来エコ実践テクノロジー

図解でわかるカーボンニュートラル
～脱炭素を実現するクリーンエネルギーシステム～

2021年　9月21日　初版　第1刷発行
2023年　4月21日　初版　第5刷発行

編著者　　一般財団法人　エネルギー総合工学研究所
発行者　　片岡 巌
発行所　　株式会社技術評論社
　　　　　東京都新宿区市谷左内町21-13
　　　　　電話　03-3513-6150 販売促進部
　　　　　　　　03-3267-2270 書籍編集部
印刷／製本　日経印刷株式会社

ISBN 978-4-297-12269-0 C3060
Printed in Japan